MANUAL DE BIODIREITO

HELENA PEREIRA DE MELO
Doutora em Direito
Coordenadora da Unidade de Biodireito
da Faculdade de Medicina do Porto

MANUAL DE BIODIREITO

MANUAL DE BIODIREITO

AUTORA
HELENA PEREIRA DE MELO

EDITOR
EDIÇÕES ALMEDINA. SA
Av. Fernão Magalhães, n.º 584, 5.º Andar
3000-174 Coimbra
Tel.: 239 851 904
Fax: 239 851 901
www.almedina.net
editora@almedina.net

PRÉ-IMPRESSÃO | IMPRESSÃO | ACABAMENTO
G.C. GRÁFICA DE COIMBRA, LDA.
Palheira – Assafarge
3001-453 Coimbra
producao@graficadecoimbra.pt

Maio, 2008

DEPÓSITO LEGAL
277463/08

Os dados e as opiniões inseridos na presente publicação são da exclusiva responsabilidade do(s) seu(s) autor(es).

Toda a reprodução desta obra, por fotocópia ou outro qualquer processo, sem prévia autorização escrita do Editor, é ilícita e passível de procedimento judicial contra o infractor.

Biblioteca Nacional de Portugal – Catalogação na Publicação

MELO, Helena

Manual de biodireito. – (Manuais universitários)
ISBN 978-972-40-3495-9

CDU 34
   57
   61

Para a minha Mãe

PREFÁCIO

É com muito gosto que aceito prefaciar este livro da Professora Doutora Helena Pereira de Melo, com o título "Biodireito" e editado pela prestigiada Livraria Almedina.

Creio que este é um importante passo para a Ciência do Direito da Bioética – ou do Biodireito, como prefere a Autora – em Portugal, tão carecida que está dos necessários aprofundamentos científicos e pedagógicos, não obstante os relevantes caminhos que têm sido percorridos.

Este é um escrito que assume uma proeminente preocupação pedagógica, servindo de apoio às aulas que a Autora tem preleccionado não só na Faculdade de Direito da Universidade Nova de Lisboa – instituição pública de ensino em que obteve o grau de Doutora em Direito, na vertente de Direito Público – como na Faculdade de Medicina da Universidade do Porto, onde igualmente tem colaborado no ensino de várias disciplinas no Serviço de Bioética e Ética Médica.

Os temas versados correspondem ao núcleo essencial do Direito da Bioética, tal como ele tem vindo a evoluir, cada vez mais num sentido diferenciador de outros ramos conexos, como é o caso do Direito Médico, do Direito da Vida ou do Direito da Religião.

Contudo, não deixa de ser interessante sublinhar a inevitável prevalência de uma perspectiva interdisciplinar, que obriga o estudioso a um ponto de partida mais cultural, para que depois possa chegar a um resultado devidamente satisfatório sob o ponto de vista dos valores e dos interesses em presença.

Creio que esta é uma das grandes virtualidades deste trabalho da Professora Doutora Helena Pereira de Melo, conciliando um saber técnico-jurídico especializado com uma perspectiva extra-jurídica relevante nos vários aspectos analisados.

Sendo este o primeiro texto pedagógico da Professora Doutora Helena Pereira de Melo com um uso específico no plano do ensino universitário, só me resta augurar um futuro bem na linha deste esforço, com novos títulos e trabalhos, dando assim um sinal seguro da importância estratégica que para a Faculdade de Direito da Universidade Nova de Lisboa decerto este tipo de contributo assume, num mundo que hoje se impõe fortemente no contexto dos diversos pluralismos que a sociedade globalizada conhece e pratica.

Lisboa, 15 de Abril de 2008

JORGE BACELAR GOUVEIA

NOTA INTRODUTÓRIA

Este livro destina-se, como o título indica, a ser sobretudo utilizado pelos Alunos das disciplinas de Direito da Saúde e Bioética da Faculdade de Direito da Universidade Nova de Lisboa e de Biodireito, do Programa de Doutoramento do Serviço de Bioética e Ética Médica, da Faculdade de Medicina do Porto.

Estruturando-se este novo ramo do Direito em torno de temas fundamentais resultantes da tentativa de dar resposta às questões ético-jurídicas suscitadas pelos recentes progressos das Ciências da Vida, pretende-se neste livro contribuir para a análise de algumas delas. Não existe uma solução única para cada uma das questões estudadas. Pelo contrário, as respostas encontradas são, em larga medida, função da mundividência de que o intérprete parta. Mais importante do que a resposta encontrada é – parece-nos – o discutir-se cada um dos temas considerados, procurando-se que o Direito encontre soluções de "justo meio", adequadas à sociedade em que vivemos.

MODO DE CITAR

Na primeira citação de cada obra indica-se o nome do autor, o título e a data e local da edição. Nas citações seguintes refere-se apenas o nome do autor e a data da edição.

Na Bibliografia final de cada capítulo, no que concerne às obras colectivas, apenas se indica o nome do coordenador da edição.

ABREVIATURAS UTILIZADAS

AA.VV.	autores vários
al.	Alínea
ALF	*Animal Liberation Front*
art.	Artigo
ASST	AUTORIDADE PARA OS SERVIÇOS DE SANGUE E DA TRANSPLANTAÇÃO
CDC	*Center for Disease Control*
CDFUE	Carta dos Direitos Fundamentais da União Europeia
CDHB	Convenção sobre os Direitos do Homem e a Biomedicina
CE	Conselho da Europa
CEDH	Convenção Europeia sobre os Direitos do Homem
cf.	confronte
coord.	Coordenação
CPAM	*Caísse primaire d'assurance maladie de l'Yvonne*
CRP	Constituição da República Portuguesa
DNA	Ácido desoxirribonucleico
DUDH	Declaração Universal dos Direitos do Homem
DUGH	Declaração Universal sobre o Genoma Humano e os Direitos do Homem
ed.	Edição
FIV	Fertilização *In Vitro*
HIV	Vírus da Imunodeficiência Adquirida
HLA	antigénios leucocitários humanos
ISCI	Injecção Intracitoplasmática de Espermatozóides
n.º	número
NIH	National Institutes of Health
OGMS	organismos geneticamente modificados
OMS	Organização Mundial de Saúde
ONU	Organização das Nações Unidas
p.	página
PMA	Procriação Medicamente Assistida
pp.	páginas
publ.	publicado

s.a.	sem autor
s.d.	sem data
s.e.	sem editor
SIDA	SÍNDROME DA IMUNODEFICIÊNCIA ADQUIRIDA
ss.	seguintes
t.	tomo
TAC	Tumografia computorizada
TEDH	Tribunal Europeu dos Direitos do Homem
trad.	traduzido
UE	União Europeia
UNESCO	Organização das Nações Unidas para a Educação, Ciência e Cultura
USPHS	*United States Public Health Service*
vid.	*vide*
vol.	volume

I.

O EUGENISMO E O DIREITO

SUMÁRIO

1. O conceito de eugenia
2. O eugenismo arcaico
3. O eugenismo clássico
4. O eugenismo nos Estados Unidos da América
5. O eugenismo na Alemanha Nazi
    5.1. Os teóricos alemães do eugenismo
    5.2. As leis alemãs do eugenismo
6. O eugenismo em Portugal
    6.1. Os teóricos portugueses do eugenismo
    6.2. A Doutrina Portuguesa e o eugenismo
    6.3. O Direito Positivo Português e o eugenismo
7. O eugenismo médico e jurídico
8. O neoeugenismo
    8.1. A esterilização dos portadores de deficiência mental
    8.2. Os impedimentos matrimoniais
9. Considerações finais
10. Bibliografia

1. O Conceito de Eugenia

Como etimologicamente "eugenia" significa "nobreza de origem"[1], o conceito de eugenia é polissémico variando, ao longo dos tempos, de acordo com os arquétipos de "bom nascimento" construídos por cada sociedade.

Encontramos na *Nova Enciclopédia da Bioética* a eugenia definida por GILBERT HOTTOIS e CHARLES SUSANNE como "as técnicas que favorecem a reprodução de um gene (eugenia positiva) ou que, pelo contrário, a desfavorecem (eugenia negativa)"[2]. Muito semelhante é a definição proposta, entre nós, por LUÍS ARCHER e que será a que adoptaremos: "o conjunto de técnicas que favorecem a propagação de genes considerados benéficos (eugenia positiva) ou que desfavorecem a propagação de genes considerados maléficos (eugenia negativa)"[3]. Distinguindo entre os diferentes objectivos visados pelas práticas eugénicas FERNANDO REGATEIRO entende a eugenia como a "aplicação racional das leis da Genética à reprodução humana com o fim de melhorar, em futuras gerações, as qualidades hereditárias de uma população inteira, do ponto de vista físico e/ou mental". Outros objectivos da eugenia podem ser, segundo o mesmo Autor, o de "evitar, ou pelo menos limitar, a passagem das doenças e predisposições mórbidas aos filhos e demais descendentes, cuja causa está na própria constituição hereditária do indivíduo" ou, ainda, o de "seleccionar os indivíduos mais fortes e sãos e de melhores condições de inteligência

---

[1] Cf. ACADEMIA DAS CIÊNCIAS DE LISBOA (2001) *Dicionário da Língua Portuguesa Contemporânea*, vol. I, Lisboa: Academia das Ciências de Lisboa e Editorial Verbo, p. 1616.

[2] HOTTOIS, Gilbert e SUSANNE, Charles (2003), "Eugenia", *in Nova Enciclopédia da Bioética* (coord.: Gilbert Hottois e Jean-Noël Missa) (trad. do original francês de 2001 por Maria de Carvalho), Lisboa: Instituto Piaget, p. 343.

[3] ARCHER, Luís (1995), "O Progresso da Ciência e o Espírito", *in Cadernos de Bioética*, n.º 10, Coimbra: Edição do Centro de Estudos de Bioética, p. 74.

e carácter, melhorando os atributos da espécie humana através de casamentos selectivos"[4].

Com frequência, ao longo da história, a aplicação destas técnicas preconizada pelo eugenismo enquanto doutrina sociopolítica, conduziu a tratamentos injustos de desigualdade. Se analisarmos o eugenismo nas suas várias fases (a arcaica, a clássica e a do neo-eugenismo) concluímos que os seus cultores sempre procuraram justificar as suas teorias apelando aos dados "científicos" da eugenia. Porém, tal justificação nunca se revelou suficiente para regular o uso das práticas eugénicas, sendo para isso necessária a intervenção do legislador. Assim sendo o Direito sempre teve relações próximas com o eugenismo, assumindo com frequência a lei a função de impor medidas eugénicas coercivas que constituíam uma violação do princípio da igualdade em função da constituição biológica da pessoa.

2. O Eugenismo Arcaico

As práticas eugénicas entendidas como tentativas de controlar a transmissão dos traços hereditários são tão antigas como a própria humanidade[5]. Desde sempre se tem intuído que há a transmissão de características hereditárias de pais para filhos, de que há hereditariedade. A consciência desta transmissão esteve, por exemplo, subjacente às normas que em diferentes culturas na Antiguidade proibiam o incesto, as relações sexuais entre parentes próximos, por serem *contra natura* e geradoras de monstros[6].

---

[4] REGATEIRO, Fernando J. (1996), "Eugenia – Passado, Presente e Futuro", *Brotéria Genética*, n.os 1-2, vol. XVII (XCII), 1996, Lisboa, p. 5.

[5] Como expressivamente escreve MARK TWAIN referindo-se a Adão: "*Chamámos-lhe Caim. Ela apanhou-o quando eu estava fora, a caçar na margem norte do Erie, apanhou-o no bosque (...). É muito parecido connosco, pode ser aparentado. Pelo menos é o que ela pensa, mas a mim não me quer parecer, deve estar errada. A diferença de tamanho confirma a conclusão de que se trata de uma nova e diferente espécie de animal – talvez um peixe, embora, quando o pus na água para comprovar se assim era, ele se tivesse afundado*".Cf. TWAIN, Mark (2004), *Excertos dos Diários de Adão e Eva* (trad. do original inglês por Hugo Freitas Xavier), Lisboa: Cavalo de Ferro Editores, p. 29.

[6] *Vid.*, na matéria, GRACIA, Diego (1995), "Historia de la Eugenesia", *in Consejo Genético: Aspectos Biomédicos e Implicaciones Éticas* (coord.: Javier Gafo), Madrid:

Outro conceito muito frequente na Antiguidade é o da existência de uma ordem teleológica da natureza (o Cosmos) face à qual as malformações congénitas eram de difícil explicação (exprimiam a intervenção da desordem, do Caos). Surge assim a eugenia enquanto eliminação dos monstros – por exemplo, em latim, a palavra *monstrum* deriva de *monere*, que significa advertência dos deuses – pelo que, segundo a "teoria dos monstros"[7], estes seriam de eliminar. Seriam de eliminar porque, como referido, eram expressão do caos, o qual, por definição, era considerado não natural e não desejado pelos deuses.

As doenças congénitas eram encaradas como castigos divinos por faltas cometidas pelos pais, afirmando Moisés, por exemplo, no Êxodo, que o "Senhor Deus imputa a iniquidade dos pais aos filhos e aos netos, até à terceira e quarta geração"[8]. Como realça Âmandio Tavares uma criança com "doença ou malformação congénita era atribuída a factores mágicos (o mau-olhado, a maldição) ou considerada castigo divino por um pecado cometido por alguém". Por isso, nas cerimónias religiosas de diversas culturas a apresentação do recém-nascido ao sacerdote era precedida de exame físico e, só depois de se constatar que não havia "defeito", se efectuava a inserção na comunidade.

Assim ocorria em Esparta que nos legou a mais antiga legislação eugénica. Segundo Plutarco – que descreveu o sistema instituído por Licurgo – os anciãos examinavam o recém-nascido e, se o julgassem disforme, ordenavam que fosse lançado do topo do monte Taigetos, considerando que tal era o melhor para o Estado. As leis espartanas admitiam portanto o infanticídio por razões eugénicas, dado não serem os recém-nascidos autorizados a sobreviver se não satisfizessem certos

---

Universidad Pontificia Comillas de Madrid, pp. 19-20, e Guttman, B., Griffiths, H., Suzuki, D., e Cullis, T. (2006), *Genetics*, reimpressão da ed. de 2002, Oxford: Oneworld, pp. 264 e ss. Encontramos, por exemplo, alusão à censurabilidade do incesto no *Calígula* de Albert Camus, onde se pode ler que "a razão de Estado não pode admitir um incesto que tome a dimensão das tragédias. O incesto, seja, mas discreto". Cf. Camus, Albert (2003), *Caligula suivi de Le Malentendu*, reimpressão da ed. de 1958, Paris: Editions Gallimard, p. 19.

[7] *Vid.*, na matéria, Labbée, Javier (1990), *Condition Juridique du Corps Humain Avant la Naissance et Après la Mort*, Lille: Presses Universitaires de Lille, pp. 50-51, e Costa, Palmira Fontes da (2005), *O Corpo Insólito, Dissertações sobre Monstros no Portugal do Século XVIII*, Porto: Porto Editora, p. 3.

[8] Êxodo, 34, 5-7.

cânones requeridos por uma comissão "eugénica" cuja actividade era influenciada pelo culto do vigor físico e da primazia do Estado relativamente ao indivíduo.

De igual modo em Roma o sacrifício das crianças doentes era praticado quando não fossem reconhecidas pelo *pater familias*, que detinha o poder de livre disposição sobre o filho. O *pater* reconhecia-o poisando-o sobre os joelhos. Se não fosse aceite através deste ritual a criança era exposta.

Na Antiguidade o desejo de uma população sem doenças hereditárias conduziu pois a que "as crianças rejeitadas fossem lançadas ao Tibre em Roma, desde o alto do monte Taigeto em Esparta ou deixadas junto ao totem tribal na floresta". Através destas prática visava-se "não sobrecarregar a sociedade com seres 'pouco úteis' e libertar rapidamente o casal para uma nova gestação desejada pelo próprio agregado social".

Porém, para além da eliminação das crianças doentes ou portadoras de deficiência, a eugenia revela, na Antiguidade, uma outra vertente, a da *euteknia*, *i.e.*, a da tentativa de se obter uma descendência bela e sã. Com vista a obtê-la favoreceu-se a procriação da elite no poder, sendo, por exemplo, praticado o incesto em algumas dinastias incas e egípcias para preservar a "pureza" da estirpe. O Inca e o Faró por descenderem do Sol, só podiam casar com irmãs ou primas sendo a inexistência de filhos com doença (frequentes no resto da população em caso de incesto) associada ao "elevado apuramento genético"[9].

As práticas de eugenia positiva na Antiguidade vão fundamentalmente consistir na selecção dos progenitores. PLATÃO preconiza-a para que "o rebanho atinja a mais elevada perfeição", para que de "homens bons nasçam filhos melhores e de homem úteis filhos ainda

---

[9] TAVARES, Amândio S. (1996) "Eugenia e Sociedade" in *Bioética* (coord.: Luís Archer, Jorge Biscaia e Walter Osswald), Lisboa: Editorial Verbo, p. 246. *Vid.*, na matéria, TESTARD, Jacques (1994), *Le Désir du Gène*, Paris: Éditions Flammarion, pp. 29-30; PINTO-BARROS, José (1982), *Planeamento Familiar – Aborto e o Direito*, Coimbra: Coimbra Editora, p. 2, e MELO, Helena Pereira de (1998), "Aspectos Éticos e Jurídicos do Diagnóstico Pré-natal de Doenças de Manifestação Tardia" in *Poderes e Limites da Genética, Actas do IV Seminário do Conselho Nacional de Ética para as Ciências da Vida*, Lisboa: Presidência do Conselho de Ministros, pp. 168 e ss.

mais úteis". São várias as regras que formula para o efeito, como a de "tornar as relações muito frequentes entre os homens e as mulheres de escol e, pelo contrário, muito raras entre os indivíduos inferiores de um e outro sexo", ou a de conceder aos jovens que se tenham distinguido na guerra ou noutra coisa uma "maior liberdade de se unirem às mulheres, a fim de que a maioria das crianças possam ser engendradas por eles". Fixa ainda para ambos os sexos limites à idade reprodutiva, determinando que a "cidade não se encarrega de alimentar"[10] a criança que nasça fora deles. Esta política eugénica que formula no Livro v da *A República* é delineada sobre a criação de animais domésticos e utiliza técnicas clássicas dos criadores desejosos de melhorar a pureza de uma raça.

De igual modo ARISTÓTELES determina dever o legislador "cuidar da boa conformação do corpo dos súbditos", competindo-lhe, para alcançar este objectivo "bem regular os casamentos, determinando a idade e a compleição dos que julgar admissíveis na sociedade conjugal". Essa boa regulação passa pela determinação da melhor idade nupcial (que para "as raparigas é aos dezoito anos e para os homens aos trinta e sete, aproximadamente") e dos limites da actividade reprodutiva (que termina para "os homens aos setenta anos e para as mulheres, aos cinquenta"). Defende ainda não dever ser permitido "criar nenhuma criança que nasça mutilada" e que em caso de natalidade excessivamente alta "se façam abortar as mães antes que o seu fruto tenha sentimento e vida, pois é nisto que se distingue a supressão perdoável da que é atroz"[11]. Preconiza, portanto, que se proceda ao controlo quer da quantidade quer da qualidade da população através do infanticídio e do aborto por motivos eugénicos.

Cerca de dois mil anos mais tarde o eugenismo ressurge em *A Cidade do Sol* de TOMÁS CAMPANELLA e na *Utopia* de THOMAS MORE.

Segundo CAMPANELLA, a geração é "obra religiosa, tendo por escopo o bem da república e não o dos privados", constituindo, por isso, assunto que deve ser confiado à soberania do magistrado. Sendo o fim da geração a "conservação da espécie e não do indivíduo",

---

[10] PLATÃO (1987), *A República, Diálogos* (trad. de Sampaio Marinho), vol. I, 3.ª ed., Mem Martins: Publicações Europa-América, pp. 186 - 189.

[11] ARISTÓTELES (2002), *A Política* (trad. de Roberto Leal Ferreira), 2.ª ed. (1.ª ed.: 1991), 3.ª reimpressão, São Paulo: Livraria Martins Fontes Editora Ltda., pp. 70 - 73.

vem definir as regras a que esta deve obedecer para contribuir para a felicidade de um povo. Uma dessas regras é que "uma mulher grande e bela se una a um varão robusto e apaixonado, uma gorda a um magro, uma magra a um gordo, e assim, com sábio e vantajoso cruzamento, moderam-se todos os excessos"[12].

O outro Autor aludido, THOMAS MORE, fixa também limites à idade reprodutiva, determinando que "as mulheres não podem casar antes dos dezoito anos e os rapazes antes dos vinte e dois"[13]. O interesse por esta zootecnia humana encontra também afloramentos na Obra de DESCARTES que escreve que "se é possível encontrar um meio que torne os homens mais sábios e mais hábeis do que eles têm sido até agora, creio que é na Medicina que o devemos procurar"[14].

3. O Eugenismo Clássico

É na Medicina e, sobretudo, na Biologia, que o devemos procurar – sugerem os defensores do eugenismo clássico no período que vai de finais do século XIX até 1945. Os textos eugénicos neste período são muitos e com frequência da autoria de médicos e biólogos preocupados em melhorar a espécie humana ou em travar a sua degenerescência.

O aparecimento do neologismo *eugenics* encontra-se, aliás, associado ao nascimento da Biologia Moderna, em particular do darwinismo. FRANCIS GALTON, médico e matemático, é o autor deste substantivo, cuja definição dá no seu livro *Inquiry into Human Faculty*, publicado em 1883: "a ciência do melhoramento de uma raça que

---

[12] CAMPANELLA, Tomás (1996), *A Cidade do Sol* (trad. do italiano por Álvaro Ribeiro), Lisboa: Guimarães Editores, pp. 38 e 42.

[13] MORE, Thomas (1973), *Utopia* (trad. de Maria Isabel Gonçalves Tomás), Mem Martins: Publicações Europa-América, p. 106.

[14] DESCARTES, René (1966), *Discours de la Méthode*, reimpressão (1.ª ed.: 1636), Paris: Garnier-Flammarion, p. 84. São expressivas, na matéria, as palavras ditas em *Otelo*: *"(...) deixais que a vossa filha esteja a ser coberta por um cavalo da barbárie (...). Eu, senhor, sou um homem que vos vem dizer que, neste momento, o Mouro e a vossa filha estão a fazer o animal de dois costados"*. Cf. SHAKESPEARE, William (s.d.), *Otelo* (trad. do original inglês por Domingos Ramos) (1.ª ed. original: 1862), Porto: Lello & Irmão Editores, pp. 27-28.

não se limita às questões das uniões judiciosas, mas que, particularmente no caso dos homens, se ocupa de todas as influências susceptíveis de dar às raças mais dotadas, um maior número de hipóteses de prevalecer sobre as raças consideradas menos boas". Cerca de vinte anos mais tarde, em 1904, reformula a definição dada, entendendo agora por eugenia o "estudo dos factores socialmente controláveis que podem elevar ou baixar as qualidades raciais das gerações futuras, tanto física como mentalmente"[15]. Ambas as definições se centram no objectivo da elevação das qualidades raciais das gerações futuras. Porém, as vias propostas para o alcançar são diferentes, propondo a primeira o estudo da competição entre grupos humanos considerados mais ou menos dotados e a segunda a análise dos factores socialmente controláveis susceptíveis de influir quer física, quer mentalmente sobre essas qualidades.

Nítida também, em ambas as definições, é a influência da Obra de CHARLES DARWIN, primo de GALTON. Em 1859, em *A Origem das Espécies*, DARWIN enuncia as regras básicas do mecanismo da selecção das espécies de cuja aplicação resulta a selecção natural segundo a qual apenas os indivíduos mais aptos sobrevivem[16].

GALTON propõe, no *Hereditary Genius*, em 1869, que essa forma de selecção seja complementada por uma selecção artificial, porque socialmente controlada. A hipótese que se propõe testar no seu trabalho é a de que as capacidades naturais do homem são hereditárias, exactamente nos mesmos limites em que o são os caracteres físicos em todos os organismos.

Elabora uma amostra constituída sobretudo por membros da elite da sociedade inglesa da época, à qual ele próprio pertencia e, após ter procedido ao tratamento estatístico dos inquéritos que realizou,

---

[15] *Ap.* TESTARD, Jacques (2000), *Os Homens Prováveis, Da Procriação Aleatória à Reprodução Normativa* (trad. do original francês de 1999 por Nuno Romano), Lisboa: Instituto Piaget, p. 49. *Vid.*, ainda, na matéria, GIROD, Michel (2004), *Penser le Racisme, De la Responsabilité des Scientifiques*, Paris: Calmann-Lévy, pp. 46 e ss., e THOMAS, Jean-Paul (1995), *Les Fondements de L'Eugénisme*, Paris: Presses Universitaires de France, pp. 3 e ss.

[16] *Vid.* DARWIN, Charles (1985), *The Origin of Species by Means of Natural Selection or the Preservation of Favoured Races in the Struggle for Life*, reimpressão da ed. de 1859, London: Penguin Books, pp. 114 e ss., e DARWIN, Charles (2004), *The Descent of Man, and the Selection in Relation to Sex*, reimpressão da ed. de 1879, London: Penguin Books, pp. 67 e ss.

concluiu que os indivíduos mais dotados são, com frequência, parentes próximos de indivíduos também eles muito dotados. Formula, em consequência, uma lei a que considera obedecer a distribuição das capacidades entre as famílias, assente no pressuposto de que o talento e o génio são essencialmente determinados pela hereditariedade.

Face a esta constatação e da mesma forma que lhe parece ser fácil obter, através de uma selecção rigorosa, uma raça estável de cães ou de cavalos dotados de aptidões particulares para a corrida, afigura-se-lhe também possível produzir uma raça humana sobredotada através de casamentos seleccionados durante várias gerações consecutivas. Esta produção, inicialmente denominada de "viricultura" e posteriormente de "eugenia", supõe, segundo este Autor, que as forças da selecção natural, como agentes dinamizadores do progresso sejam substituídas por uma selecção consciente, devendo os seres humanos recorrer, para o efeito, a todos os conhecimentos obtidos pelo estudo e pelo processo de evolução nos tempos passados, para promover o progresso físico e moral no futuro. Preconiza, numa frase apenas, que "o que a Natureza fez cega, lenta e brutalmente, o homem deve fazer rápida e suavemente"[17]. Este progresso biológico pode ser alcançado promovendo-se os casamentos dos "especialmente sãos e inteligentes espécimes da raça humana" e dificultando-se a reprodução dos socialmente "menos dignos" (porque portadores de doença familiar, nomeadamente mental, ou porque alcoólicos ou criminosos) ao longo de sucessivas gerações.

A "arte de bem engendrar" que este Autor concebe como "a ciência para melhorar a espécie humana, dando às raças e estirpes de melhor sangue uma maior probabilidade de dominar rapidamente os menos dotados"[18] estava associada ao racismo. Cedo começou portanto a confluência histórica entre os discursos racista (que caracteriza "um conjunto humano por atributos naturais, associados por seu turno

---

[17] *Ap.* Pícon, Fernando Reviriego (1998), *Outro Estudio Más del Aborto. La Indicación Eugenésica y su Fundamentación*, Madrid: Dykinson, p. 25. *Vid.*, na matéria, Bachelard-Jobard, Catherine (2001), *L'Eugénisme, la Science et le Droit*, Paris: Presses Universitaires de France, p. 26 e Pichot, André (1997), p. 20.

[18] *Ap.* Serra, A (2001) "Eugenia" in *Dicionário de Bioética* (coord.: Salvino Leone, Salvatore Privitera e Jorge Teixeira da Cunha), trad. do original italiano por A. Maia da Rocha, Vila Nova de Gaia: Editorial Perpétuo Socorro, p. 447.

a características intelectuais e morais que valem para cada indivíduo que releva desse conjunto"[19] e que, com base nisso, consagra eventualmente práticas de exclusão) e eugénico.

Como dissemos, para GALTON o problema da degeneração das raças superiores era um problema de hereditariedade cuja solução implicava quer o favorecimento de "casamentos eugénicos" quer o contrariar dos efeitos do progresso da Medicina (que possibilitava a sobrevivência de indivíduos que seriam eliminados pela selecção natural), pela limitação da reprodução dos indivíduos pertencentes às raças "inferiores".

É, ainda, neste contexto, que surge o darwinismo social como "ideologia política que defende um liberalismo extremo, permitindo que a selecção natural aja sobre a sociedade e elimine os membros menos competitivos"[20]. Esta doutrina bio-político-social desenvolvida por HERBERT SPENCER apela igualmente ao darwinismo para explicar a evolução das sociedades humanas. E é com base em ideologias deste tipo social darwinista que o conjunto de práticas racistas que resultam do desenvolvimento do moderno colonialismo e imperialismo vão encontrar uma legitimação de tipo biológico, a partir da segunda metade do século XIX.

---

[19] WIEVIORKA, Michel (2002), *A Diferença* (trad. do original francês de 2000 por Miguel Serras Pereira), Lisboa: Fenda Edições, pp. 11 e 19. Apesar de a palavra "racismo" ser recente (como refere MICHEL WIEVIORKA, apenas apareceu no século XX, entre as duas grandes guerras), as ideias e práticas que exprime existem desde a Antiguidade. Basta, com efeito, atentar em que os gregos já distinguiam entre civilizados e bárbaros, considerando estes últimos seres humanos "inferiores". De igual modo são frequentes, na Europa Medieval, as normas que estabelecem discriminações fundadas na raça, como as fundadas na doutrina da *limpieza de sangre* espanhola que esteve subjacente à perseguição dos que tinham ascendência judia e as que consistiam na exigência de "certificados de sangue puro" para se poder ingressar em ordens eclesiásticas e seculares, no século XVI. *Vid.*, na matéria, FREDRICKSON, George M. (2004), *Racismo, Uma Breve História* (trad. do original inglês de 2002 por Miguel Ramalhete), Porto: Campo das Letras, pp. 15, 21, e 34.

[20] PICHOT, André (1997), *O Eugenismo, Geneticistas Apanhados pela Filantropia* (trad. do original francês de 1995 por Francisco Manso), Lisboa: Instituto Piaget, p. 14. O Darwinismo exercerá um profundo impacto sobre a sociologia e a política do seu tempo porque, como refere JACQUES RUFFIÉ, ao "propor um modelo da evolução baseado na variação, na luta, na eliminação ou na sujeição, o darwinismo vai legitimar a desigualdade das classes no interior do país, e a das raças no exterior". Cf. RUFFIÉ, Jacques (1988), *Tratado do Ser Vivo*, vol. IV (trad. do original francês de 1982 por José Vieira de Lima), Lisboa: Editorial Fragmentos, p. 15.

O primeiro a desenvolver uma teoria sistemática de índole racista foi ARTHUR DE GOBINEAU que, em 1852, no *Essai sur L'Inegalité des Races Humaines*, defendeu serem distintas as raças humanas do ponto de vista biológico e estabeleceu uma hierarquia entre elas: o branco é superior ao amarelo que, por sua vez, é superior ao negro. A raça que considera superior a todas as outras é a ariana que, no entanto, afirma estar em decadência por força do cruzamento de sangues, da mestiçagem[21]. Este Autor procurou dar um fundamento "científico" ao racismo e, na medida em que o seu pensamento se difundiu largamente na Europa e nos Estados Unidos da América, contribuiu decisivamente para o surgir do racismo científico como "ideologia que afirma a superioridade cultural indiscutível da raça branca, uma vez que a civilização está associada aos brancos e aos seus atributos físicos, ao passo que a barbárie ou a selvajaria o estão a outras raças"[22].

A apologia da raça branca representada, em particular, pelos arianos, será defendida por outros teóricos do eugenismo. Assim KARL PEARSON que juntamente com GALTON funda, em 1907, o LABORATORY FOR NATIONAL EUGENICS, defende que a Grã-bretanha caminha para a decadência por força da reprodução em excesso (favorecida pela adopção de medidas como o salário mínimo, a limitação do tempo diário de trabalho, a assistência médica gratuita) dos indivíduos socialmente inaptos. Neste sentido chega mesmo a preconizar que

---

[21] *Vid.*, na matéria, CORNNELL, John (2003), *Os Cientistas de Hitler* (trad. do original inglês de 2003 por Marcos Santarrita), Rio de Janeiro: Imago, pp. 75 e ss.

[22] WIEVIORKA, Michel (2002), pp. 21 e 26. O racismo científico sucedeu no tempo às representações do Outro dominantes nos séculos XVI a XVIII que, por exemplo, MICHEL WIEVIORKA denomina de "proto-racistas". De acordo com estas representações as diferenças físicas que os africanos ou os índios americanos apresentavam em relação aos europeus eram consequência do meio (clima, cultura...) em que eram socializados e, por isso, aceitava-se, como refere o aludido Autor, que "o negro africano é um selvagem, mas que pode ser 'civilizado' e até mesmo ver a sua própria aparência física transformada pela colonização". Parece-nos também digno de referência, na matéria, o debate travado entre JUAN GINÉS DE SEPÚLVEDA e BARTOLOMÉ DE LAS CASAS, em Valladolid, em 1550. A questão de que se ocuparam foi a de saber se os índios possuíam ou não alma devendo, em consequência, ser-lhes ou não lhes ser atribuído o estatuto de ser humano. SEPÚLVEDA defendeu serem os índios entes irracionais, "povos bárbaros e inumanos que odiavam toda a vida, costumes e virtudes civis", pelo que deveriam ser escravizados. Pelo contrário LAS CASAS argumentou serem os índios seres racionais susceptíveis de conversão ao cristianismo e de se tornarem em súbditos leais da coroa espanhola. Cf., na matéria, FREDRICKSON, George M. (2004), p. 37.

se permitíssemos aos férteis, mas inaptos produzir metade da geração seguinte, a nação inglesa não seria, por muito mais tempo, uma potência mundial.

Inspirando-se nas teorias de GALTON e de PEARSON e, como eles valorizando a tríade "hereditariedade, racismo e socialismo", GEORGES VACHER DE LAPOUGE (1845-1936) é um dos primeiros teóricos franceses do eugenismo. Prevendo que três gerações por século seriam suficientes para em alguns anos povoar a terra de uma humanidade morfologicamente perfeita sugere que se substitua a "célebre fórmula que resume o cristianismo laicizado da Revolução Francesa 'Liberdade, Igualdade, Fraternidade'" por "Determinismo, Desigualdade, Selecção"[23].

Esta transposição do darwinismo (com os seus conceitos centrais de luta, concorrência e selecção natural) para as Ciências Sociais e Humanas foi consequência de a burguesia, na segunda metade do século XIX, substituir a aristocracia como classe dominante. À invocação, pela aristocracia, de um direito de nascença para justificar o seu lugar na sociedade, a burguesia contrapôs o darwinismo que é uma meritocracia, porque assegura o sucesso dos mais aptos na concorrência vital. Sucede, assim e nas palavras de ANDRÉ PICHOT, à "aristocracia do direito divino" uma "'meritocracia' fundada na natureza"[24].

A criação de uma aristocracia deste último tipo é também defendida por JEAN ROSTAND que afirma que "à luz da moderna genética o ideal eugénico parece, incontestavelmente, bem fundamentado" e "perfeitamente conciliável com as aspirações duma verdadeira democracia". Face à ausência da selecção natural que "ou não actua ou faz-se com severidade muito menor, dados os progressos da medicina (…) que permitem a sobrevivência dum grande número de indivíduos que, entregues à natureza ou a uma civilização mais atrasada, teriam fatalmente sucumbido antes da idade adulta" sugere que esta ausência "talvez devesse ser suprimida por um voluntário controlo da reprodução humana". Propõe, para o efeito, que seja impedida a procriação dos indivíduos "débeis, deficientes, tarados" e que se causem "mutações vantajosas no património hereditário". A eugenia

---

[23] *Ap.* PICHOT, André (1997), p. 24.
[24] PICHOT, André (2000), *La Société Pure, De Darwin à Hitler*, Paris: Flammarion, p. 78.

quer negativa, quer positiva é proclamada por este Autor como "ideal justo e são em si próprio que será tanto melhor compreendido, aceite e adoptado quanto mais igualitária e humana for a sociedade a que seja aplicado"[25].

Na mesma linha de ideias ALEXIS CARREL numa determinada fase da sua obra afirmou a respeito da evolução científica: "Graças ao conhecimento de si própria, a humanidade, pela primeira vez na história, tornou-se senhora do seu destino. Para progredir de novo, o homem precisa de se reconstruir. E não o pode fazer sem sofrimento, porque é, ao mesmo tempo, o mármore e o escultor". Acentuando a ideia que "os representantes dos ramos mais enérgicos e nobres da raça estão abafados pela multidão dos proletários, cujo número foi aumentando às cegas pela indústria" defende ser o recurso ao eugenismo indispensável à perpetuação de uma elite. Como pode – segundo este Autor – o eugenismo exercer essa grande influência no destino das raças civilizadas?

Partindo da constatação de que "não podemos evitar a reprodução dos fracos que não são loucos nem criminosos, nem tampouco suprimir as crianças de má qualidade com a facilidade com que se destroem, numa ninhada de cães, os defeituosos", preconiza constituir "o único meio de impedir o desastroso predomínio dos fracos" o desenvolvimento dos fortes. Declara, numa só frase: "em vez de nivelar, como hoje fazemos, as desigualdades orgânicas e mentais, deveremos exagerá-las", o que pode ser feito de diferentes modos. Pode sê-lo, por exemplo, através da educação, fazendo compreender aos jovens "a que infelicidade se expõem casando-se com pessoas de famílias em que exista a sífilis, o cancro, a tuberculose, o nervosismo, a loucura, a idiotia". Ou, atento o facto de "tanto entre os homens como entre os cavalos de raça, aparecem, de quando em quando, seres excepcionais", favorecendo através da atribuição de vantagens económicas "a união dos melhores elementos da raça". Criar-se-ia, deste modo, uma "aristocracia biológica hereditária" e, ao fazê-lo, a sociedade seria obrigada a aceitar a desigualdade dos seus membros, dado que cada indivíduo seria "utilizado segundo os seus caracteres

---

[25] ROSTAND, Jean (s.d.), *A Hereditariedade Humana* (trad. do original francês de 1952 por Ilídio Sardoeira), 4.ª ed., Mem Martins: Publicações Europa-América, pp. 119-128.

próprios"²⁶. Estas ideias aventadas por ALEXIS CARROL no livro *O Homem, Esse Desconhecido* são partilhadas pela maioria dos médicos e dos biólogos da época.

O entendimento de que o eugenismo é indispensável para o perpetuar de uma elite é também partilhado por Autores como AUGUST WEISMANN (1834-1914), que foi um dos fundadores da Genética moderna e ALFRED PLOETZ, que fundou em 1905 a SOCIEDADE ALEMÃ DE HIGIENE RACIAL.

4. O Eugenismo nos Estados Unidos da América

São com efeito constituídas a partir do século xx, nos diversos países, associações dirigidas por médicos e por biólogos que difundem teorias eugénicas, como a BRITAIN'S EUGENICS SOCIETY e a AMERICAN EUGENICS SOCIETY. Estas associações através de um *lobbying* intenso²⁷, fizeram pressão sobre o poder legislativo tendo influído na adopção, sobretudo nos Estados Unidos da América e na Escandinávia, de leis de pendor acentuadamente eugénico.

Estes diplomas continham sobretudo medidas de eugenia negativa, sendo a mais frequente a esterilização coerciva, que constituía a forma mais eficaz de impedir a procriação de um indivíduo. Em território americano a primeira lei a impô-la foi uma lei adoptada em Indiana em 1907 e, entre este ano e o de 1950, trinta e dois Estados Norte Americanos consagraram-na também pela via legislativa. O campo de aplicação pessoal destes diplomas abrangia desde portadores de doença mental, de sífilis, de epilepsia, de surdez, a toxicodependentes, alcoólicos, a condenados a pena de prisão perpétua, a "fracos de espírito", a pessoas "incapazes de criar e educar crianças"... Estima-se que a aplicação destas leis – cujo objectivo era o de travar a propagação das doenças e das taras hereditárias – tenha

---

²⁶ CARREL, Alexis (1947), *O Homem, Esse Desconhecido*, Porto: Editora Educação Nacional, pp. 307-310 e 330-337.

²⁷ Sobre o problema das acções dos lobbies junto das instâncias do poder político vid. CAUPERS, João, e AMARAL, Maria Lúcia (1999), "Grupos de Interesses", *Revista da Faculdade de Direito da Universidade de Lisboa*, vol. XL, n.ºs 1 e 2, Coimbra: Coimbra Editora, pp. 23 e ss.

conduzido à esterilização, entre o ano de 1907 e o final de 1948, de cinquenta mil cento e noventa e três pessoas.

Com o mesmo fim de impedir a procriação de sujeitos indesejáveis foram adoptadas por diversos Estados Norte Americanos leis que formulavam impedimentos matrimoniais. Por exemplo, uma lei adoptada em 1905 no Estado de Indiana, obstava ao casamento daqueles que se verificasse sofrerem de doença mental, de doenças transmissíveis ou aos que fossem alcoólicos. Em 1914, cerca de trinta daqueles Estados tinham elaborado leis na matéria, determinando constituir impedimento matrimonial os nubentes serem portadores de doença mental ou de doença sexualmente transmissível. De igual modo em quase todos os Estados Norte Americanos foi instituído o certificado pré-nupcial, para prevenir que determinadas pessoas procriassem. Através deste certificado os médicos atestavam não sofrer os nubentes de doença mental, de doença sexualmente transmissível ou, ainda, de lepra.

Idêntica preocupação com a deterioração da "qualidade" biológica da população conduziu também à feitura de leis restritivas da imigração naqueles Estados. Em 1924 o Congresso adoptou o *Imigration Restriction Act* que procurou restringir a imigração europeia. O argumento invocado pelo legislador para justificar a sua adopção foi o de que vindo sobretudo de países de Este e Sul da Europa os novos imigrantes eram geneticamente inferiores aos imigrantes de origem nórdica. Como afirmou na altura o Presidente CALVIN COOLIDGE: "a América deve continuar a ser americana"[28], demonstrando as leis da Biologia que os nórdicos se deterioram quando se cruzam com as outras raças.

Outros países adoptaram também medidas limitativas da liberdade de procriar do indivíduo e ofensivas da sua saúde sexual e reprodutiva, como foi o caso da Suécia, da Dinamarca, da Noruega e da Finlândia[29], tendo algumas destas medidas vigorado até à década

---

[28] *Ap.* BACHELARD-JOBARD, Catherine (2001), p. 49. Cf. ainda sobre o eugenismo nos EUA, GALTON, David (2002), *Eugenics, The Future of Human Life in the 21st Century*, London: Abacus Books, pp. 91 e ss., e BUXTON, Jess, e TURNEY, Jon (2007), *The Rough Guide to Genes & Cloning*, London: Rough Guides Ltd, pp. 154 e ss.

[29] Em 1757 foi adoptada na Suécia aquela que é considerada a primeira lei eugénica dos tempos modernos, com o objectivo de obstar ao casamento de epilépticos. Esta proibição

de setenta do século XX. Porém, onde o eugenismo obteve a mais eficaz concretização prática foi na Alemanha Nazi.

5. O Eugenismo na Alemanha Nazi

Se analisarmos um manual nazi escrito em 1941, o de OTMAR VON VERSCHUER, encontraremos eugenia definida como o "culto do património hereditário e da higiene racial". O essencial – afirma este Autor – o que "há de durável e constante no corpo étnico, não é para nós apenas uma soma de indivíduos, mas o património hereditário que, como um rio, corre de uma geração para outra e representa, em cada uma delas, uma entidade ligada ao todo por aptidões parentais". A protecção deste corpo étnico implica, prossegue, a "preservação e

---

foi reafirmada numa lei de 1915 que qualificava também como impedimentos matrimoniais a doença mental e a doença sexualmente transmissível. Em 1 de Janeiro de 1935 foi adoptada neste país uma lei sobre esterilização em caso de doença mental, cujo campo de aplicação pessoal foi alargado, em 1941, às seguintes categorias de pessoas: as que apresentassem risco de transmissão de doença mental à descendência, às alcoólicas, às toxicodependentes, às criminosas reincidentes, às prostitutas, às "associais". Este diploma previa igualmente a esterilização das mulheres que apresentassem um estado geral de fraqueza ou que fossem portadoras de deficiência susceptíveis de tornar um estado de gravidez perigoso para a sua vida ou saúde. Entre a data de adopção desta lei e o termo da sua vigência (que só ocorreu em 1976) foram esterilizadas cerca de sessenta mil mulheres consideradas incapazes de educar uma criança. Na Dinamarca uma lei publicada em 1929 e alterada em 1935 previa a esterilização ou a castração em caso de diagnóstico de doença do foro mental ou de epilepsia. Em 1918, a Noruega adoptou legislação no sentido de obrigar os nubentes a certificar que não sofriam de doença sexualmente transmissível, de epilepsia ou de lepra. Em 1934, foi adoptada, neste país, uma lei que previa a esterilização das pessoas consideradas sem recursos suficientes para proverem ao sustento dos seus filhos, ou que apresentassem um risco acrescido de transmitir uma doença mental ou uma deficiência física à sua descendência ou, ainda, que manifestassem tendências "contrárias à natureza" susceptíveis de revelarem uma maior propensão para a prática de crimes de natureza sexual. Em 1935, foram adoptados na Finlândia dois diplomas legais que continham medidas de esterilização eugénica, aplicáveis nomeadamente aos que fossem "fracos de espírito", aos neuróticos, aos esquizofrénicos e aos maníaco-depressivos. *Vid.*, na matéria, BACHELARD-JOBARD, Catherine (2001), pp. 53-55 e 60-61; GALTON, David J. (1998), "Greek Theories on Eugenics", *Journal of Medical Ethics*, August 1998, vol. 24, n.º 4, p. 266, e CASABONA, Carlos María Romeo (1999), "Las Prácticas Eugenésicas: Nuevas Perspectivas" *in La Eugenesia Hoy* (coord.: Carlos María Romeo Casabona), Granada: Editorial Comares, p. 7.

melhoramento do património são, a eliminação dos seus elementos nocivos e a conservação do carácter racial próprio do povo"[30].

No nazismo o conceito de eugenia aparece, portanto, associado ao de higiene racial. O apelo a este último conceito nascido de um receio da degeneração geral da raça humana proporcionaria, segundo os seus cultores, o combate à procriação de "inferiores" e ao celibato das classes mais altas.

No discurso nazi a higiene racial supõe o estabelecimento de uma hierarquia entre as raças nos termos da qual se afirma a superioridade biológica da raça ariana.

5.1. Os Teóricos Alemães do Eugenismo

Um dos mais veementes defensores deste predomínio da raça ariana foi o COMTE DE GOBINEAU que defendeu serem os alemães os descendentes mais puros de uma raça ariana que teria vivido no Norte da Índia no segundo milénio antes de Cristo e que seria responsável pelo surgir da civilização europeia.

A este racismo que colocou o grupo ariano na vanguarda da humanidade associou-se no nacional-socialismo alemão o anti-semitismo fundado, nomeadamente, na obra de outro Autor francês: VACHER DE LAPOUGE. Defende este Autor que apenas a raça branca ariana (composta por espécimes louros, grandes, com olhos azuis) gerou "homens de génio". Todas as outras raças são pois inferiores a esta que entende estar bem representada na Alemanha, mas não a ameaçam enquanto permanecerem em territórios distantes daquele em que ela se encontra. Ora, tal não acontece com os Judeus, que afirma terem invadido toda a Europa representando uma ameaça permanente para a raça superior.

ADOLF HITLER retoma esta ideia em 1926, no *Mein Kampf*, onde proclama ser o Ariano o Prometeu do género humano pelo que "se o fizessem desaparecer, uma profunda obscuridade desceria sobre a Terra; em poucos séculos, a civilização extinguir-se-ia e o mundo tornar-se-ia um deserto". O Judeu, pelo contrário, "é e continuará a

---

[30] *Ap.* PICHOT, André (1997), p. 41.

ser o parasita-tipo que, tal como um bacilo prejudicial, se espalha sempre mais e mais se encontra um terreno favorável". Onde o Judeu se fixa, escreve, "o povo que o acolhe extingue-se ao fim de um tempo mais ou menos longo" porque o Judeu "envenena o sangue dos outros"[31].

Para a manifestação deste anti-semitismo contribuiu também o facto de os Judeus, apesar de constituírem uma minoria religiosa na Alemanha, estarem particularmente representados em determinadas profissões, como o comércio (incluindo o sector imobiliário e a banca), a Medicina, o Direito e as Ciências Sociais, o que levou os Nazis a acusarem os Judeus de controlarem o poder na Alemanha[32].

O antisemitismo, eugenismo e racismo nazis encontraram eco em trabalhos de juristas alemãs. ALFRED JOST publicou, em 1895, um estudo sobre o direito à morte, introduzindo o conceito de "vida negativa" (*negativen Lebenswert*) para justificar a eutanásia dos seres humanos inúteis à sociedade.

Em 1920 KARL BINDING e ALFRED HOCHE publicaram, em Leipzig, o livro intitulado *O Direito de Suprimir a Vida que Não Merece ser Vivida*, onde suscitam a questão: "existem vidas humanas que tenham perdido a tal ponto a qualidade de bem jurídico que a seu prolongamento não tenha, a prazo, qualquer valor, nem para os seus titulares, nem para a própria sociedade?"[33].

O conceito de "vida absolutamente desprovida de valor" que "não é para o doente mais do que uma fonte de sofrimentos e para a família causa de mil incómodos" é reafirmado por ERNEST HAECKEL que pergunta: "Que vantagem tem a humanidade em conservar a vida e educar milhares de enfermos, de surdos-mudos, de cretinos?

---

[31] *Ap.* RUFFIÉ, Jacques (1988), p. 26. Como escreve CAMUS, "A Europa é para vós uma propriedade", vós "dizeis Europa, mas pensais em terra para soldados, em campos para trigo, em indústrias domesticadas, em inteligência dirigida". Não deixais de "pensar numa corte de nações conduzida por uma Alemanha de senhores, em direcção a um futuro fabuloso e ensanguentado". Cf. CAMUS, Albert (1972), *Lettres à un Ami Allemand*, reimpressão da ed. de 1948, Paris: Gallimard, pp. 58 e 59.

[32] O poder e, sobretudo, a riqueza, como sublinha HANNAH ARENDT. Cf. ARENDT, Hannah (2006), *As Origens do Totalitarismo*, trad. do original inglês de 1950 por Roberto Raposo, 2.ª ed. (1.ª ed.: 2004), Lisboa: Dom Quixote, p. 5.

[33] *Ap.* ANDORNO, Roberto (1997), *La Bioéthique et la Dignité de la Personne*, Paris: Presses Universitaires de France, p. 17.

Que utilidade tiram estes miseráveis da própria existência? Não será melhor cortar logo no começo o mal que os atinge a eles e às famílias?" Responde à questão colocada que do mesmo modo que "matamos o cão fiel ou o nobre cavalo nossos companheiros de todos os dias, quando eles atingem uma idade avançada e sofrem de doenças incuráveis" temos "o direito e até o dever de pôr termo ao sofrimento dos nossos semelhantes atingidos de doenças cruéis e sem esperança de cura, quando eles nos pedem que os libertemos do mal". Centenas de milhar de doentes incuráveis – prossegue –, "são artificialmente conservados vivos, e os seus sofrimentos prolongados sem utilidade alguma para o doente ou para a sociedade" pelo que muitos sofrimentos e despesas poderiam ser evitados se nos decidíssemos a aliviá-los do "fardo da vida"[34].

A esta qualificação das pessoas como "seres inúteis" não foram alheias as crises económicas de 1923 e de 1929-1933 que tornaram o Estado alemão cada vez mais sensível aos argumentos dos eugenistas sobre o custo económico e social do tratamento das doenças hereditárias, das doenças mentais, da reabilitação dos criminosos e da desintoxicação dos alcoólicos para a colectividade.

5.2. A Leis Alemãs do Eugenismo

Por influência também destes textos doutrinais o eugenismo, o racismo e o anti-semitismo encontraram expressão, na década de trinta do século passado, em diversos textos legais. Apenas no que concerne aos Judeus foram publicadas nesta década cerca de quatrocentas leis que restringiram o gozo ou exercício dos seus direitos fundamentais. Neste processo de segregação da comunidade judaica insere-se a Lei adoptada em 7 de Abril de 1933 sobre a renovação do corpo dos funcionários, que ordenou a expulsão dos Judeus da função

---

[34] HAECKEL, Ernest (1927), *Maravilhas da Vida* (trad. de João de Meyra), 2.ª ed., Porto: Livraria Chardron, Lello e Irmão, pp. 120-123. *Vid.*, na matéria, JOHNSON, Robert (2004), *Hitler and Nazi Germany, The Seduction of a Nation*, 3.ª ed., United Kingdom: Studymates Limited, p. 30, e EVANS, Richard J. (2004), *The Coming of the Third Reich*, London: Penguin Books, pp. 232 e ss.

pública[35]. Onze por cento do pessoal docente universitário foi afastado em consequência da sua aplicação encontrando-se, por exemplo, abrangido nesta percentagem HANS KELSEN. De notar ainda que esta expulsão dos não biologicamente puros da administração foi inspirada na obra de um zoólogo, VON UEXKÜLL, escrita pouco antes. Este, ao pronunciar-se sobre as doenças parasitárias qualificou como "parasitas" as pessoas pertencentes não à raça ariana, mas a "raças estrangeiras". Sendo "parasitas", não seria susceptível de um juízo de censurabilidade o comportamento de um chefe de Estado que visasse travar a invasão dos órgãos do Estado por uma raça estrangeira.

O programa nazi de "limpeza racial" por meios médicos prosseguiu com a adopção, em 14 de Julho de 1933, da Lei para a Prevenção de Nascimentos com Deformações Genéticas ou Lei da Esterilização, que impunha a esterilização obrigatória de qualquer pessoa que sofresse de doença hereditária, nomeadamente de oligofrenia congénita, de esquizofrenia, de loucura circular (maníaco-depressiva), de Coreia de Huntington, de cegueira hereditária, de surdez hereditária, de graves malformações corporais hereditárias ou de alcoolismo grave. Realizada através de métodos cirúrgicos, a esterilização era proposta ou pelo próprio, ou pelo seu representante legal, por um médico ou, ainda, pelo director do estabelecimento hospitalar ou prisional em que estivesse internada.

Para dar aplicação ao disposto neste diploma legal foram criados em 1934, os TRIBUNAIS DE SANIDADE HEREDITÁRIA e o SUPREMO TRIBUNAL DE SANIDADE HEREDITÁRIA. Geralmente associados aos tribunais cíveis, estes tribunais eram presididos por um juiz e dois médicos. De referir, ainda, poderem os médicos ser condenados ao pagamento de uma multa caso não procedessem ao registo e à notificação de uma deficiência genética de que tivessem tido conhecimento no exercício das suas funções.

Em 1935 procedeu-se à alteração desta lei tendo nela sido introduzido um parágrafo que impunha a prática de aborto para os mes-

---

[35] Sobre as restrições impostas por lei à actividade política dos funcionários públicos no regime nazi vid. LOEWENSTEIN, Karl (1938), "Contrôle Législatif de l'Extrémisme Politique dans les Démocraties Européennes", *Revue du Droit Public et de la Science Politique en France et à l'Étranger*, Abril / Junho de 1938, Paris: Librairie Générale de Droit et de Jurisprudence, pp. 727 e ss.

mos casos em que se devia praticar a esterilização com excepção daqueles em que se criasse um sério perigo para a vida ou a saúde da mãe. Oito anos depois procedeu-se à despenalização da interrupção da gravidez realizada em mulheres de raça não ariana[36].

A criação de uma sociedade de raça pura e homogénea, que reconhecesse as diferenças naturais entre os seres humanos prosseguiu com a adopção, em 15 de Setembro de 1935, das Leis de Nuremberga, para a Protecção do Sangue e da Honra Alemães. Estas leis que proibiam os Judeus de casar ou ter relações sexuais com pessoas de sangue alemão (enfatizando a propaganda que acompanhou a sua aplicação a ameaça sexual que os homens judeus "predadores" representavam para as mulheres alemãs e para a "pureza" do sangue alemão) foram tornadas extensivas em 26 de Novembro do mesmo ano aos ciganos e às pessoas de cor[37]. A partir de 1939 o não cumprimento do nelas disposto era punido com pena de morte. Pode ler-se nos respectivos trabalhos preparatórios: "contra a doutrina que sustenta a igualdade de todos os seres humanos (...) o nacional-socialismo defende o duro mas necessário reconhecimento de diferenças básicas entre os seres humanos"[38].

Do ponto de vista simbólico o acto final da separação entre Judeus e não Judeus deu-se com a promulgação, em Setembro de 1941, da Lei que impôs aos Judeus o uso de uma Estrela de David na roupa sempre que saíssem de casa.

---

[36] *Vid.*, na matéria, BINET, Jean-René (2002), *Droit et Progrès Scientifique, Science du Droit, Valeurs et Biomédecine*, Paris: Presses Universitaires de France, p. 185; PROCTOR, Robert N. (1997), "Políticas Biomédicas Nazis" in *Quando a Medicina Enloqueceu, A Bioética e o Holocausto* (coord.: Arthur L. Caplan) (trad. do original inglês de 1992 por Zaira Miranda), Lisboa: Instituto Piaget, p. 41; KERR, Anne, e SHAKESPEARE, Tom (2002), *Genetic Politics, From Eugenics to Genome*, Cheltenham: New Clarion Press, pp. 32-34, e OWEN, James (2006), *Nuremberg Evil on Trial*, London: Headline Review, pp. 347 e ss.

[37] Sobre a perseguição movida contra os ciganos por serem "associais" *vid.* CLENDINNEN Inga (2007), *Um Olhar sobre o Holocausto* (trad. do original inglês de 1999 por A. Mata), Lisboa: Prefácio, pp. 20 – 21.

[38] *Vid.*, na matéria, ARCHER, Luís (1995), p. 79; BRUCHFELD, Stéphane e LEVINE, Paul A. (2000), *Contai aos Vossos Filhos ... Um Livro sobre o Holocausto na Europa, 1933-1945*, Lisboa: Gótica, p. 7; RUFFIÉ, Jacques (1988), p. 27, e GOFFI, Jean-Ives (2003), "Eugenismo", in *Nova Enciclopédia da Bioética* (coord.: Gilbert Hottois e Jean-Noël Missa) (trad. do original francês de 201 por Maria Carvalho), Lisboa: Instituto Piaget, p. 345.

Ao mesmo tempo que eram adoptadas medidas de eugenia negativa para indivíduos de raça não ariana, a esterilização e o aborto de mulheres da raça ariana foram penalizados por configurarem um crime contra o corpo alemão, um acto de sabotagem contra o futuro racial da Alemanha.

Foram igualmente tomadas, no período em análise, medidas de eugenia positiva em matéria de controlo de nascimentos. Constitui exemplo destas o programa *Lebensborn* ("fonte de vida") conduzido por HIMMLER. Consistia este programa na selecção de mulheres consideradas notáveis pelas suas qualidades de raça ariana e no incitamento das mesmas a, sob supervisão médica, terem relações sexuais com homens dotados de qualidades semelhantes. Em caso de gravidez e parto a criança era retirada à mãe e entregue ao Estado que a educaria. Estima-se que ao abrigo deste programa tenham nascido durante a Segunda Guerra Mundial cerca de dez mil crianças, destinadas a aumentar os efectivos da raça ariana.

Que outras consequências podem ser associadas à aplicação destas medidas?

Com a legislação adoptada por HITLER passou-se do eugenismo ao genocídio. Uma vez decidida, a 20 de Janeiro de 1942, na Conferência de Wannsee, em Berlim, a aplicação aos Judeus da "solução final" (cujo objectivo era libertar todo o território alemão de Judeus através de meios legais), procedeu-se ao extermínio de seis milhões de Judeus, sem distinção de sexo, idade ou nacionalidade. Foi um massacre planificado e quase industrial, que ocorreu nos países sob domínio alemão, através de um processo de identificação, concentração e extermínio dos Judeus[39]. O apelo à Biologia esteve sempre

---

[39] Como expressivamente refere HANNAH ARENDT o sentimento de horror que qualquer pessoa de boa vontade sente face à Alemanha Nazi é suscitado "(...) pela monstruosa máquina de massacre administrativo ao serviço da qual podiam ser postas, e o foram efectivamente, não milhares de pessoas, não dezenas de milhares de assassinos escolhidos, mas um povo inteiro". Cf. ARENDT, Hannah (2001), *Compreensão e Política e Outros Ensaios 1930-1954* (trad. do original inglês por Miguel Serras Pereira), Lisboa: Relógio D'Água, pp. 67-68. *Vid.*, ainda, ARENDT, Hannah (2007), *Responsabilidade e Juízo*, trad. do original inglês por Miguel Serras Pereira, Lisboa: Publicações Dom Quixote, pp. 205 e ss.; LEVI, Primo e BENEDETTI, Leonardo de (2006), *Auschwitz Report* (trad. do original italiano de 1946 por Judith Wolf), London: Verso, pp. 72 e ss., e ROBERTSON, Geoffrey (2006), *Crimes Against Humanity, the Struggle for Global Justice*, 3.ª ed. revista (1.ª ed.: 1999), London: Penguin Books, pp. 244 e ss.

subjacente a este massacre porque o que determinou a decisão dos Nazis de o realizar foi não o facto de os Judeus pertencerem a uma espécie diferente da sua, mas o de pertencendo à mesma espécie, serem, no entanto, elementos inferiores, um "fardo genético" a eliminar para permitir a passagem do homem para o super-homem. Elevação esta que implicava também, segundo a ideologia nazi, a esterilização e/ou a eliminação dos doentes mentais, dos portadores de deficiência física ou mental, dos cegos, dos homossexuais, das Testemunhas de Jeová, dos comunistas, dos "associais" (incluindo-se nesta categoria desde as prostitutas até àqueles que recusassem duas vezes algum emprego), dos criminosos[40].

Estima-se que no período compreendido entre 1934 e 1945 tenham sido esterilizadas cerca de duzentas mil pessoas na Alemanha e, como referimos, exterminados seis ou mesmo sete milhões de Judeus[41]. Este crime contra a humanidade que se traduziu na morte das pessoas "diferentes" só foi possível porque houve seres humanos capazes de matar outros em grande quantidade e durante um longo período.

---

[40] Cf., sobre este ponto, WIERVIORKA, Anette (2005), *Auschwitz, 60 Ans Après*, Paris: Éditions Robert Laffont, pp. 65 e ss., e KNOPP, Guido (2004), *Hitler's Holocaust* (trad. do original alemão por Angus Mcgeoch), Gloucestershire: Sutton Publishing, pp. 177 e ss. Como expressivamente escreve MARGUERITE DURAS "Sete milhões de Judeus foram exterminados, transportados em camiões para gado, gaseados em câmaras de gás construídas para o efeito e queimados em fornos crematórios construídos para o efeito (…). Os seus recém-nascidos foram confiados ao corpo de MULHERES ESCOLHIDAS PARA O ESTRANGULAMENTO DE CRIANÇAS JUDIAS, peritas na arte de matar através de uma pressão exercida sobre as carótidas. Com um sorriso e sem dor, dizem elas. Este novo rosto da morte organizada, racionalizada, descoberto na Alemanha desconcerta antes de indignar". Cf. DURAS, Marguerite (2003), *La Douleur*, reimpressão da ed. de 1985, Paris: Gallimard, p. 64.

[41] *Vid.*, na matéria, MCLAREN, Angus (1999), *Twentieth-Century Sexuality, A History*, Oxford: Blackwell Publishers, pp. 124 e ss.; BENZ, Wolfgang (2000), *The Holocaust* (trad. do original alemão por Jane Sydenham-Kwiet), London: Profile Books, p. 7, e GILBERT, Martin (2002), *The Routledge Atlas of the Holocaust*, 3.ª ed. (1.ª ed.; 1982), London: Routledge, pp. 14 e ss.

6. O Eugenismo em Portugal

Como refere ANA LEONOR DIAS (a Autora que mais extensamente analisou o problema da recepção do cientismo darwinista na cultura nacional) em Portugal não "se cultivou a 'religião eugénica' de matriz inglesa (Galton), de matriz alemã (E. Haekel, A. Ploetz), suíça, nórdica ou americana". À semelhança do ocorrido noutras áreas foi a França o modelo seguido por Portugal. Atenta a hegemonia do neo--lamarckismo na comunidade biomédica francesa a eugenia neste país pertenceu, em regra, ao domínio da higiene científica e foi moldada por "uma ética humanista, prudente em matéria de imposições legislativas e moderada no plano da educação eugénica, tanto seleccionista como racialista". Como veremos seguidamente, o mesmo modelo foi adoptado entre nós, tendo-se situado o pensamento eugénico desde o fim do século XIX no campo do higenismo e tido como tema privilegiado "a reprodução, na moldura do casamento, dos indivíduos portadores de má hereditariedade ou de algum estado patológico adquirido ou transmissível"[42].

6.1. *Os Teóricos Portugueses do Eugenismo*

No que concerne às Ciências Sociais e Humanas o impacte do darwinismo começou por se fazer sentir com particular intensidade na história, ao nível da lógica do processo histórico. Neste domínio destacou-se, por exemplo, o trabalho de RAMALHO ORTIGÃO, datado de 1879, no qual a história da raça portuguesa, a partir de meados do século XVI, é lida em termos de decadência, no sentido darwiniano de evolução regressiva. Aplicando a teoria da evolução biológica de

---

[42] PEREIRA, Ana Leonor Dias da Conceição (1997a), *Darwin em Portugal (1865--1914) Filosofia. História. Engenharia Social*, vol. 2, Coimbra: Faculdade de Letras da Universidade de Coimbra, p. 769.

[43] ORTIGÃO, Ramalho (1992), *As Farpas*, vol. VIII, Lisboa: Clássica Editora, pp. 170--172. Como salienta ANA LEONOR PEREIRA este ensaísta, à semelhança de DARWIN, "apoia-se no princípio do uso e do não-uso das faculdades físicas e mentais, no quadro do mecanismo da selecção natural". Cf. PEREIRA, Ana Leonor Dias da Conceição (1997), *Darwin em Portugal (1865-1914) Filosofia. História. Engenharia Social*, vol. 1, Coimbra: Faculdade de Letras da Universidade de Coimbra, p. 386.

DARWIN ao "princípio científico do desenvolvimento das nações" este Autor conclui que Portugal "há mais de duzentos anos é completamente infecundo no meio do movimento científico do mundo moderno". Como explicar esta deplorável decadência da raça portuguesa?

Analisando o problema à luz das causas de formação da raça ("o meio, a hereditariedade e a selecção") conclui que o mesmo não pode ser resolvido através do apelo ao meio. Se, afirma, o meio físico foi "benéfico para determinar e proteger a criação e o desenvolvimento de uma raça tão forte, tão inteligente, e tão viva como a raça portuguesa do século XV" e se não foi entretanto perturbado por "nenhuma revolução cósmica", então não é nele que encontraremos as "causas do abastardamento" da raça portuguesa.

Estas residem no "hábito e no exercício"[43] cuja acção contínua modifica os efeitos da hereditariedade desenvolvendo uns e atrofiando outros. Ora, conclui, "as nobres faculdades que fizeram de nós um povo exemplar até ao século XV atrofiaram-se até darem a degeneração pelo exercício e pelo hábito, pela hereditariedade e pela selecção artificial". Este atrofiamento foi, nomeadamente, causado pela Inquisição (uma vez que "o terror transmitido de geração em geração cria a deformidade moral a que podemos chamar uma pusilanimidade ôrganica") e pelo facto de os cargos públicos serem "confiados aos vencedores nas campanhas eleitorais" (ficando o "valor intelectual de parte").

Porém e continuando a aplicar à evolução da nossa história as leis de DARWIN, salienta constituir o "instinto da imitação" um "elemento precioso do progresso". Será através do seu exercício que se operará a "revolução portuguesa" atento o facto de que "fora das regiões oficiais, se manifestam em cada dia personalidades poderosas, caracteres exemplares, destinados a tornarem-se outros tantos centros de imitação". Estas personalidades pelo exercício da "influência dominante dos seus caracteres superiores" realizarão "a reconstrução infalível do carácter"[44] específico do povo português.

Se nos finais do século XIX começa a ser feita, entre nós, referência à teoria darwiniana da selecção natural, o século XX trará consigo o nascimento de um pensamento eugénico centrado, como referimos, nos temas da procriação e da transmissão da hereditariedade mórbida.

---

[44] ORTIGÃO, Ramalho (1992), pp. 172 - 178.

Logo em 1919, JÚLIO DANTAS, após almoçar com um "casal de degenerados que, por cada berço que abria, fechava um túmulo" e observar atentamente a única filha sobrevivente desse casal, que era surda-muda, o "produto característico de uma consanguinidade mórbida implacável", decidiu pronunciar-se sobre "o doloroso problema do casamento dos doentes e dos degenerados". Escreve: "reconheço ao amor o direito esplêndido de procriar a força, a beleza e a inteligência", mas "não lhe reconheço o direito funesto de gerar deliberadamente a miséria, o aleijão e a dor". Não pode, portanto, reconhecer-se "a um enfermo, a um degenerado, a um débil, a um intoxicado grave o direito de perpetuar o seu sofrimento, a sua deformidade e a sua miséria", devendo proibir-se o "casamento dos doentes de espírito e de corpo, dos monstríparos, dos cacoplastas, dos tarados, dos geradores de abortos e de mártires". Para além desta proibição preconiza deverem "isolar-se também os indivíduos considerados perigosos para a raça".

A ideia de que "criar a monstruosidade é um crime perante a raça"[45] esteve presente também em EGAS MONIZ, Prémio Nobel da Medicina e Fisiologia em 1949, que escreveu, cerca de trinta anos antes, que "para bem da sociedade deve evitar-se, por todas as formas, a procriação entre indivíduos atacados de doenças graves transmissíveis", uma vez que estes serão "a origem de elementos prejudicialíssimos ao progresso social, serão a causa de encargos inúteis para as nacionalidades e para as famílias, originarão verdadeiras neoplasias sociais tendentes a corromper o organismo a que se liguem". A sociedade precisa – proclama – "sobretudo de elementos sadios e vigorosos" constituindo a desgraça orgânica "a pior das infelicidades". Como para se ser feliz "é indispensável, acima de tudo, ser-se um bom, um vigoroso animal" recomenda a todos os que pensam na união matrimonial a "escolha de indivíduos sadios e vigorosos"[46].

---

[45] DANTAS, Júlio (1919), *Espadas e Rosas*, 2.ª ed., Lisboa: Portugal-Brasil Limitada, pp. 143-145.

[46] MONIZ, Egas (1918), *A Vida Sexual, Fisiologia e Patologia*, 4.ª ed. revista, Lisboa: Livraria Ferreira, pp. 246 – 248 e 312. Esta Obra foi apresentada no âmbito das Provas de Concurso para Lente da Faculdade de Medicina da Universidade de Coimbra. *Vid.*, na matéria, CORREIA, Manuel (2006), *Egas Moniz e o Prémio Nobel*, Coimbra: Imprensa da Universidade de Coimbra, pp. 26 e ss.

Aludindo aos impedimentos matrimoniais constantes do Código Civil de 1867, entende que a proibição do casamento aos menores de catorze anos do sexo feminino e de doze do sexo masculino deve ser alterada[47]. Propõe a elevação da idade nupcial para ambos os sexos e fixa mesmo uma idade "óptima" para o matrimónio, situada para a mulher entre os dezoito e os vinte e cinco anos (período em que se "torna mais apetecida pelo homem, e isso não é indiferente à felicidade do lar") e, para o homem, entre os vinte e os trinta anos (a fim de "poder vigiar a educação de seus filhos, prover-lhes às primeiras necessidades e assegurar-lhes um futuro conveniente").

Outro impedimento a que faz referência é ao da consanguinidade determinando que como esta "exalta somente a hereditariedade e influencia-a tanto no bom como no mau sentido"[48] só terá "consequências desagradáveis quando a família dos cônjuges é uma família tarada".

Propõe igualmente que se altere a lei civil no sentido de se obstar ao casamento dos portadores de determinadas doenças. Preconiza assim que "a impotência *coëundi* e as doenças contagiosas graves, como as tuberculoses pulmonares extensas, a lepra, etc." devem constituir impedimentos permanentes ao casamento enquanto "a sífilis, a blenorragia e outras doenças contagiosas transitórias" devem constituir impedimentos transitórios ao casamento. Neste sentido e tal como JÚLIO DANTAS defende a adopção de legislação que determine a obrigatoriedade do exame médico ante-matrimonial. Aceita também o divórcio por motivos eugénicos afirmando que esta forma de dissolução do vínculo matrimonial "parecer oferecer vantagens que importa não desconhecer nem desvirtuar".

De todos os Autores portugueses que escreveram sobre eugenismo, o único que encontrámos a propor a esterilização por indicação

---

[47] Cf. o art. 1073.º do Código Civil Português aprovado por Carta de Lei de 1 de Julho de 1867.

[48] MONIZ, Egas (1918), pp. 306 e 308. Esta posição é também a de ALMERINDO LESSA que escreve que a endogamia contínua "é prejudicial e será perigosa se os ramos iniciais forem maus, podendo ser útil, e sob o ponto de vista racial gloriosa até, se, pelo contrário, forem bons". Cf. LESSA, Almerindo (1939-1940), "Fialho de Almeida ou a Campanha Eugénica dum Prosador", *Arquivo de Anatomia e Antropologia*, vol. XX (1939-1940), Lisboa, p. 157.

eugénica e por indicação económica foi EGAS MONIZ. Afirma este Autor: o "único processo de pôr um dique à decadência da raça" é a "esterilidade artificial feminina num pequeno número de casos, puramente médicos"[49]. A esterilização deve pois ser aconselhada "com o fim da melhoria da espécie" e para se "evitar o mais possível o nascimento de indivíduos que, pelas suas taras hereditárias ou ainda pelas condições sociais em que aparecem, estão condenados à miséria física e, por conseguinte, à morte próxima ou a uma vida doente, pesada à família e à sociedade". Não devem pois ter filhos "um sifilítico (nos primeiros tempos, depois da sua infecção), um alcoólico, um epiléptico" porque lhes "comunicariam todo o horror da sua vida miserável".

Quanto à esterilização por motivos económicos, parte do princípio de que "tenham filhos os que podem educá-los e sustentá-los"[50] e salienta não haver, na sociedade portuguesa da época, nem "protecção efectiva à grávida e à criança", nem "auxílio eficaz ao proletário e ao vagabundo", sendo os problemas sociais salvo muito raras excepções sempre "relegados para um segundo plano no problema nacional". Sugere, em consequência, que "as famílias da classe proletária, que passam amargurados dias de privação por causa dos filhos numerosos a que dão origem e que, sobretudo nos grandes centros de população, ficam sujeitos a uma vida efémera ou debilitada, que é consequência duma má alimentação e duma má higiene" não dêem "a existência a desgraçados". O médico ao aconselhar a

---

[49] É interessante notar que este Autor apenas propunha a esterilização das mulheres. Digno de nota também é o facto de considerar o feminismo como uma das principais causas de decrescimento da natalidade. Afirma, a este propósito, que "a mulher que, para viver, é obrigada a trabalhar não tem tempo para ter filhos" e que dificilmente se pode admitir "uma mulher-advogado defendendo uma causa em pleno estado de gravidez que, por vezes, traz alterações físicas e mesmo psíquicas importantíssimas" nem uma "mulher-médica que teria de aleitar o filho quando cuidasse de doenças contagiosas". Conclui que "a grande e verdadeira missão da mulher é a maternidade " pelo que "nenhuma outra preocupação a deve desviar do fim que, para bem da espécie, lhe foi cuidadosamente confiado". Cf. MONIZ, Egas (1918), pp. 247, 258, 259, 273, 302, 308 e 310.

[50] No mesmo sentido ALMERINDO LESSA considera que "o número de filhos deve depender, não da nossa quantidade de Amor mas da nossa quantidade de saúde e de dinheiro", prescrevendo que "para bem procriar é preciso bem ter". Cf. MONIZ, Egas (1918), pp. 247, 248 e 272, e LESSA, Almerindo (1933), *Exortações Eugénicas*, Porto: Associação Profissional dos Estudantes de Medicina do Porto, p. 9.

esterilização da mulher em todos estes casos "cumpre o seu dever, porque defende o bem da espécie, da família e do doente"[51].

Posição oposta é a assumida por ADELAIDE CABETE, médica e a única mulher que encontrámos a escrever na matéria, que ao constatar que as leis americanas sobre esterilização adoptadas no início do século XX se aplicavam a leprosos, loucos, idiotas, epilépticos, cancerosos, nefríticos, cardíacos, sífliticos, tuberculosos, prostitutas, criminosos, vagabundos, embriagados, aos que usassem cocaína e morfina, "aos surdos, aos defeituosos, aos sem domicílio, aos indigentes, aos pobres e até aos desgraçadinhos órfãos", pergunta: "Quantas pessoas ficariam completas depois deste sudário? Quantas escapariam a tão devastadores bisturís?"

No lugar destas leis "repressivas, inaceitáveis" (porque vão desde "a proibição do casamento (...) até se decretarem medidas dacroneanas como a castração") e ineficazes (na medida em que "servem apenas para aumentar as ligações ilícitas visto que para estas não há legislação e dão assim azo à imoralidade aumentando a prostituição") propõe que se sigam processos mais moderados para "evitar a procriação em certas fases da vida impróprias para tal acto como, por exemplo, no estado de embriaguez, sífilis, convalescente e febril, etc.".

Aderindo às doutrinas evolucionistas do Lamarckismo *i.e.*, aceitando que é possível, por medidas convenientes, modificar as qualidades hereditárias dos indivíduos, esta Autora considera que quase todas as doenças hereditárias (com excepção das doenças mentais e da cancerosa que "se herdam sempre") se "atenuam e chegam mesmo a desaparecer com tratamento e higiene persistentes". Daí o carácter essencial da "educação e vulgarização de certas noções higiénicas, morais e profilácticas", da "educação higiénica do novo ser". Propõe assim que se crie a obrigação de os nubentes de ambos os sexos e de qualquer categoria social apresentarem "no acto de casamento, uma certidão duns breves conhecimentos da Eugenética", ao qual deve "estar anexa ao bilhete de identidade para o acto do casamento". Desta forma os nubentes sabendo "o crime de lesa-humanidade em que incorriam, ligando-se a certos tarados antes actuariam com perfeito

---

[51] MONIZ, Egas (1918), pp. 247-248 e 273.

conhecimento de causa para o bem da humanidade". Ou, dizendo de outro modo, "conforme alguns se dedicam a seleccionar flores, pombos, coelhos, cães, etc., da mesma maneira todos tinham obrigação de seleccionar os próprios filhos"[52].

Apesar da influência prevalecente do modelo do eugenismo francês, o eugenismo alemão não foi ignorado pelos cultores portugueses do eugenismo, desde logo por um dos principais defensores deste movimento em Portugal: BAHARONA FERNANDES. Tendo frequentado na qualidade de Bolseiro do Instituto para a Alta Cultura, em Munique, a secção de Genealogia e Demografia do INSTITUTO DE INVESTIGAÇÃO PSIQUIÁTRICA, este Professor de Medicina teve ocasião de tomar contacto com a aplicação prática das medidas eugénicas na Alemanha. Constatando que estas medidas "constituem a organização mais poderosa e metódica, e a campanha eugénica mais severa, que jamais se empreendeu contra as doenças hereditárias" BAHARONA FERNANDES, em 1938, vem criticar a "atitude extrema e certamente excessiva, que preside aos cuidados hereditários da Alemanha".

Critica, desde logo, severamente a eutanásia eugénica, a "impiedosa supressão dos tarados, loucos e doentes", bem como a "violenta medida eugénica da esterilização". Salienta, em particular, no que concerne à aplicação desta última medida, as "dificuldades e em certos casos a imprecisão dos diagnósticos", porque "nem todos são cautelosos, e em muitas clínicas reina um critério menos severo, impulsionado por entusiasmos eugénicos excessivos, de que os cientistas conscienciosos se deviam abster".

São também objecto de crítica as medidas de eugenia positiva do Governo do III *Reich* como os subsídios para casamento que em geral, só cabem aos casais arianos, o que suscita a este Autor "muitas reservas e resistências". Aliás, aludindo ao pretenso papel predominante dos arianos na história da civilização considera carecerem de todo o fundamento e serem "meras fanfarras de propaganda política"

---

[52] CABETE, Adelaide (1929), *Eugénica e Eugenética*, Lisboa: Artegráfica, Limitada, pp. 3 a 7, 11 e 12. É interessante notar que esta Autora feminista apenas começou a estudar depois de casada, tendo concluído a instrução primária aos 23 anos e a licenciatura em Medicina aos 33, com a tese intitulada *A Protecção às Mulheres Grávidas Pobres*. Vid., sobre este ponto, BARRADAS, Ana (1998), *Dicionário Incompleto de Mulheres Rebeldes*, Lisboa: Antígona, pp. 13-14.

as teorias como a da origem nórdica da civilização grega, e em parte da romana.

Não obstante todo este discurso crítico este Autor foi um acérrimo defensor do recurso à eugenia não para "criar génios" nem para "seleccionar super-homens" (dado que "um mundo composto de super-homens seria porventura um éden, mas morreria à míngua de braços que os sustentassem e desempenhassem os encargos do viver terreno"), mas para "criar filhos procurando que eles venham ao mundo sãos, rijos e de boa têmpora".

Os progressos da civilização, afirma, trazem a "ameaça de uma contra-selecção, desfavorável à saúde e felicidade dos homens" dado que a "protecção cada vez mais vasta e onerosa aos enfermos e degenerados" leva a que estes espalhem "uma vasta descendência que, abandonada aos cuidados da sociedade, irá mais tarde encher os asilos e as prisões". Com efeito, salienta, o "número de doentes, filhos de outros enfermos, é considerável, e progressivamente crescente, dadas as novas formas de assistência e o êxito dos novos tratamentos" sendo a sua descendência "já bastante numerosa e por todas as razões, absolutamente indesejável". Não será – pergunta mesmo – um "crime e um pecado gerar conscientemente filhos doentes e degenerados?"

Acresce no nosso país tender o "sistema do filho único" a generalizar-se "nas classes mais diferenciadas, enquanto os elementos populacionais de pouco valor ou indesejáveis se multiplicam sem qualquer restrição", o que a prazo fará com que a composição da população se desloque "no sentido do predomínio dos menos valiosos".

Afigura-se-lhe pois indispensável intervir sobre a população por intermédio da eugenia, pela "eliminação dos troncos familiares portadores de 'taras' indesejáveis, e pela propulsão das cepas hereditárias de maior valor". Como seleccionar os meios que impeçam a transmissão às gerações seguintes dos "defeitos e enfermidades que afligem o género humano, e que favoreçam a propagação das qualidades de resistência e vigor físico, dos dotes intelectuais e das disposições de carácter de valor moral e social"?

Há, em primeiro lugar, que impedir a reprodução dos "fracos, doentes e anormais" uma vez que "muito mais que manter pela Assistência e fazer multiplicar (...) tantos infelizes e degenerados causadores dos maiores tormentos e encargos para a sociedade" é "meritório evitar por medidas sensatas, que eles continuem a nascer com toda a sua corte de misérias".

Considera no entanto ser de rejeitar à época e em Portugal, a medida de eugenia positiva mais eficaz para alcançar aquele desiderato, a esterilização. A prática da esterilização sistemática parece-lhe constituir "um processo demasiado rígido e simplista" quer por não poder, por si só, obstar à manifestação das doenças de herança recessiva quer, ainda, por no nosso país a "insuficiência do armamento higiénico" não impedir, ainda, a necessária selecção natural dos menos aptos. Preconiza assim só ser legítimo recorrer a esta medida quando os dados demográficos "provarem com segurança, a ameaça de uma verdadeira degenerescência de raça, por aumento relativo dos enfermos e tarados, ou porventura por infiltração de povos diversos de somenos valor em prejuízo do conjunto da população, sã, forte e desejável para o progresso da Nação". Porém, mesmo nesse caso apenas considera aceitável a esterilização "voluntária, livre, e feita no interesse dos próprios doentes e das suas famílias" e nunca a realizada de "forma sistemática, forçada pelo Estado, contra a vontade dos próprios e das famílias e muito menos servindo ideologias raciais ou outras de natureza obscura".

Constitui medida eugénica mais aconselhável para o nosso país, escreve, para limitar a reprodução dos enfermos e a difusão da doença na população o "internamento dos alienados e a sequestração dos anormais" dado que a "simples segregação da sociedade tem já uma importante acção eugénica" na medida em que lhes rouba "as possibilidades de se reproduzirem em regímen de vida livre". Considera aliás útil para se ter "uma noção do estado eugénico da Nação" que sejam criados "arquivos genealógicos em todos os serviços de assistência a anormais" como "clínicas psiquiátricas, manicómios, asilos, institutos de reeducação de anormais, prisões, penitenciárias, colónias penais, casas de correcção". Devem também ser criados no que concerne a outros doentes para se conhecer "em cada terra os troncos familiares degenerados e aplicar assim com maior rigor e precisão as medidas preventivas de natureza eugénica".

As principais medidas eugénicas a serem imediatamente instituídas em Portugal são, segundo este Autor, o aconselhamento pré-matrimonial, a proibição do casamento aos portadores de doenças hereditárias e a exigência do atestado de sanidade pré-matrimonial abrangendo as "doenças contagiosas, as taras hereditárias dos cônjuges". Com base no entendimento de que os "cuidados com a génese da nossa descendência e com a pureza da herança que lhe legamos" representam "uma forma de imortalizarmos o nosso Ser" defende a urgente criação de um "serviço especial de consultas eugénicas pré--nupciais". A este serviço competiria a "ajuda de criação de uma prole numerosa nos casais hereditariamente saudáveis" e, principalmente, o impedimento da reprodução dos doentes hereditários.

Um "casamento em projecto" seria pois evitado nos casos em que ameaçasse "legar à posteridade indivíduos doentes e degenerados". Tal supunha que se prevenisse quer "a aliança das famílias hereditariamente sãs com famílias doentes", quer as "alianças matrimoniais entre parentes consanguíneos ou membros de famílias com tendências mórbidas idênticas, embora latentes".

Afirmando que a legislação portuguesa de 1910 que impedia o casamento ou permitia o divórcio por interdição de doentes mentais tinha uma acção extremamente limitada e totalmente insuficiente defendeu este Autor dever a mesma ser alterada para proibir o casamento aos "doentes contagiosos" e aos "portadores de doenças mentais, psicopatias e grandes anomalias e enfermidades físicas de natureza confirmadamente hereditária".

Determina ainda que se legisle no sentido de se "promulgar a obrigatoriedade do atestado de sanidade pré-nupcial". Este certificado que seria passado na sequência de um exame médico pré-nupcial realizado aos cônjuges com o fim de averiguar da "existência de qualquer enfermidade que os torne inaptos para o casamento, ou seja motivo dum contágio familiar evitável" afigura-se-lhe ser da maior utilidade tanto "no ponto de vista médico geral como hereditário e eugénico". Salienta, aliás, que "a concepção da família como base da ordem social, promulgada pela Nova Constituição Portuguesa exprime uma tendência anti-individualista"[53] que lhe parece ser muito propícia à consagração legal destas medidas eugénicas.

---

[53] FERNANDES, Barahona (1938), *O Problema da Eugénica* (sep. de A Medicina Contemporânea, n.ºs 19, 21, 22 e 23, Maio e Junho de 1938), Lisboa: Centro Tipográfico Colonial, pp. 2, 3, 6, 10, 12, 20 a 23, 27, 30 a 33, 36 a 43, 45, 77 a 82, 87 e 88; FERNANDES, Barahona (1940a), *Hereditariedade e Profilaxia Eugénica das Doenças Mentais*, Porto: Comemorações Portuguesas de 1940, p. 20, e FERNANDES, Barahona (1940), "Herança

Para além destas medidas eugénicas negativas destinadas a impedir que "as disposições mórbidas hereditárias continuem a pesar quais espectros maléficos, sobre as gerações vindouras", BAHARONA FERNANDES propõe igualmente a adopção de medidas eugénicas positivas. Através destas favorecer-se-ia a "multiplicação das famílias aptas e úteis à Nação", dos "elementos sãos e valiosos da população". Para proteger "o plasma germinal portador de disposições hereditárias favoráveis e desejáveis, favorecendo a sua propagação e difusão às gerações vindouras" sugere que se tomem medidas como os "auxílios para casamento aos jovens sãos de 'sangue limpo' de 'taras' hereditárias, as ajudas às famílias numerosas nas mesmas condições, o aumento dos ordenados e a diminuição dos impostos". Estas medidas de eugenia positiva constituem, nas palavras deste Autor, a "melhor arma na luta pela conservação e revigoramento do património hereditário da Nação" que é, sem dúvida, "o mais valioso património da Nação"[54].

De igual modo um outro médico, contemporâneo de BARAHONA FERNANDES, CARLOS DA SILVA RAMOS, defendeu também ser necessário auxiliar os "bons elementos", facilitar a sua reprodução. É do "interesse geral", afirmou, "obrigar os intelectuais a reproduzirem-se mais" dado estes terem, em regra, "poucos filhos, mercê de casamentos tardios, resultado de cursos longos e de colocação difícil". O objectivo central da "eugénica" é "elevar o nível mental da sociedade" o qual resulta da "média geral, em que são valores extremos, os intelectuais e os débeis mentais". Para o alcançar é portanto indispensável aumentar os primeiros e diminuir os últimos. Como atingir este desiderato?

Os "anormais", escreveu, constituem uma "sobrecarga enorme, pesada e perigosa na sociedade", estando a humanidade "farta de todos os anormais, e mesmo dos de génio", sacrificando-os "de boa

---

e Meio nos Conselhos Pré-matrimoniais Eugénicos", *Arquivo de Anatomia e Antropologia*, vol. XX (1939 – 1940) (coord.: H. de Vilhena), Lisboa, pp. 210-214. É aliás interessante notar que a Constituição de 11 de Abril de 1933 determinava no art. 11.º competir ao Estado assegurar "a constituição e defesa da família, como fonte de conservação e desenvolvimento da raça (...)". Cf. MIRANDA, Jorge (2004), *As Constituições Portuguesas de 1822 ao Texto Actual da Constituição*, 5.ª ed., Lisboa: Livraria Petrony, p. 191.

[54] FERNANDES, Barahona (1938), pp. 20-21 e 77, e FERNANDES, Barahona (1940), pp. 17-18.

vontade perante um programa, que vai elevar o nível mental e físico, dos seus componentes". Como médicos, preconizou, "devemos ter sempre presente qual é o bem a realizar", devemos "impor medidas, extensivas a todos pelos seus efeitos benéficos" e não "cruzar os braços, para que haja mais casos clínicos, e a possibilidade, de que em algum casebre, onde falta a luz e abunda a sífilis e o álcool, nasça um presente para as elites".

Entendeu ainda este Autor constituir a criminalidade um fenómeno hereditário. Desde LOMBROSO, recordou, "que se estuda cientificamente os delinquentes". O delinquente, "de grandes mandíbulas e orelhas em asa" tem na "sua organização física, no seu funcionamento intelectual, nas suas tendências de carácter e sensibilidade moral numerosos estigmas de degenerescência que o afastam da normalidade antropológica". Se analisarmos o meio familiar do "degenerado constitucional", em particular do reincidente, concluiremos que ele revela habitualmente a existência "na sua hereditariedade de doenças, predisposições e tendências mórbidas, manifestando-se por psicoses, inferioridade mental, epilepsia, alcoolismo, suicídio, morta-natalidade, mortes precoces, fragilidade orgânica, etc.". Assim sendo, conclui, por mais perfeitas que sejam as medidas tomadas pela sociedade para com os criminosos reincidentes, "elas serão sempre imperfeitas, se não se fizer o possível por evitá-los"[55].

Para a melhor divulgação destas ideias foi constituída em 9 de Dezembro de 1937, por iniciativa de EUSÉBIO TAMAGNINI, a SOCIEDADE PORTUGUESA DE ESTUDOS EUGÉNICOS[56].

---

[55] RAMOS, Carlos da Silva (1940), "Eugénica", sep. de *A Medicina Contemporânea*, n.os 15 e 16 de 14 e 21 de Abril de 1940, Lisboa: Centro Tipográfico Colonial, pp. 4, 9-10, 13-15 e 22. Segundo LOMBROSO o "criminoso nato" caracterizava-se por certos sinais de "degenerescência física": cérebro hipo ou hiper-desenvolvido, testa inclinada para trás, malares salientes, estrabismo, sobrancelhas cerradas, nariz torcido, orelhas grandes, e braços muito compridos. Vid., sobre este ponto, DIAS, Jorge de Figueiredo, e ANDRADE, Manuel da Costa (1997), *Criminologia, O Homem Delinquente e a Sociedade Criminológica*, 2.ª reimpressão, Coimbra: Coimbra Editora, pp. 171 e ss.; COELHO, Cristina Maria Costa (2007), *A Doença Mental (Des)culpada: Um Modelo de Avaliação da ResponsabilIdade Criminal*, Coimbra: Almedina, pp. 35-36, e MANNHEIM, Hermann (1984), *Criminologia Comparada*, vol. I (trad. do original inglês por J. F. Faria Costa e M. Costa Andrade), Lisboa: Fundação Calouste Gulbenkian, pp. 321-322.

[56] Vid., na matéria, PEREIRA, Ana Leonor Dias da Conceição (1999), "Eugenia em Portugal?", *Revista de História das Ideias*, vol. 20 (1999), p. 537.

Estas ideias encontraram algum eco no plano jurídico embora, sobretudo em resultado de termos adoptado o aludido modelo humanista francês e da influência da Igreja Católica na sociedade portuguesa, não tenham sido adoptadas verdadeiras leis eugénicas no nosso país.

6.2. A Doutrina Portuguesa e o Eugenismo

São vários os juristas que a partir de finais da década de oitenta do século XIX procuram resolver questões de natureza jurídica por apelo à teoria da evolução de DARWIN.

É particularmente nítida a influência da Obra deste biólogo inglês nos escritos do então Deputado às Cortes e Sub-Director da Penintenciária Central de Lisboa, ANTÓNIO CASTELLO BRANCO. Escreve este Autor nos seus *Escritos Penitenciários e Criminaes*, publicados em 1888: "Todos os animais lutam pela sua existência e de seus descendentes. Quem supera as dificuldades que se opõem ao desenvolvimento do seu organismo, triunfa e vive; os outros sucumbem, perecem no combate, vítimas da agressão franca ou insidiosa de inimigos visíveis e invisíveis". Transpõe estes dados da Zoologia para a espécie humana, afirmando que assim como "no mundo zoológico as espécies se têm formado, robustecido e desenvolvido à custa do extermínio dos indivíduos menos idóneos para a resistência às dificuldades da vida e menos aptos para se reproduzirem numa progénie viável e vigorosa", também na sociedade humana "a civilização tem sido conquistada à custa de destruição de muitas gerações de indivíduos menos aptos para a vida social".

De igual modo apela à teoria da evolução para explicar os suicídios, já frequentes na época, nas prisões, declarando constituírem estes um efeito da aludida "luta pela existência e da selecção humana". O suicida, escreve, é "um cooperador da civilização, porque expurga a humanidade de indivíduos organicamente inferiores e cuja propagação não seria proveitosa para a espécie". Considera, na mesma linha de ideias, que o grau de civilização então existente nunca teria sido alcançado se "não tivesse havido uma constante eliminação dos indivíduos mais fracos física e mentalmente" que deixou "largo campo à actividade dos mais vigorosos e inteligentes".

Os efeitos da selecção natural têm, no entanto, sido contrariados pelo movimento civilizador que impede que apenas resistam e triunfem as pessoas dotadas de "forças superiores", bem como que se proceda à "eliminação dos indivíduos prejudiciais". Com efeito, o desenvolvimento dos sentimentos altruístas levou à adopção "de providências em benefício daqueles que a natureza dotou de qualidades menos próprias para triunfarem das adversidades da existência", à "mórbida filantropia protectora da vida dos grandes criminosos, que não só constituem um mal para os contemporâneos, como para as gerações vindouras, pela transmissão hereditária da sua índole perversa"[57]. Aliás, salienta, a transmissão hereditária das tendências criminosas foi incontestavelmente provada pelos "estudos de fisiologia e da antropologia criminal"[58].

Apelando à Doutrina cita os trabalhos que aludem às "famílias em que as gerações dos delinquentes se sucedem dinasticamente no trono ensanguentado do assassinato, do roubo e da infâmia, como

---

[57] BRANCO, António D'Azevedo Castello (1888a), *Estudos Penitenciários e Criminaes*, Lisboa: Casa Portugueza, pp. 36, 37, 166 e p. 208. Esta ideia de que a caridade é um "tóxico" que se transmite "por hereditariedade" percorrendo "séries de gerações com a mesma intensidade venéfica, provocando idênticos efeitos maleficientes" é retomada, já no início do séc. XX, por FERRAZ DE MACEDO. As ideias-chave a que apela são as de que "o grau de felicidade ou ventura de um povo pode ser aferido pelo baixo número de delinquentes e criminosos" e a de que há seres humanos "malvados por constituição nativa". Atentas estas constatações, o exercício da "sensação aberrante de piedade" conduzirá inegavelmente "à debilidade congénita social", à "degeneração" e quando "um povo, uma raça, ou mesmo uma espécie toca um tal extremo de regressão, a sua existência corre um grave perigo". Posição completamente diferente é a defendida com base numa ética humanitarista por JOSÉ BELEZA DOS SANTOS. Considera este Autor que a grandeza do homem consiste em conhecendo a miséria "lutar contra ela e a combater com o seu saber e a sua caridade". Preconiza mesmo a existência de um "dever positivo de socorro à miséria alheia" através da criação de uma rede de instituições entre as quais "se destacam precisamente as de protecção física à criança que deve começar antes do nascimento pela protecção da mãe" e as que "curem ou suavizem o sofrimento dos organismos doentes". Para além de salientar a necessidade de se socorrer a miséria económica propõe ainda que a mesma seja prevenida "desenvolvendo energias produtoras, facultando o trabalho, estimulando a iniciativa e a tenacidade, despertando o sentimento de independência, de confiança no próprio esforço, de amor pela própria responsabilidade". Cf. MACEDO, Francisco Ferraz de (1903), *Os Mendigos Criminosos (Notas para uma Monografia)*, Lisboa: Typographia da Papelaria Palhares, pp. 14, 15, 33, e SANTOS, José Beleza dos (1927), *Alguns Aspectos da Miséria e Algumas Formas da Caridade*, Coimbra: Casa Tipográfica de Alves & Mourão, pp. 12, 18, 20 e 21.

[58] BRANCO, António D'Azevedo Castello (1888a), p. 170.

por exemplo, a família de Chrétien (...) cuja descendência se assinalou funestamente na crónica negra de uma série de crimes horrendos". Declara mesmo serem estes dados susceptíveis de confirmação empírica, afirmando que "a relação da criminalidade com a hereditariedade mórbida é um facto que se tem notado na Penitenciária de Lisboa". Um dos factos "mais bem averiguados pela antropologia criminal" é, pois, o da "correlação entre a criminalidade e a degenerescência, os vícios, as neuropatias, a idade e outras condições dos progenitores" que em regra "têm uma acção poderosa na descendência". Esta transmissão hereditária de "defeitos psicológicos" concorre para o enfraquecimento da espécie e origina o aparecimento de "indivíduos degenerados" que se convertem num "encargo social e às vezes num verdadeiro perigo quando o crime constitua a sua idiossincrasia".

Fazendo de novo apelo aos dados da Biologia ANTÓNIO CASTELLO BRANCO salienta que os caracteres de superioridade de uma espécie "serão tanto maiores, quanto mais perfeitos forem organicamente os indivíduos que concorrem por meio das funções genesíacas para o desenvolvimento da espécie". Desta afirmação retira a ilação – passando para o campo jurídico – que se a sociedade tivesse o direito "de coibir eficazmente a reprodução de pais degenerados, viciosos, perversos e corruptos, o nível moral das gerações futuras elevar-se-ia".

À luz das referidas "revelações da ciência" formula duas condições de prosperidade para o desenvolvimento biológico da espécie humana: a "vulgarização das leis da hereditariedade fisiológica" através da educação e proibição do casamento a determinadas categorias de pessoas como "os alcoólicos, os epilépticos, os tísicos ou os velhos".

No que concerne à primeira destas condições, lamenta que no nosso país o ensino da Fisiologia apesar de concorrer "para a nobilitação da espécie" tenha sido preterido pelo "ensino inútil, estéril e risível de maravilhas históricas e dos logogrifos da metafísica", situação que urgia alterar.

Relativamente à segunda preconiza que as uniões conjugais "não devem ficar entregues ao arbítrio imprudente dos indivíduos" devendo pelo contrário ser estabelecidos "preceitos reguladores de um acto que tamanha importância tem para a conservação e desenvolvimento progressivo da nossa espécie".

Não obstante ter-se afirmado consciente da "grave dificuldade de regular o casamento no intuito de obstar às ligações inconvenientes fisiologicamente" bem como da "impossibilidade de manter a procriação nos limites de uma selecção, como a dos granadeiros de Frederico Guilherme I" este Autor defende *de iure condendo* a adopção de medidas tendentes a dificultar as uniões conjugais e a facilitar a dissolução do casamento quando deste "só haja a esperar, além do infortúnio doméstico, uma progénie miserável e degenerada"[59].

Marnoco e Sousa no plano do Direito da Família defendeu igualmente a introdução na lei do impedimento por doença, que permitiria "defender a sociedade daqueles estados mórbidos cuja influência perniciosa, por contágio ou hereditariedade, se encontra estabelecida, de um modo verdadeiramente alarmante, pela observação médica quotidiana e pelas estatísticas de todos os Estados". Invocou pois argumentos de cariz eugénico (como o de diminuir o número de doentes reduzindo-os a um mínimo) para o estabelecimento deste impedimento, que afirmou ser feito em nome do direito que a sociedade "tem de defender-se de tudo o que ofenda a sua conservação".

Rejeitou, porém e ao contrário do aludido criminalista, a consagração legal do impedimento matrimonial da criminalidade fundado na pretensa hereditariedade das tendências criminosas. São várias as razões que invocou neste sentido: a de que "a hereditariedade criminosa não se encontra ainda bem estabelecida", a de que "são frequentes as regenerações morais" e a de que as tendências criminosas hereditárias "são muitas vezes modificadas, senão mesmo eliminadas, pela influência do meio, da educação e da instrução"[60].

Na mesma linha de ideias o penalista Adherbal de Carvalho defendeu, no início do século XX, que o criminoso não é "um tipo anatomicamente físico ou social" constituindo uma "utopia procurar um traço especial, que caracterize o criminoso na sua complexidade anatómica, física e social". Considerou também falsa a ideia de que o

---

[59] Branco, António D'Azevedo Castello (1888a), pp. 141-142, 164, 166, 169-172, 173, e 209. Cf., ainda, Branco, António D'Azevedo Castello (1888), "Casamento e Criminalidade", *Revista de Educação e Ensino, Publicação Científica Dedicada Especialmente aos Assuntos Pedagógicos, Agrícolas e Zootécnicos*, vol. III, 1888, Lisboa, pp. 11-12.

[60] Sousa, José Ferreira Marnoco e (1896), *Impedimentos do Casamento no Direito Portuguez*, Coimbra: F. França Amado Editor, pp. 293-294 e 296.

criminoso é um homem inferior defendendo que pode mesmo ser "uma natureza de eleição" – basta atentar no caso do revolucionário que é, muitas vezes, "um missionário do progresso, um apóstolo do futuro, um precursor da civilização". Pode, assim, haver criminosos "que não têm carácter algum de degeneração", tendo a teoria da degeneração sido muitíssimo exagerada uma vez que abrange na sua amplitude "os mais variados e múltiplos fenómenos, para depois deixar escapar, por entre as suas malhas, tipos da mesma espécie". O crime, afirmou, é uma "combinação de influências físicas, biológicas e sociais", pelo que explicá-lo "pela influência única e exclusiva de qualquer destes factores, é dar uma explicação errónea, falsa, deturpada", uma "explicação unilateral do que é complexo"[61].

Acentuando também a importância do factor social no aparecimento da criminalidade e aceitando a possibilidade de reabilitação de todo o criminoso, outro Professor de Direito Penal, JOSÉ BELEZA DOS SANTOS, escreveu, na década seguinte, que mesmo relativamente aos adultos "mais pervertidos e criminosos, pode exercer-se sob o ponto de vista moral uma acção benéfica". Tudo está, prosseguiu, em "encontrar o ponto vulnerável de sua alma e depois ter paciência, tenacidade, espírito caritativo".

Este Autor criticou, aliás, a Escola Positiva Italiana (fundada por LOMBROSO, GAROFALO e FERRI na década de setenta do século XIX) cujos adeptos defendiam a aplicação da doutrina biológica da evolução das espécies à vida social. Com efeito e como refere BELEZA DOS SANTOS, a Escola Positiva aplicou "aos factos sociais observações ou hipóteses das ciências biológicas" assimilando "a defesa social à reacção dos organismos vivos e a marcha das sociedades humanas à evolução e transformação das espécies". Os seus adeptos procuraram a "origem do crime e da justiça penal em factos das sociedades animais" e "até entre os vegetais se procuraram aproximações e semelhanças com a criminalidade humana". Esta forma de estudar os criminosos e o crime levaram, segundo o mesmo Autor, a "inexactidões, a hipóteses pouco consistentes, que os factos não justificavam ou abertamente contrariavam". Ao centrar a sua análise na personalidade do criminoso

---

[61] CARVALHO, Adherbal de (1915), *Synteze das Preleçõis de Direito Penal Feitas no Terceiro Ano da Faculdade de Direito Teixeira de Freitas*, t. I, 2.ª ed. revista, Lisboa: Livraria Clássica Editora de A. M. Teixeira, pp. 15-17, 21, 28 e 29.

e na acção a exercer sobre ele os defensores da Escola Positiva basearam a "responsabilidade sobre a temibilidade, ou antes sobre o perigo que oferece o delinquente", considerando igualmente responsáveis "os adultos e os menores, os normais e os alienados".

Acentuando a ideia de que o ser humano é produto do meio, BELEZA DOS SANTOS revela preocupação com a "educação reformadora do menor", com a sua protecção dentro das regras penais. Formulando o princípio "de um tratamento educativo no interesse do menor" propõe a substituição "da pena que desmoraliza e degrada, pela que emenda e reabilita"[62]. Proclama, na matéria, que não são "penas severamente intimidativas ou eliminadoras" que convêm aos menores, mas sim medidas educativas que "lhes cultivem o espírito e lhes dirijam ou transformem o carácter".

Apesar de a Doutrina Portuguesa ter analisado o eugenismo sobretudo na vertente da prevenção da transmissão de patologias hereditárias, encontramos aflorações das doutrinas evolucionistas de DARWIN em áreas tão diferentes como a da regulamentação da imigração ou da fiscalidade.

O problema da conservação hereditária exclusiva dos atributos mais favoráveis à vida e o da selecção adversa decorrente da civilização é analisado, a propósito do regime a aplicar à imigração, na Obra de ANDRADE SARAIVA intitulada *Perigos que Ameaçam a Europa e a Raça Branca*, publicada em 1929. O perigo sobre o qual disserta este Autor é o "perigo amarelo ou mongólico" *i.e.*, o perigo que para a raça branca representa a raça amarela ou mongólica. Defendendo que cada raça tem "a sua mentalidade (...) própria, constituída por certas ideias, sentimentos e tendências fundamentais inconfundíveis

---

[62] Cf. SANTOS, José Beleza dos (1926), *Regime Jurídico dos Menores Delinquentes em Portugal, Princípios Dominantes*, Coimbra: Coimbra Editora, pp. 14 e 28; SANTOS, José Beleza dos (1927), pp. 27-28, e SANTOS, José Beleza dos (1931), "Prefácio" *in* FERRI, Henrique (1931), *Princípios de Direito Criminal, O Criminoso e o Crime* (trad. do original italiano por Luiz de Lemos D'Oliveira), Coimbra: Arménio Amado Editor, pp. x e xiii. A Escola Positiva Italiana embora não tenha sido ignorada pela nossa Doutrina não teve reflexos directos no Direito Positivo da época, uma vez que o legislador sempre considerou plenamente imputável o "delinquente por tendência", considerando-o não como portador de uma anomalia congénita, mas sim como agente responsável pelos seus actos. *Vid.*, na matéria, ALMEIDA, Carlota Pizarro de (2000), *Modelos de Inimputabilidade: da Teoria à Prática*, Coimbra: Almedina, pp. 106 e ss.

com as das outras raças" revelando-se a educação impotente para suprimir essas diferenças, começa por descrever as características físicas[63] e psicológicas[64] da raça amarela. Por força dessas características específicas a raça amarela constitui um perigo iminente para a raça branca e constitui-o desde logo do ponto de vista económico. O amarelo, afirma, é "uma máquina animal muito menos dispendiosa do que o branco" porque por força da sua "insignificante corpulência" e de "causas hereditárias ou de abstinência forçada, durante muitos séculos" vive normalmente "com muito menos alimentação do que o branco".

Acresce possuírem os amarelos "em elevadíssimo grau a capacidade de imitação" o que embora não signifique que sejam superiores aos brancos (dado que "o exagero da imitação parece ser apanágio das mentalidades inferiores e simiescas") lhes permite imitar a civilização e costumes da Europa anulando desta forma a "grande superioridade da cultura e técnica da raça branca". Assim sendo, os amarelos "poderão com igualdade de maquinaria e de técnica, produzir um terço mais barato do que os brancos", conquistarão os mercados externos aos europeus relativamente a um grande número de produtos arruinando a indústria, as finanças e a economia dos brancos.

Nos países em que coexistem com os brancos os amarelos "farão descer a tal ponto os salários que os brancos não poderão ganhar o suficiente para se alimentar". Em consequência, os brancos ir-se-ão "esfomeando e depauperando", verão a sua natalidade diminuir progressivamente e "a degenerescência fisiológica" acabará por os eliminar.

Também do ponto de vista demográfico os amarelos não são inofensivos para os brancos, porque são mais férteis do que estes.

---

[63] O rosto do amarelo, escreve, é "largo, acentuado ainda por faces muito salientes; os seus olhos, boca, mãos e pés pequenos; o seu nariz no geral, achatado e mal esboçado". Os cabelos do amarelo são "negros e corredios, à maneira de crinas, são inconfundíveis com os cabelos dos brancos, louros ou castanhos e mais ou menos ondulados, e da carapinha lanosa dos pretos". Cf. SARAIVA, J. Andrade (1929), *Perigos que Ameaçam a Europa e a Raça Branca*, vol. II, Lisboa: Tipografia Lusitânia, pp. 35 e 43 - 44.

[64] Afirma, por exemplo, que os amarelos são "impassíveis, dissimulados e cruéis". Se um dia vencessem definitivamente a Europa, vaticina, os Povos Europeus seriam "exterminados sem piedade" porque "nenhuma das outras raças possui o espírito de tolerância, a franqueza e generosidade da raça branca". Cf. SARAIVA, J. Andrade (1929), pp. 45 e 82.

Com efeito, sublinha este Autor, as raças e espécies inferiores são "mais prolíficas do que as superiores" dado a natureza previdente querer suprir nelas as "deficiências de força ou de inteligência por uma maior capacidade de proliferação", para "evitar a extinção das espécies". Com base no mundo animal exemplifica: "os peixes e os insectos são muito mais prolíficos do que os mamíferos; nestes, os ratos e os coelhos, por exemplo são mais prolíficos do que o cavalo ou o elefante, e estes mais do que a espécie humana".

Acresce que desde que "vivam em promiscuidade e em perfeitas condições de igualdade, as espécies e raças inferiores mais prolíficas acabam por adulterar e eliminar as espécies e raças superiores menos prolíficas", porque ao dar-se o cruzamento "o tipo mais aperfeiçoado é que desce e é pouco a pouco eliminado". Estabelece uma vez mais o paralelismo com outras espécies animais e vegetais: com a promiscuidade dos cruzamentos "o tipo superior desce sempre e acaba por ser eliminado insensivelmente pelos tipos mais rudimentares e prolíficos e de vida menos exigente". Dá-se assim o perigo de "adulteração da raça branca pelos cruzamentos com elementos da raça amarela" sendo suficiente que as populações brancas da Europa estejam "um pouco mescladas de sangue mongólico" para que "todas as suas manifestações sociais sejam perturbadas ou atrofiadas". Assiste-se também ao risco de atenta a excessiva natalidade da raça amarela e admitido o direito de emigração livre, de "dentro de cento e vinte anos os amarelos constituírem metade da população do globo, dentro de duzentos e cinquenta serem dois terços, e em quinhentos terem reduzido a uma minoria insignificante a população das outras raças".

Para evitar que a raça branca desapareça "perante o avanço constante dos amarelos" é indispensável que as nações de raça branca impeçam a imigração de amarelos para o seu território, "como muito ajuizadamente fizeram os Estados Unidos"[65]. Propõe pois ANDRADE SARAIVA que Portugal substitua o regime então vigente de imigração livre por um regime que proíba a entrada no território nacional de imigrantes pertencentes a outras raças, em particular à amarela.

De igual modo no campo do Direito Económico encontramos a noção da selecção natural das espécies pelo triunfo dos mais aptos na

---

[65] SARAIVA, J. Andrade (1929), pp. 45, 51, 52, 54, 56, 57, 58, 60, 80 e 83.

luta contra o meio, neste caso no que se refere ao acesso aos bens económicos, por definição escassos. Assim, José Pizarro Beleza defendeu poder ser a sociedade pensada como "uma forma de luta" entre os homens. Centrando a sua análise na "esfera dos bens indispensáveis ou simplesmente úteis à vida", declarou que como "os homens não conseguem vencer a luta contra a escassez dos bens" (porque estes são insuficientes para satisfazer todas as necessidades humanas), então eles "lutam entre si para conseguir, cada um deles, a maior quantidade possível de bens". Deste modo, a evolução da vida social e a da própria humanidade aparecem como "uma imensa teia de lutas entre blocos, nações, grupos e indivíduos, em que os motivos determinantes do convívio aparecem quase reduzidos (...) à simples disputa dos bens". Os impostos, como fenómeno social que são, podem ser encarados pelos contribuintes como "cooperação ou como luta". Sê-lo-ão como luta se o sistema tributário for "injusto, arbitrário", conduzindo à "degeneração progressiva das relações fisco-contribuinte"[66].

6.3. *O Direito Positivo Português e o Eugenismo*

Apesar da influência dominante do modelo eugénico francês que valoriza a acção do meio em relação à da hereditariedade, é possível encontrar em normas do Direito Positivo português da segunda metade do século XIX e na primeira metade do século XX medidas de eugenia, sobretudo negativa.

O Código Civil de 1867 proibiu, no artigo 1073.º, o casamento aos parentes por consanguinidade ou afinidade em linha recta; aos parentes em terceiro grau na linha colateral, salvo se obtivessem dispensa; aos menores de catorze anos se fossem do sexo masculino e de doze se fossem do sexo feminino, e aos ligados por casamento não dissolvido.

O estabelecimento do impedimento em razão da consanguinidade e do impedimento em razão da idade obedeceu a intuitos de natureza eugénica. Remetendo para a ciência a razão de ser da consagração

---

[66] Beleza, José Júlio Pizarro (1962), *Cooperação e Luta*, Lisboa, s.e., pp. 7, 10, 12 e 14.

do primeiro destes obstáculos ao casamento, BRAGA DA CRUZ escreveu estar "cientificamente provado que os filhos nascidos de casamentos consanguíneos, são a maioria das vezes indivíduos fisicamente atrofiados e intelectualmente tarados, criando-se novas taras, ou desenvolvendo-se as já existentes na família"[67].

Já não é tão indubitável o fundamento eugénico da consagração do impedimento do parentesco no terceiro grau da linha colateral, apesar de a Doutrina o ter maioritariamente interpretado no sentido de apenas abranger os consanguíneos ficando dele excluídos os afins. Com efeito, este impedimento era passível de dispensa cuja forma de concessão se encontrava regulada no Decreto de 26 de Dezembro de 1878, que apresentava como circunstâncias atendíveis para a obter, as seguintes: a esperança de que o casamento fosse vantajoso aos filhos de um anterior matrimónio; a aquisição de meios para os requerentes, ou para seus pais necessitados ou doentes; a probabilidade de pôr termo a pleitos e dissenções nas famílias; as razões de moralidade e de decoro doméstico; a remoção de escândalos, e quaisquer outras causas de igual plausibilidade, que razoavelmente pudessem considerar-se de interesse público, ou do dos requerentes. Da leitura destes motivos atendíveis conclui-se que embora a restrição imposta aos casamentos consanguíneos neste caso pudesse produzir efeitos eugénicos, não era motivada por considerações de eugenia, mas sim por razões de natureza socioeconómica.

Não obstante, MARNOCO E SOUSA fundamentou-se em dados científicos para justificar a bondade da dispensa deste impedimento, contra o que era na altura defendido por aqueles que denomina "anti-consanguinistas". Adoptando uma posição eclética escreveu: "hoje a ciência admite que a consanguinidade unicamente é prejudicial pela hereditariedade de qualidades mórbidas, que porventura existam nos pais". Assim sendo, se "os consanguíneos não estiverem eivados por qualquer vício patológico, as suas uniões hão-de necessariamente produzir filhos bem constituídos". Afigurou-se-lhe portanto infundado o argumento "deduzido pelos anti-consanguinistas dos processos zootécnicos", dado estar "plenamente demonstrado que os melhores

---

[67] CRUZ, Guilherme Braga da (1942), *Direitos de Família*, vol. I, 2.ª ed. revista pelo Prof. Dr. Pires de Lima, Coimbra: Coimbra Editora, Ldta, p. 96.

exemplares de animais domésticos têm sido alcançados por meio de uniões consanguíneas"⁶⁸.

Clara fundamentação eugénica teve o projecto de lei apresentado em 1910 à Câmara dos Deputados por ROBOREDO SAMPAIO, que a ter sido aprovado teria conduzido à alteração do aludido artigo do Código Civil. Propunha-se, neste projecto, a proibição, sob pena de nulidade, do casamento aos "sífliticos, aos alcoólicos crónicos, aos tuberculosos e aos afectados de quaisquer doenças mentais e nervosas graves"⁶⁹, bem como a obrigatoriedade de os nubentes apresentarem no acto do casamento atestado de dois médicos em como não sofriam de nenhuma dessas doenças. Este projecto foi rejeitado o que, como salienta ANA LEONOR PEREIRA, constitui "uma boa prova das resistências mentais ao cientismo eugenista e, simultaneamente, de persistência de valores humanistas de fundo cristão, assumidos ou recalcados, nas frentes ideo-políticas da época"⁷⁰. Porém em resultado das influências eugénicas bem patentes na classe médica da altura foram adoptadas normas legais de pendor eugénico: as contidas na Lei do Casamento⁷¹ e na Lei do Divórcio⁷², ambas de Dezembro de 1910.

Através destes diplomas foram introduzidas várias alterações ao regime dos impedimentos matrimoniais. No que concerne ao impedimento dirimente absoluto em razão da idade a aludida idade mínima geral para o casamento foi elevada, respectivamente, para os dezoito e para os dezasseis anos⁷³. Além desta menoridade absoluta em relação ao casamento foi também definida uma menoridade relativa,

---

⁶⁸ SOUSA, José Ferreira Marnoco e (1896), pp. 285, 286 e 289.
⁶⁹ Cf. o art. 1.º desta proposta legislativa que se encontra publ., nomeadamente, in s.a., "Notícias", Gazeta dos Hospitaes do Porto, ano IV, n.º 7, 1 de Abril de 1910, pp. 111-112.
⁷⁰ PEREIRA, Ana Leonor Dias da Conceição (1999), p. 565.
⁷¹ Decreto n.º 1 de 25 de Dezembro de 1910. Este diploma encontra-se por exemplo publ. in COELHO, Manoel (1914), Anotações ao Código do Registo Civil, 2.ª ed., Porto: Companhia Portuguesa Editora, pp. 73 e ss.
⁷² Decreto de 3 de Dezembro de 1910. Vid., na matéria, PEREIRA, André Gonçalo Dias (2004), O Consentimento Informado na Relação Médico-Paciente, Estudo de Direito Civil, Coimbra: Coimbra Editora, pp. 269-270.
⁷³ De acordo com o n.º 3 do art. 4.º do decreto com força de lei n.º 1, de 25 de Dezembro de 1910, não podem contrair casamento "os menores de dezoito anos, sendo do sexo masculino, e de dezasseis, sendo do feminino".

constituindo um impedimento dirimente relativo a falta de autorização para o casamento de menores núbeis[74]. Ou seja, ressalvados os casos de emancipação, um menor que atingisse a idade mínima para casamento, apenas o podia contrair se obtivesse a devida autorização dos seus representantes legais ou do juiz.

Outro impedimento dirimente relativo que apresenta um paralelismo com o que acabámos de referir era o que consistia na falta de autorização para o casamento dos interditos por surdez-mudez. Também a estes era impedido o casamento, sob pena de anulabilidade do mesmo, enquanto não obtivessem o consentimento dos seus representantes legais ou o suprimento judicial desse consentimento[75]. O estabelecimento deste obstáculo ao casamento que constituía uma medida de eugenia negativa foi criticado por parte da Doutrina. Assim e por exemplo PAULO CUNHA aludindo ao facto de o simples decretamento da interdição de direitos patrimoniais aos surdos-mudos ser relevante para constituir impedimento matrimonial, defendeu dever o mesmo ser eliminado *de iure condendo*. Defendeu, pois, não "dever haver impedimento para os surdos-mudos (...) por muito ampla que a interdição seja" dado tratar-se de uma interdição que apenas respeitava "ao exercício de direitos e deveres patrimoniais". A matéria do casamento "como puramente pessoal que é"[76] não deveria portanto ser afectada pela incapacidade.

---

[74] Com efeito o art. 5.º do decreto com força de lei n.º 1, de 25 de Dezembro de 1910, determina que "ao maior de dezoito anos, sendo do sexo masculino, e de dezasseis sendo do feminino, mas menor de vinte e um, não emancipado, é igualmente proibido o casamento enquanto não obtiver o consentimento de seus pais ou daqueles que os representam, ou o suprimento desse consentimento em forma legal".

[75] O art. 7.º do decreto em análise diz que "aos maiores sob tutela, não compreendidos no n.º 4 do artigo 4.º, bem como aos maiores sob curadoria, é proibido o casamento enquanto não obtiverem o consentimento daqueles que os representam ou o suprimento desse consentimento em forma legal". Os maiores sob tutela abrangidos pelo campo de aplicação pessoal desta disposição são, como refere PAULO CUNHA, os interditos por surdez-mudez. *Vid.*, na matéria, CUNHA, Paulo (1941), *Direito da Família*, t. I (Lições tiradas pelos alunos Raul Jorge Rodrigues Ventura, Raul Lino Amaral Rodrigues e Júlio M. Salcedas), Lisboa: ed. policopiada, p. 293.

[76] CUNHA, Paulo (1941), p. 294. A ideia de que em princípio a incapacidade do surdo-mudo será limitada aos bens é também posteriormente defendida, no âmbito do Código Civil de 1966, por MANUEL ANDRADE. Cf. ANDRADE, Manuel A. Domingues (2003), *Teoria Geral da Relação Jurídica*, vol. II, 9.ª reimpressão, Coimbra: Almedina, pp. 95 e ss.

Posição semelhante havia já sido defendida por MARNOCO E SOUSA que, partindo do pressuposto de que "a surdez-mudez não se transmite por hereditariedade", preconizou que a lei permitisse aos surdos-mudos casarem quando fossem "suficientemente desenvolvidos para serem considerados capazes", devendo tal ser "determinado em todos os casos particulares por exame médico". Atribuiu-lhes porém um estatuto de menoridade na medida em que defendeu carecerem os mesmos de consentimento do respectivo representante legal para o casamento, a fim de se "garantir a sua inferioridade mental contra as consequências de um mau casamento"[77].

Um outro impedimento estabelecido com intuitos de eugenia negativa foi a demência, tendo sido proibido o casamento aos "interditos por demência, verificada por sentença passada em julgado, ou notória"[78]. Da análise dos comentários feitos a este impedimento ressalta ter sido a generalidade dos Autores favorável ao seu estabelecimento, sublinhando nomeadamente PAULO CUNHA "a necessidade de evitar eugenicamente a transmissão de qualquer tara para a descendência que do casamento resulte"[79]. De igual modo BRAGA DA CRUZ refere ter a lei estabelecido este impedimento por "uma razão de ordem eugénica" para "evitar que cresça o número de tarados e de dementes" uma vez que "está hoje provado que as doenças mentais se transmitem hereditariamente".

A mesma razão pode ser invocada, segundo este último Autor, para justificar a invalidade dos casamentos de dementes celebrados durante um intervalo lúcido, porque estes "embora de momento estejam

---

[77] SOUSA, José Ferreira Marnoco e (1896), pp. 299-300. Essa exigência do consentimento do representante legal do surdo-mudo foi também considerada essencial por PIRES DE LIMA que no antreprojecto que elaborou de um dos livros do futuro Código Civil, determinou que aos interditos por surdez-mudez apenas fosse permitido o casamento mediante autorização do conselho de tutela. Cf. LIMA, F. A. Pires de (1945), *Constituição do Estado de Casado, Ante-Projecto de um dos Livros do Futuro Código Civil*, Coimbra: s. e., p. 8.

[78] Cf. o art. 4.º, n.º 4, do decreto com força de lei n.º 1, de 25 de Dezembro de 1910, que proíbe o casamento aos "interditos por demência, verificada por sentença passada em julgado, ou notória, e bem assim aos divorciados por motivo de doença contagiosa reconhecida como incurável, ou de doença que importe aberração sexual".

[79] CUNHA, Paulo (1941), p. 274.

no uso da razão, são sempre pessoas cujas taras se poderão transmitir aos seus descendentes"[80].

MARNOCO E SOUSA foi também de opinião que os interditos por demência deveriam ser inibidos de praticar actos civis, quaisquer que fossem as condições em que se encontrassem, bem como de que a demência não interdita deveria igualmente constituir um impedimento dirimente do casamento sempre que se verificasse "por exames psiquiátricos a sua existência"[81].

Outro impedimento dirimente absoluto que também configurou uma medida jurídica de eugenia negativa foi o impedimento por dissolução de casamento anterior determinada por doença. Este impedimento encontrava-se previsto no número 4 do artigo 4.º da Lei do Casamento de 1910, nos termos do qual não podiam casar "os divorciados por motivo de doença contagiosa reconhecida como incurável" ou de doença que importasse "aberração sexual". A leitura desta disposição deveria ser conjugada com a do artigo 4.º, número 10, da Lei do Divórcio de 1910, que considerava as mesmas doenças causa de divórcio litigioso[82].

É interessante notar que este impedimento apenas se aplicava aos divorciados não constituindo impedimento matrimonial o sofrer-se das doenças em questão se a pessoa fosse solteira. A razão de ser desta solução radicou em não ter o legislador optado por exigir o atestado de sanidade pré-nupcial com efeitos impeditivos do casamento, o que foi aplaudido pela Doutrina. PAULO CUNHA escreveu, na matéria: "bem se compreende que apesar de as doenças existirem possa o matrimónio subsistir", bastando "a que a isso se sujeite o

---

[80] CRUZ, Guilherme Braga da (1942), pp. 101-102 e 109. Sobre o problema do entendimento dos "intervalos lúcidos" pela Doutrina vid. ANTUNES, Maria João (2002), *Medida de Segurança de Internamento e Facto de Inimputável em Razão de Anomalia Psíquica*, Coimbra: Coimbra Editora, pp. 433 e ss.

[81] SOUSA, José Ferreira Marnoco e (1896), pp. 298-299.

[82] O art. 4.º da Lei do Divórcio de 1910 determina: "São taxativamente causas legítimas de divórcio litigioso: 7.º – A loucura incurável quando decorridos, pelo menos, três anos, sobre a sua verificação por sentença passada em julgado (…) 10 – A doença contagiosa reconhecida como incurável, ou uma doença incurável que importe aberração sexual". Há, ainda, que atender ao disposto no art. 55.º § 2.º da mesma lei, segundo o qual "ao cônjuge convencido de estar sofrendo de doença referida nos n.ᵒˢ 7 e 10 do artigo 4.º está proibido o novo casamento (…)".

outro cônjuge, numa elevada compreensão dos deveres e contigências conjugais"[83]. No mesmo sentido BRAGA DA CRUZ refere que "repugna aos nossos sentimentos morais que se faça (...) o exame corpóreo, antes de cada casamento, para ver se existem ou não as doenças a que se refere o número 4 do artigo 4.º"[84].

Existiu, no entanto, uma situação em que o sofrer-se de doença contagiosa obstou ao casamento de pessoa solteira: a dos militares da Armada tuberculosos. A estes foi proibido, pelo Decreto n.º 20121, de 28 de Julho de 1931, o casamento, sempre que estivessem internados em sanatórios ou por outra forma estivessem a ser auxiliados pelo Estado, por padecerem dessa doença[85]. Este impedimento podia, no entanto, ser objecto de dispensa se o casamento se destinasse a "legalizar situações irregulares criadas pelo menos um ano antes de estarem a ser subsidiados"[86] ou se se tratasse de um casamento *in articulo mortis*.

A ignorância de doença incurável e transmissível por contágio ou por herança, bem como de qualquer "defeito físico irremediável e anterior"[87] ao casamento era ainda um dos fundamentos em que podia assentar o erro para produzir a anulação do casamento, nos termos do número 3 do artigo 20.º da Lei do Casamento de 1910.

A ignorância da doença apenas podia constituir fundamento de anulabilidade do casamento se obedecesse a dois requisitos: o da incurabildade e o da transmissibilidade. A verificação do preenchi-

---

[83] CUNHA, Paulo (1941), p. 276.

[84] CRUZ, Guilherme Braga da (1942), p. 110.

[85] Com efeito o art. 1.º do Decreto n.º 20 121, de 28 de Julho de 1931, dispõe que "é proibido o casamento aos militares da armada que se encontrem internados em sanatórios de tuberculosos, estâncias climatéricas da mesma natureza ou por qualquer outra forma estejam a ser subsidiados ou auxiliados pelo Estado, por se encontrarem atacados de tuberculose".

[86] Segundo o § único do aludido art. 1.º do Decreto n.º 20 121 de 28 de Julho de 1931, "exceptuam-se os casamentos destinados a legalizar situações irregulares criadas pelo menos um ano antes de estarem a ser subsidiados ou auxiliados pelo Estado, ou bem assim os casamentos *in articulo mortis*".

[87] O art. 20.º da Lei da Família de 1910 determinava que "Para os efeitos do artigo 18.º o erro do consentimento só pode recair sobre a pessoa com quem se realiza o casamento, e terá, cumulativa ou separadamente, os seguintes fundamentos: 1.º – A ignorância do seu estado. 2.º A ignorância de crime inafiançável e não prescrito cometido por ele antes do casamento. 3.º – A ignorância de defeito físico irremediável e anterior, como a impotência, e qualquer moléstia incurável e transmissível por contágio ou por herança".

mento destes requisitos não era isenta de dificuldades, como sublinha BRAGA DA CRUZ, que escreve na matéria: "moléstias reputadas como incuráveis durante muito tempo, não são hoje sequer, com os progressos da medicina, doenças graves" e o carácter transmissível de certas doenças é ainda "hoje, um enigma para a ciência". A Doutrina considerava, no entanto, que não oferecia dúvida que a sífilis, o cancro, a lepra e a tuberculose preenchiam estes requisitos.

A consagração jurídica deste fundamento em que podia assentar o erro para o casamento não obedecia, segundo a generalidade da Doutrina, a imperativos eugénicos. Como referia o Autor acima aludido a consagração desta medida de protecção assentava na "repugnância que o cônjuge enganado pode ter pelo doente", no "próprio medo do contágio" e não em "razões eugénicas"[88].

No que concerne à existência de "defeito físico irremediável" a lei previa a título exemplificativo a impotência e a Doutrina dividia-se sobre se a falta do hímen (originando o *error virginitatis*) se encontrava abrangida por esta norma ou, pelo contrário, constituía um fundamento de anulação do casamento por estar incluída no número um do mesmo artigo[89]. Este fundamento da anulação do casamento foi também interpretado pela Doutrina no sentido de não corresponder a intuitos eugénicos uma vez que, por exemplo, em matéria de impotência apenas se considerava nele abrangida a impotência instrumental e a impotência funcional[90], mas não a impotência *generandi vel coincipiendi*.

---

[88] CRUZ, Guilherme Braga da (1942), p. 87.

[89] *Vid*., por todos, CRUZ, Guilherme Braga da (1942), pp. 73 e ss. Escreve este Autor na *op. cit*., pp. 78-79, que em matéria de falta de virgindade para efeitos legais "o que serve de fundamento à anulação do casamento não é a ruptura do hímen que (…) é em muitos casos independente da falta de virgindade" mas o "rebaixamento moral de que a mulher é vítima em virtude da falta de virgindade". É interessante notar que relativamente à norma que trinta anos mais tarde (em 1973), tutelava no nosso país o *error virginitatis*, a contida no art. 1836.º, al. e) do Código Civil de 1966, JORGE MIRANDA defendia a sua inconstitucionalidade, afirmando que deveriam ter-se por inconstitucionais "a relevância do erro sobre a falta de virigndade da mulher, e não também do marido, ao tempo do casamento". Cf. MIRANDA, Jorge (2006), "Direitos Fundamentais e Ordem Social", *Escritos Vários Sobre Direitos Fundamentais*, Estoril: Principia, p. 52.

[90] Embora alguns Autores como LUÍS DA SILVA RIBEIRO defendessem que esta forma de impotência não se encontrava abrangida pelo campo de aplicação material da norma "em atenção à incerteza, ou mesmo à impossibilidade, de se fazer a prova da impotência funcional,

Foi ainda reformulado pela Lei do Casamento de 1910, no que concerne ao regime a que ficaria sujeita a obtenção de dispensa, um outro impedimento já constante do Código Civil de 1867, o resultante do parentesco no terceiro grau da linha colateral[91]. Este impedimento que não determinava a nulidade do casamento, mas apenas a sua irregularidade encontrava-se consagrado no artigo 8.º da referida Lei e, tal como já ocorria com o artigo 1073.º do Código Civil de 1867, era interpretado pela Doutrina no sentido de se aplicar apenas aos consanguíneos[92].

Uma preocupação com o enquadramento socioeconómico do casamento em função da "natureza própria de cada serviço ou função"[93] levou ainda à introdução no Código de Registo Civil[94] dos impedimentos impedientes, cujo quadro abrangia a falta de licença para o casamento de militares[95] ou de professores da instrução primária[96].

---

e para se evitarem escândalos". Escândalo que a Doutrina aceitava pacificamente no caso de *error virginitatis*, numa clara desigualdade de estatuto jurídico entre mulheres e homens. *Vid.*, por todos, CRUZ, Guilherme Braga da (1942), pp. 85 e ss.

[91] O art. 8.º da Lei do Casamento determina que "também é proibido contrair casamento aos parentes em terceiro grau na linha colateral, salvo se obtiverem dispensa, que só poderá ser concedida pelo Governo ocorrendo motivos ponderosos".

[92] *Vid.*, neste sentido, CRUZ, Guilherme Braga da (1942), p. 149.

[93] REIS, José Alberto dos (1945), *O Novo Código de Processo Civil Português*, Coimbra: Coimbra Editora, Limitada, p. 49.

[94] Cf. o art. 297.º do Código de Registo Civil segundo o qual "o funcionário do registo civil exigirá as necessárias licenças aos militares em serviço activo e as dispensas aos demais cidadãos que, pelos respectivos regulamentos, carecem de autorizações especiais para contrair o casamento".

[95] Todos os militares (quer os do Exército, quer os da Marinha e qualquer que fosse o seu posto) estavam sujeitos a requerer licença para casamento regulada, nomeadamente, pelo Regulamento Geral dos Serviços do Exército de 6 de Junho de 1914 e pelo Decreto n.º 16 349 de 10 de Janeiro de 1929. Para os militares do Exército terrestre, se tivessem graduação inferior a alferes, a licença seria prestada pelo comandante da unidade, se fossem oficiais sê-lo-ia pelo Ministro da Guerra. Para os militares da Marinha essa licença era prestada pelo Ministro da Marinha.

[96] Os professores da instrução primária, sem distinção de sexo, não podiam casar sem licença concedida pelo Ministério da Educação Nacional, exigida pelo Decreto n.º 27 279 de 24 de Novembro de 1936. Este requisito especial a que estava submetido o casamento dos professores primários (que eram na maioria mulheres) foi abolido pelo Decreto-Lei n.º 49 473, de 27 de Dezembro de 1969. *Vid.*, na matéria, MENDES, João de Castro (s.d), *Direito da Família, Lições proferidas ao Curso Jurídico da Faculdade de Direito da Universidade de Lisboa*, Lisboa: Associação Académica da Faculdade de Direito de Lisboa, p. 57.

A falta de licença constituía também impedimento matrimonial do mesmo tipo no caso dos presos. Do facto de esta licença ser concedida primeiro pelo Procurador da República e, a partir de 1936, pelo Ministro da Justiça[97], associado ao isolamento e segregação sexual a que se encontravam sujeitos os presos, pode inferir-se constituir este impedimento uma medida cujo objectivo era o de limitar a liberdade matrimonial e procriativa destes.

7. O Eugenismo Médico e Jurídico

As Ciências Biomédicas e o Direito desempenharam, pois, um papel fundamental na divulgação do eugenismo e na concretização das medidas nele inspiradas nos vários países considerados, entre eles o nosso. Este papel é aliás reconhecido entre nós por BARAHONA FERNANDES que sublinhou ser necessária "uma íntima colaboração do Eugenista com os Sociólogos e os Juristas, pois as medidas eugénicas, mesmo as mais moderadas (...) só podem trazer os benefícios que delas esperamos para a sociedade se se integrarem harmonicamente na ordem social e se se criar o ambiente apropriado para a sua efectivação, não só do ponto de vista espiritual, mas também social, económico e jurídico"[98].

No que concerne à classe médica os seguidores do eugenismo no nosso país foram sobretudo médicos ou professores universitários, cujo denominador comum foi não o comungarem a mesma ideologia política uma vez que se contaram entre os eugenistas "ex-nacionais-sindicalistas, conservadores, republicanos, membros da União Nacional, opositores ao regime, católicos, agnósticos ou ateus"[99]. Indicador, ainda, desta adesão o facto de a maioria dos presentes na reunião fundadora da SOCIEDADE PORTUGUESA DE ESTUDOS EUGÉNICOS terem sido os professores das Faculdades de Medicina de Coimbra, do Porto e de Lisboa.

---

[97] Pelo art. 347.º do Decreto n.º 26 643 de 28 de Maio de 1936, esta licença passou a ser concedida pelo Ministro da Justiça.

[98] FERNANDES, Barahona (1938), p. 34.

[99] PIMENTEL, Irene (1998), "A Eugenia na Primeira Metade do Século XX: O Aperfeiçoamento da Raça", *História*, Junho de 1998, pp. 26-27.

Este papel decisivo dos médicos na divulgação dos ideais eugénicos foi porém muito mais nítido na Alemanha. Foram com efeito os médicos quem inventou a higiene racial tendo quase todos os centros universitários existentes para o estudo desta matéria sido criados antes da ascensão do III Reich ao poder. A classe médica filiou-se no Partido Nazi mais cedo e em maior número do que qualquer outro grupo profissional (em 1942 cerca de metade dos médicos alemães encontrava-se filiada naquele partido) e a sua actividade foi decisiva para a execução dos programas nazis de higiene racial e da própria "solução final". Como referimos, a decisão de esterilizar fundava-se num relatório médico contendo o diagnóstico clínico do candidato a esterilização e era tomada por um juiz e dois médicos.

No âmbito do programa de eutanásia, quando se iniciaram, no HOSPITAL DE BRANDENBURGO, em Janeiro de 1940, as experiências para testar a eficácia dos gases letais, o médico responsável pelas mesmas, VIKTOR BRACK, escreveu que as mortes por gazeamento apenas deveriam ser executadas por um médico porque "a agulha pertence à mão do médico"[100].

A actividade médica de execução da profilaxia hereditária nazi não era eticamente neutra, mas apelava para valores como os ínsitos nos ideais da supremacia nórdica, de que os judeus são "parasitas". Expressiva desta motivação ideológica foi a resposta dada por um médico que extraiu gânglios linfáticos a crianças judias e injectou-lhes bactérias vivas da tuberculose, KURT HEISSMEYER. No âmbito de um interrogatório que lhe foi feito em 1964 afirmou que para ele "não tinha havido nenhuma verdadeira diferença entre judeus e animais"[101]. Esta cumplicidade dos médicos com os crimes nazis, em virtude da qual os nazis exploraram a confiança e a autoridade da relação médico/doente, tornou possível a execução de muitas tarefas

---

[100] Vid., na matéria, PROCTOR, Robert N. (1992), "Nazi Doctors, Racial Medicine, and Human Experimentation", in *The Nazi Doctors and the Nuremberg Code, Human Rights in Human Experimentation* (coord.: George J. Annas e Michael A. Grodin), Oxford: Oxford University Press, p. 25.

[101] Vid., na matéria, BRUCHFELD, Stéphane e LEVINE, Paul A. (2000), p. 3, e DEGRAND, Alexander J. (2006), *Itália Fascista e Alemanha Nazista* (trad. do original inglês de 2004 por Carlos David Soares), São Paulo: Madras Editora, pp. 101 e ss.

de higiene racial que sem ela dificilmente teriam sido exequíveis. Como refere ROBERT PROCTOR os médicos "serviram de algozes, 'seleccionaram' as pessoas a matar nos campos de concentração..."[102].

A comunidade jurídica revestiu da força e autoridade características do Direito as medidas eugénicas adoptadas nos diversos países. O Direito positivo nazi, em particular, recorreu a teses cientificamente demonstradas por investigadores respeitados e a pareceres elaborados por médicos para fundar as decisões jurídicas de que alguns seres humanos eram "mais humanos" do que os outros e deveriam decidir por eles e dominá-los. Ainda antes do extermínio dos Judeus, foi da responsabilidade dos juristas do III Reich a exclusão daqueles da humanidade, privando-os de estatuto jurídico.

Se o Direito alemão tornou possíveis o nazismo e o horror, fê-lo porque à sociedade alemã da época interessava justificar, através da Medicina e da Biologia, um conjunto de "problemas sociais", como sejam a criminalidade, a homossexualidade, a queda da natalidade, e as "questões" judaica e cigana. Ao considerarem os Judeus, os Ciganos, os Homossexuais como ameaças à saúde racial da nação alemã que deviam ser afastadas, os nazis "medicalizaram" a política e o próprio Direito.

Subjacente às medidas eugénicas analisadas encontrou-se a decisão de cada comunidade definir quem deveriam ser os seus membros. Decisão que se procurou que encontrasse legitimação no discurso científico (epistemológica e ideologicamente comprometido com os valores políticos dominantes na época considerada) e que se tornasse eficaz através do discurso jurídico.

Através dela excluíram-se da inclusão na comunidade diversos grupos: o dos doentes e o dos portadores de deficiência, desde logo. Exactamente porque a comunidade não desejou acolhê-los como membros de pleno direito se considerou lícito o aborto eugénico e a exposição ou o infanticídio. Foram vários os motivos pelos quais decidiu não os acolher: económicos (o custo da reabilitação e do tratamento); hedonistas (o sofrimento e trabalho acrescido causado pela doença ou deficiência) e eugénicos (a não correspondência a um modelo de perfeição biológica com o qual se identifica a "normalidade").

---

[102] PROCTOR, Robert N. (1992), p. 27.

Os discursos científico, filosófico e jurídico confluíram na definição do modelo de cidadão "normal", portador de genes "bons", que era o único correspondente à vida que merece ser vivida – o único a acolher na comunidade. Os que não correspondiam a esse modelo podiam ser ofendidos no seu direito à vida (pelo genocídio), à integridade moral e física (pela esterilização coerciva), à liberdade (pelo internamento compulsivo), a casar e constituir família (pelos impedimentos matrimoniais).

Além dos portadores de doença ou deficiência, eram também considerados biologicamente inferiores os pertencentes a outras raças que não a "branca". Devia, assim, recusar-se a sua entrada e permanência no território nacional e impedi-los de celebrarem casamento com os geneticamente "puros".

De igual modo eram de excluir da cidadania plena os que apresentassem comportamentos dependentes, anti-sociais ou associais, como os alcoólicos, os toxicodependentes, os vadios e os criminosos. Ao biologizar-se estes comportamentos, ao considerá-los transmissíveis hereditariamente, a sociedade demitia-se de tratar os seus autores enquanto doentes ou de os reabilitar, economizando recursos económicos e de outra natureza. Demitia-se também de responsabilidades no plano da atribuição de prestações educativas e sociais aos filhos das pessoas integradas nestes grupos, uma vez que se encontravam biologicamente "condenados" a serem alcoólicos, ladrões, e assassinos...

Não se demitia, porém, de os controlar, nas mais variadas esferas da vida, limitando-lhes o exercício de direitos, isolando-os da restante população e impedindo-os de transmitir os seus genes "maus" à geração seguinte. Ao fazê-lo, transmitia-lhes a mensagem de que as suas vidas não eram dignas de ser vividas.

Todos estes grupos eram, no plano jurídico, criados pelo legislador com base no paradigma igualitário, segundo o qual o que é igual deve ser tratado de forma igual e o diferente de forma diferente na exacta medida da sua igualdade ou diferença[103]. Definida a norma

---

[103] *Vid.*, na matéria, MELO, Helena Pereira de (2007), *Implicações Jurídicas do Projecto do Genoma Humano: Constituirá a Discriminação Genética Uma Nova Forma de Apartheid?*, vol. 1, Porto: Associação Portuguesa de Bioética e Serviço de Bioética e Ética Médica da Faculdade de Medicina do Porto.

(o cidadão biologicamente correcto) o legislador repartia as pessoas por dois grandes grupos: o dos portadores de genes "bons" que deveriam através de medidas de eugenia positiva ser incentivados a procriar e os portadores de genes "maus" que deveriam através de medidas de eugenia negativa ser impedidos de procriar e, por vezes, mesmo exterminados. Dentro deste segundo grupo o legislador criou diversos subgrupos em função da diferença específica que apresentavam em relação à norma: ou eram surdos-mudos, ou eram epilépticos, ou eram "amarelos", ou eram alcoólicos...

A cada um destes subgrupos foi atribuído um estatuto de inferioridade a que correspondeu uma esfera mais ou menos ampla de capacidade de gozo ou de exercício de direitos. Estes estatutos por vezes intersectaram-se: não era permitido aos portadores de doença mental e aos criminosos contrair matrimónio, os epilépticos e os alcoólicos deveriam ser esterilizados de forma compulsiva... Por vezes, numa mesma pessoa coexistiram limitações decorrentes da pertença simultânea a vários destes grupos: por exemplo era judeu, homossexual, portador de doença contagiosa.

O desenho no plano jurídico destes agrupamentos, a forma diversa como cada diferença em relação ao modelo da "vida que merece ser vivida" era percepcionada pelo legislador, não era inócuo. Milhões de pessoas morreram por causa dele, apenas por a sua constituição biológica não corresponder à considerada normal na sua sociedade e época.

A sua morte foi considerada legítima por se integrarem em categorias que "naturalmente" seriam de eliminar, porque parasitas ou representativas de um "fardo genético" para a comunidade. A "naturalidade" destas categorias inferiores foi determinada pelos discursos científico, social e jurídico. Verificou-se assim uma circularidade destes discursos que se alimentaram reciprocamente para definir o "normal" e o "anormal" e, com base nessa definição, justificarem a inclusão ou a exclusão de seres humanos de uma determinada comunidade. O discurso jurídico, na medida em que participou nestas decisões, tornou-se um poderoso instrumento de selecção e de controlo dos seres humanos, competindo-lhe dizer quem tinha direito a ter direitos e que direitos cada um tinha na comunidade em que se inseria.

É interessante notar que a generalidade das soluções propostas em matéria de eugenismo pelas doutrinas norte americana e alemã no período compreendido entre meados do século XIX e meados do século XX tiveram bom acolhimento em parte da doutrina portuguesa, no plano das Ciências Médica e Jurídica. Certamente por seremos um país de forte influência católica, o legislador não foi muito além da consagração de impedimentos matrimoniais, alguns dos quais ofensivos da dignidade dos nubentes. Mas foram-lhe propostas soluções como a esterilização eugénica, a exigência de certificados pré--nupciais, os incentivos económicos à união dos geneticamente bons para a Nação...

Hoje já não é "natural" reduzir um epiléptico à sua epilepsia, um alcoólico à sua dependência, um tuberculoso à sua doença infecto--contagiosa. Houve, com efeito, uma "desnaturalização" das categorias com base nas quais se definiam estatutos jurídicos discriminatórios. No entanto, perante os recentes progressos da Genética, poderemos perguntar se não se estará a assistir à "naturalização" de outros e novos grupos que irão ser estigmatizados e discriminados com base num conhecimento mais preciso da sua constituição biológica. Em que medida o Direito ratifica novas práticas eugénicas que ofendem o princípio da igualdade no âmbito do chamado "neoeugenismo"?

8. O Neoeugenismo

Costuma-se considerar que, do ponto de vista histórico, o "neoeugenismo" corresponde à fase do pensamento eugénico do período compreendido entre o fim da Segunda Guerra Mundial e a actualidade.

Conhecidas no pós-guerra as atrocidades nazis e as ligações existentes entre o eugenismo e as mesmas, este perdeu credibilidade e foi-se tornando raro a partir do final dos anos quarenta. Como afirma JACQUES TESTARD, na medida em que falar de eugenismo "remete irresistivelmente para o passado próximo nazi" a palavra praticamente deixou de ser utilizada e se o é "é-o com as precauções que se associam a uma doutrina perigosa"[104].

Apesar de o eugenismo aparentemente ter caído no esquecimento nas décadas seguintes à Guerra, as práticas eugénicas, na medida em que exprimem uma velha utopia que sempre nos acompanhou, a do "desafio da superação e aperfeiçoamento do humano"[105], continuaram a realizar-se nos diferentes países. Assim e por exemplo, treze mil suecos foram compulsivamente esterilizados no período compreendido entre 1941 e 1975. Outros países adoptaram também políticas de cariz eugénico como a política do "filho único" chinesa e a de planeamento familiar de Singapura[106].

8.1. A *Esterilização dos Portadores de Deficiência Mental*

No nosso País discute-se se a esterilização dos portadores de deficiência mental tem hoje enquadramento legal, uma vez que a Lei n.º 3/84, de 24 de Março regula, no artigo 10.º, a esterilização voluntária determinando que esta "só pode ser praticada por maiores de 25 anos, mediante declaração escrita devidamente assinada, contendo a inequívoca manifestação de vontade de que desejam submeter-se à necessária intervenção e a menção de que foram informados sobre as consequências da mesma, bem como a identidade e a assinatura do médico solicitado a intervir". A exigência do limite de idade acima indicado é no entanto dispensada nos casos "em que a esterilização é determinada por razões de ordem terapêutica".

---

[104] TESTARD, Jacques (1994), p. 58. *Vid.*, ainda, PAUL, Diane B. (2007), "On Drawing Lessons from the History of Eugenics" in *Reprogenetics, Law, Policy, and Ethical Issues* (coord.: Lori P. Knowles e Gregory E. Kaebnick), Baltimore: The Johns Hopkins University Press, pp. 3 e ss.

[105] JORGE, Maria Manuel Araújo (2000), "Liberdade e Eugenismo", *Brotéria Genética*, n.ºs 1-3, vol. XXI (XCVI), 2000, Lisboa, p. 67.

[106] Em Singapura foi adoptada uma política eugénica que simultaneamente incentivava (através de benefícios económicos) a procriação dos que tivessem um diploma universitário e desincentivava a dos que tivessem reduzidas habilitações académicas. *Vid.*, na matéria, TESTARD, Jacques (1994), pp. 64-65, e MARANGE, Valérie (1998), *La Bioéthique, La Science Contre La Civilisation?*, Paris: Le Monde-Éditions, pp. 67 e ss.

Este diploma legal não regula pois, expressamente, a questão da esterilização não terapêutica de menores ou de adultos incapazes porque portadores de deficiência ou doença mental. A questão continua em aberto e são raros os Autores que se têm pronunciado, entre nós, na matéria. Por exemplo, ANDRÉ PEREIRA defende que no caso de esterilização não terapêutica de menores "a adequada ponderação com base no princípio da proporcionalidade não permite que se avance, salvo em casos absolutamente excepcionais, para a solução radical de esterilização definitiva"[107]. Aceita porém esta solução para os incapazes adultos desde que se encontrem ressalvados os direitos de audição e o direito de veto perante a esterilização.

Na mesma linha de ideias DAVID REBELO aceita que se proceda, para defesa da saúde física e psíquica da mulher portadora de deficiência mental à "contracepção definitiva ou cirúrgica", cujo pedido, devidamente fundamentado, deverá ser formulado por escrito pelos representantes legais da mesma e acompanhado de relatório médico em que "se refira o grau da deficiência e a necessidade de contracepção definitiva"[108]. De igual modo ANA ALLEN GOMES realça a indispensabilidade de uma contracepção eficaz em relação às mulheres portadoras de deficiência mental, dado que estas dificilmente terão condições para assumir qualquer responsabilidade em matéria de procriação. Sugere, no entanto, que os profissionais que participam no processo de reabilitação destas pessoas assumam a responsabilidade "não de tomar decisões por elas, mas sim de lhes fornecer informações correctas e com base científica actualizada sobre as várias vertentes da sexualidade"[109].

De referir, ainda e por fim, o Parecer do Conselho Nacional de Ética para as Ciências da Vida n.º 35/CNECV/01, sobre Laqueação de Trompas em Menores com Deficiência Mental Profunda, de 3 de

---

[107] PEREIRA, André Gonçalo Dias (2004), pp. 286 – 287.
[108] REBELO, David M. (1995), "Contracepção e Deficiência Mental" in E Nós ... Somos Diferentes? Sexualidade e Educação Sexual na Deficiência Mental (coord.: Ivone Félix e António Manuel Marques), Lisboa: Associação para o Planeamento da Família, pp. 84-85.
[109] GOMES, Ana Maria Allen (1995), "Ideias Gerais sobre a Sexualidade dos Deficientes" in E Nós ... Somos Diferentes? Sexualidade e Educação Sexual na Deficiência Mental (coord.: Ivone Félix e António Manuel Marques), Lisboa: Associação para o Planeamento da Família, pp. 25-26.

Abril de 2001, no qual esta comissão de ética defendeu constitutir a laqueação das trompas uterinas numa menor que sofra de atrasado mental profundo uma "medida de último recurso", fundamentada, nomeadamente, em relatório médico que "demonstre que não há esterilidade, que o atraso mental é profundo e irreversível e que nenhum método contraceptivo não cirúrgico garante a prevenção da gravidez"[110].

Parece-nos que a esterilização involuntária de pessoa com doença mental é ofensiva da sua dignidade e direitos fundamentais, nomeadamente do seu direito à integridade corpórea, à liberdade e à reserva da intimidade da vida privada e familiar[111]. A sua realização afigura-se-nos constituir uma utilização abusiva da Medicina dado existirem, em regra, meios alternativos de contracepção e não configurar uma intervenção terapêutica legítima, na medida em que não visa debelar doença. Com efeito, a fertilidade não pode ser qualificada como uma doença – tende a considerar-se doença, sim, a infertilidade.

Nessa medida não nos parece que os representantes legais da pessoa com doença mental possam no exercício do seu dever de cuidar da saúde do incapaz autorizar que este seja esterilizado apenas porque portador de doença mental.

Podemos aliás questionar que motivos se encontram subjacentes à pretensão de limitar o exercício do direito de constituir família do portador de doença mental: Por se considerar que os seus genes são "maus" e não devem ser transmitidos à geração seguinte[112]? Por não se querer assumir o encargo, nomeadamente económico, que repre-

---

[110] O aludido parecer do Conselho Nacional de Ética encontra-se disponível em: http://www.cnecv.gov.pt.

[111] Cf. os art.s 1.º, 25.º e 26.º, n.º 1 da Constituição da República Portuguesa, aprovada em 2 de Abril de 1976 adiante designada por "CRP". Sobre a articulação do art. 25.º (que consagra o "direito a não agressão ou ofensa ao corpo ou espírito, por quaisquer meios (físicos ou não)" com outras dimensões da protecção de direitos fundamentais pessoais vid. MEDEIROS, Rui, e MARQUES, Pedro Garcia (2005), "Artigo 25.º" in Constituição Portuguesa Anotada, t. I (coord.: Jorge Miranda e Rui Medeiros), Coimbra: Coimbra Editora, pp. 267 e ss.

[112] Argumento invocado, por exemplo, no acórdão do Supremo Tribunal dos Estados Unidos da América emitido em 1927, no caso BUCK V. BELL, que foi favorável à esterilização involuntária de CARRIE BUCK, uma adolescente supostamente portadora de deficiência mental, cuja mãe também sofria da mesma deficiência. Um dos juízes, OLIVER WENDELL HOLMES, escreveu a propósito desta sentença: "Três gerações de imbecis chegam!".

senta a educação de uma criança cujo progenitor provavelmente não poderá sustentar?

Não nos parece que a comunidade possa legitimamente decidir, através do exercício dos poderes legislativo e judicial quem pode ou não pode reproduzir-se, sob pena de admitirmos a consagração, no plano do discurso jurídico, de uma relação de domínio do grupo dos "mentalmente sãos" sobre o dos "mentalmente doentes". Estes, pelo simples facto de serem portadores de doença mental não devem ser discriminados injustamente, não devem ver a sua capacidade de gozo de direitos ser limitada além do estritamente necessário para os proteger.

Acresce ainda ser a doença mental por vezes de difícil diagnóstico e cobrir uma vasta gama de doenças abrangem desde a esquizofrenia ao atraso mental ligeiro[113]. Se se permitisse a esterilização involuntária dos doentes mentais colocar-se-ia assim a questão de saber a que doentes mentais seria aplicada esta medida e a quem incumbiria decidi-lo, com a margem de arbitrariedade inerente a essa decisão. Parece-nos pois que a lesão da integridade física e moral que implica aquela intervenção não é lícita quando motivada apenas pelo facto de a pessoa ser mentalmente doente e, em nada contribui para o respeito pelo direito desta ao desenvolvimento da sua personalidade constitucionalmente consagrado[114].

---

[113] Sobre a difícil distinção entre saúde e doença mental *vid.*, por todos, LOUREIRO, João Carlos (2005), "Pessoa e Doença Mental", separata do *Boletim da Faculdade de Direito da Universidade de Coimbra*, vol. LXXXI, 2005, Coimbra, pp. 147 e ss. Sobre a frequente estigmatização das pessoas portadoras de doença mental cf. LATAS, António João, e VIEIRA, Fernando (2004), *Notas e Comentários à Lei de Saúde Mental (Lei n.º 36/98, de 24 de Julho)*, Coimbra: Coimbra Editora, pp. 27 e ss.

[114] Cf. o art. 26.º, n.º 1 da CRP. Como salientam GOMES CANOTILHO e VITAL MOREIRA, este direito na medida em que constitui expressão de uma esfera de liberdade pessoal, "constitui um direito subjectivo fundamental do indivíduo, garantindo-lhe um *direito à formação livre da personalidade* ou *liberdade de acção* como sujeito autónomo dotado de autodeterminação decisória, e um *direito de personalidade* fundamentalmente garantidor da sua esfera jurídico-pessoal e, em especial, da integridade desta". *Vid.* CANOTILHO, J. J. Gomes, e MOREIRA, Vital (2007), *Constituição da República Portuguesa Anotada*, vol. I, 4.ª ed. revista, Coimbra: Coimbra Editora, p. 463.

8.2. Os Impedimentos Matrimoniais

De igual modo os impedimentos matrimoniais por falta de idade nupcial[115], por demência[116] ou por parentesco[117] continuam a estar previstos no Código Civil e a ser objecto de aceitação pacífica pela Doutrina.

Segundo FRANCISCO PEREIRA COELHO e GUILHERME DE OLIVEIRA a existência de especiais incapacidades ligadas ao casamento justifica-se porque este contende "com interesses eugénicos, morais e sociais muito importantes". A maior severidade do regime de anulabilidade a que se encontra sujeito o casamento de um interdito por anomalia psíquica ou de um menor de dezasseis anos compreende-se também, nas palavras destes Professores de Direito da Família, porque a lei visa no casamento a protecção dos aludidos interesses. Consideram ser também "interesses públicos de ordem eugénica e social" que o Direito quer proteger ao configurar a demência como impedimento dirimente absoluto. Com efeito, com esta solução pretende-se evitar, nas palavras dos Autores em análise, que "as taras do demente se transmitam para os filhos e defender sob este aspecto a própria sociedade". São ainda "razões de ordem eugénica e social" que justificam que o impedimento por demência abranja a simples demência de facto e que a mesma constitua impedimento à celebração do casamento mesmo durante os intervalos lúcidos. Explicitando as razões do impedimento de parentesco os aludidos Autores salientam em particular o "valor da proibição do incesto, com todas as razões de ordem ética, eugénica e social que fazem dessa proibição 'um dos tabus mais profundos da humanidade'"[118].

---

[115] Segundo o art. 1601.º, al. a) do Código Civil aprovado pelo Decreto-Lei n.º 47 344, de 25 de Novembro de 1966, é impedimento dirimente absoluto "a idade inferior a dezasseis anos" seja qual for o sexo do nubente.

[116] De acordo com o art. 1601.º, al. b), são impedimentos dirimentes absolutos "a demência notória, mesmo durante os intervalos lúcidos, e a interdição ou inabilitação por anomalia psíquica".

[117] Nos termos do art. 1602.º, al.s a) e b), constitui impedimento dirimente relativo o parentesco na linha recta e no segundo grau da linha colateral.

[118] *Vid.*, na matéria, COELHO, Francisco Pereira e OLIVEIRA, Guilherme de (2003), *Curso de Direito da Família*, vol. I, 3.ª ed., Coimbra: Coimbra Editora, pp. 291 e ss.

De igual modo José João Gonçalves de Proença defende que os impedimentos da demência e do parentesco se justificam sobretudo por razões de ordem eugénica. A demência, nas palavras deste Autor, constitui "também 'tara' psíquica susceptível de ser transmitida hereditariamente, o que, por razões eugénicas, convem evitar, impedindo o casamento das pessoas por ela afectadas". Preconiza igualmente a subsistência deste impedimento matrimonial nos intervalos lúcidos do demente dado que "mesmo então a 'doença' continua a existir mantendo-se a possibilidade da sua transmissão por hereditariedade". Na mesma linha de ideias salienta este Autor que o casamento entre parentes em qualquer grau da linha recta ou no segundo grau da linha colateral é "susceptível de agravar as eventuais taras familiares"[119].

Em sentido diferente Jorge Pinheiro questiona se não será "demasiado rigorosa" a formulação legal deste impedimento. Isto atento o facto de as anomalias psíquicas não serem "integral e sistematicamente transmissíveis por via hereditária" e de o casamento, "enquanto acto que se projecta sobretudo na esfera pessoal das partes, não parecer completamente incompatível com uma anomalia psíquica que influa apenas na capacidade de administração dos bens, como é aquela que constitui causa de inabilitação"[120].

Defendemos, no que concerne aos impedimentos matrimoniais, que face aos conhecimentos decorrentes da Genética o impedimento do parentesco é de manter atento o facto de um dos critérios de caracterização da hereditariedade autossómica recessiva ser, como refere Fernando Regateiro, "a taxa de consanguinidade dos pais de crianças afectadas ser habitualmente mais elevada do que na população em geral"[121].

---

[119] No mesmo sentido António Sousa e Carlos Matias interpretam a expressão "demência notória" como significando "qualquer situação patente de desarranjo mental ou psíquico, seja qual for a causa, e não apenas a provocada pela demência". Cf. Proença, José João Gonçalves de (2003), *Direito da Família*, ed. revista, Lisboa: Universidade Lusíada Editora, pp. 154, 155 e 159, e Sousa, António Pais de, e Matias, Carlos Frias de Oliveira (1983), *Da Incapacidade Jurídica dos Menores Interditos e Inabilitados*, 2.ª ed., Coimbra: Livraria Almedina, p. 258.

[120] Pinheiro, Jorge Duarte (2005), *Direito da Família e das Sucessões*, vol. I, 2.ª ed., Lisboa: Associação Académica da Faculdade de Direito de Lisboa, p. 101.

[121] Regateiro, Fernando J. (2003), *Manual de Genética Médica*, Coimbra: Imprensa da Universidade, pp. 116 e 152-153.

No caso das doenças psiquiátricas embora pareça haver um risco acrescido para este tipo de doenças se o indivíduo em causa tiver um familiar afectado discute-se se há ou não genes que participam de forma determinante no aparecimento deste tipo de doenças, pelo que o impedimento da demência nos parece que deveria ser repensado *de iure condendo*. Com efeito são poucas, ainda, as certezas em matéria de hereditabilidade dos distúrbios mentais. Como referem ANTÓNIO FERREIRA DE MACEDO e MARIA HELENA PINTO DE AZEVEDO, essa hereditabilidade "é estimada em valores de 60 a 80%, o que indica a presença de uma vulnerabilidade genética e de um envolvimento substancial, dos factores genéticos, na sua etiologia"[122]. A maioria dos estudos realizados em matéria de Distúrbios Afectivos Bipolares e de esquizofrenia indiciam que estes não resultam da transmissão de uma mutação num único gene, mas que se ajustaram a modelos multifactoriais poligénicos. A questão fulcral que hoje se coloca face aos conhecimentos disponíveis é assim a de saber quanto destas patologias é genético – pergunta que continua em aberto.

Atentas as dúvidas existentes sobre se e em que medida a doença mental é hereditária parece-nos que, no Direito a constituir, este impedimento matrimonial deveria desaparecer do Código Civil. Acresce ainda ser difícil em muitas situações o diagnóstico exacto da doença mental, pelo que a exigência de não se ser portador de uma doença deste tipo para se poder celebrar um contrato de casamento parece-nos configurar uma ofensa injusta do direito de todos os cidadãos a contrair casamento em condições de plena igualdade[123]. Ainda que, em relação a determinadas patologias, houvesse a certeza de que se transmitiam por via hereditária não nos parece legítimo que o legislador decida quem pode ou não reproduzir-se com base no estado

---

[122] MACEDO, António Ferreira de, e AZEVEDO, Maria Helena Pinto de (2001), *Os Genes que Pensam, Alguns Temas de Genética Psiquiátrica*, Coimbra: Quarteto Editora, pp. 100 e 114. *Vid.*, na matéria, WILLIAMS, Peter R. (1994), *Problemas de Família* (trad. do original inglês por Alexandre de Sousa Pinto), Porto: Departamento de Clínica Geral da Faculdade de Medicina do Porto, p. 14, e HODGINS, Sheilag (2006), "Crime, Comportamento Anti-social e Esquizofrenia: Um Tema Descurado" *in Psicologia Forense* (coord.: António Castro Fonseca, Mário R. Simões, Maria C. Taborda Simões, e Maria Salomé Pinho), Coimbra: Almedina, pp. 55 e ss.

[123] Consagrado no 1 do art. 36.º da CRP.

sanitário dos cidadãos. Essa decisão é ofensiva do direito à reserva da intimidade e da vida privada dos cidadãos e da sua dignidade de pessoas humanas, constituindo um espaço que deve em regra ficar livre da intervenção do Direito.

Pode ainda invocar-se contra a exigência do aludido impedimento matrimonial que não constituindo segundo a lei vigente o fim do casamento a procriação, se dois adultos com doença mental consentirem, num intervalo lúcido, em casar, em constituírem família mediante plena comunhão de vida, não vemos motivo para que não o façam. Parece-nos que a ordem jurídica em vez de contribuir para a sua estigmatização atribuindo-lhes um estatuto jurídico de inferioridade em relação ao grupo dos "mentalmente sãos" deve, pelo contrário, criar as condições para que possam desenvolver de forma plena e harmoniosa a sua personalidade "diferente".

9. Considerações finais

Apesar da inegável fundamentação eugénica destas soluções jurídicas ainda vigentes no nosso país, o ressurgimento do eugenismo discute-se sobretudo a propósito dos recentes progressos da Genética. Com efeito, a análise do genoma humano e as intervenções que sobre ele incidem directamente vêm abrir portas a um horizonte indefinido, o da eugenia. Esta corrente de pensamento e de acção ressurge assente em bases que as sociedades actuais – à semelhança do que aconteceu em relação ao eugenismo clássico – consideram rigorosamente científicas e que possibilitam quer seleccionar os "melhores" indivíduos quer "melhorar" a espécie humana, quer, ainda, evitar o nascimento de indivíduos "doentes".

As práticas actuais que podem ser qualificadas como eugénicas e nessa medida revestir um enorme potencial discriminatório são as decorrentes dos novos conhecimentos sobre o genoma humano como a selecção do dador na procriação medicamente assistida com dador, a inseminação intracitoplasmática de espermatozóides no ovócito, a selecção embrionária assente nos resultados do diagnóstico pré-implantação, o aborto por indicação eugénica na sequência da realização do diagnóstico pré-natal, a terapia génica nas células da linha germinal e a clonagem humana reprodutiva.

Graças a estas técnicas o âmbito da eugenia alarga-se em relação ao da eugenia do século XIX e torna-se numa eugenia medicalizada, personalizada. Ou, como expressivamente diz JACQUES TESTARD, num eugenismo "científico, discreto e benevolente"[124] centrado no desejo dos pais de terem um filho com "qualidade genética".

Os problemas de discriminação decorrentes destas novas formas de eugenismo reconduzem-se em certa medida à resposta a dar às seguintes questões: se a Medicina, atentos os avanços da Genética se vai tornar, neste século XXI, numa Medicina cada vez mais orientada para a prevenção, porque não prevenir o nascimento de pessoas que muito provavelmente virão a ser doentes? Porque não erradicar as doenças geneticamente determinadas? Porque não, como defendem os neoeugenistas e os neoutilitaristas, maximizar o prazer, quer do ponto de vista dos pais, quer do da própria sociedade e minimizar os custos económico-sociais e a dor?

Não existe, na nossa sociedade pluricultural uma única resposta para estas questões, mas sim diversas e diferentes respostas que são função, em larga medida, da mundividência do intérprete.

10. Bibliografia

1. ACADEMIA DAS CIÊNCIAS DE LISBOA (2001), *Dicionário da Língua Portuguesa Contemporânea*, vol. I, Lisboa: Academia das Ciências de Lisboa e Editorial Verbo.
2. ANDORNO, Roberto (1997), *La Bioéthique et la Dignité de la Personne*, Paris: Presses Universitaires de France.
3. ANDRADE, Manuel A. Domingues (2003), *Teoria Geral da Relação Jurídica*, vol. II, 9.ª reimpressão, Coimbra: Almedina.
4. ANNAS, George J., e GRODIN, Michael A. (1992) (coord.), *The Nazi Doctors and the Nuremberg Code, Human Rights in Human Experimentation*, Oxford: Oxford University Press.

---

[124] Como refere ALAIN ETCHEGOYEN há "homens e mulheres angustiados pela ocorrência de eventuais acidentes, sensíveis aos argumentos de prevenção, e desejosos de terem um bebé 'de qualidade'". Cf. TESTARD, Jacques (1995), *Des Grenouilles et les Hommes*, Paris: Éditions Stock, p. 117; ETCHEGOYEN, Alain (1996), *Le Temps des Responsables*, reimpressão, Paris: Éditions Julliard, p. 157, e NUNES, Rui Manuel Lopes (1995), *Questões Éticas do Diagnóstico Pré-Natal da Doença Genética*, Porto: ed. do Autor, pp. 182 e ss.

5. ALMEIDA, Carlota Pizarro de (2000), *Modelos de Inimputabilidade: da Teoria à Prática*, Coimbra: Almedina.
6. ANTUNES, Maria João (2002), *Medida de Segurança de Internamento e Facto de Inimputável em Razão de Anomalia Psíquica*, Coimbra: Coimbra Editora.
7. ARCHER, Luís (1995), "O Progresso da Ciência e o Espírito", in *Cadernos de Bioética*, n.º 10, Coimbra: Edição do Centro de Estudos de Bioética.
8. ARCHER, Luís, BISCAIA, Jorge, e OSSWALD, Walter (1996) (coord.), *Bioética*, Lisboa: Editorial Verbo.
9. ARENDT, Hannah (2001), *Compreensão e Política e Outros Ensaios 1930-1954* (trad. do original inglês por Miguel Serras Pereira), Lisboa: Relógio D'Água.
10. ARENDT, Hannah (2006), *As Origens do Totalitarismo*, trad. do original inglês de 1950 por Roberto Raposo, 2.ª ed. (1.ª ed.: 2004), Lisboa: Dom Quixote.
11. ARENDT, Hannah (2007), *Responsabilidade e Juízo*, trad. do original inglês por Miguel Serras Pereira, Lisboa: Publicações Dom Quixote.
12. ARISTÓTELES (2002), *A Política* (trad. de Roberto Leal Ferreira), 2.ª ed. (1.ª ed.: 1991), 3.ª reimpressão, São Paulo: Livraria Martins Fontes Editora Ltda.
13. BACHELARD-JOBARD, Catherine (2001), *L'Eugénisme, la Science et le Droit*, Paris: Presses Universitaires de France.
14. BARRADAS, Ana (1998), *Dicionário Incompleto de Mulheres Rebeldes*, Lisboa: Antígona.
15. BENZ, Wolfgang (2000), *The Holocaust* (trad. do original alemão por Jane Sydenham-Kwiet), London: Profile Books.
16. BELEZA, José Júlio Pizarro (1962), *Cooperação e Luta*, Lisboa, s.e.
17. BINET, Jean-René (2002), *Droit et Progrès Scientifique, Science du Droit, Valeurs et Biomédecine*, Paris: Presses Universitaires de France.
18. BRANCO, António D'Azevedo Castello (1888), "Casamento e Criminalidade", *Revista de Educação e Ensino, Publicação Científica Dedicada Especialmente aos Assuntos Pedagógicos, Agrícolas e Zootécnicos*, vol. III, 1888, Lisboa.
19. BRANCO, António D'Azevedo Castello (1888a), *Estudos Penitenciários e Criminaes*, Lisboa: Casa Portugueza.
20. BRUCHFELD, Stéphane e LEVINE, Paul A. (2000), *Contai aos Vossos Filhos ... Um Livro sobre o Holocausto na Europa, 1933-1945*, Lisboa: Gótica.
21. BUXTON, Jess, e TURNEY, Jon (2007), *The Rough Guide to Genes & Cloning*, London: Rough Guides Ltd.
22. CABETE, Adelaide (1929), *Eugénica e Eugenética*, Lisboa: Artegráfica, Limitada.
23. CAPLAN, Arthur L. (1997) (coord.), *Quando a Medicina Enloqueceu, A Bioética e o Holocausto* (trad. do original inglês de 1992 por Zaira Miranda), Lisboa: Instituto Piaget.

24. CAMPANELLA, Tomás (1996), *A Cidade do Sol* (trad. do italiano por Álvaro Ribeiro), Lisboa: Guimarães Editores.
25. CAMPOS, Ramón Herrera (1991), *La Inseminación Artificial: Aspectos Doctrinales y Regulación Legal Española*, Granada: Universidad de Granada.
26. CAMUS, Albert (1972), *Lettres à un Ami Allemand*, reimpressão da ed. de 1948, Paris: Gallimard.
27. CAMUS, Albert (2003), *Caligula suivi de Le Malentendu*, reimpressão da ed. de 1958, Paris: Editions Gallimard.
28. CANOTILHO, J. J. Gomes, e MOREIRA, Vital (2007), *Constituição da República Portuguesa Anotada*, vol. I, 4.ª ed. revista, Coimbra: Coimbra Editora.
29. CARREL, Alexis (1947), *O Homem, Esse Desconhecido*, Porto: Editora Educação Nacional.
30. CARVALHO, Adherbal de (1915), *Synteze das Preleçõis de Direito Penal Feitas no Terceiro Ano da Faculdade de Direito Teixeira de Freitas*, t. I, 2.ª ed. revista, Lisboa: Livraria Clássica Editora de A. M. Teixeira.
31. CASABONA, Carlos Maria Romeo (1999) (coord.), *La Eugenesia Hoy*, Granada: Editorial Comares.
32. CAUPERS, João, e AMARAL, Maria Lúcia (1999), "Grupos de Interesses", *Revista da Faculdade de Direito da Universidade de Lisboa*, vol. XL, n.os 1 e 2, Coimbra: Coimbra Editora.
33. CLENDINNEN Inga (2007), *Um Olhar sobre o Holocausto* (trad. do original inglês de 1999 por A. Mata), Lisboa: Prefácio.
34. COELHO, Cristina Maria Costa (2007), *A Doença Mental (Des)culpada: Um Modelo de Avaliação da ResponsabilIdade Criminal*, Coimbra: Almedina.
35. COELHO, Manoel (1914), *Anotações ao Código do Registo Civil*, 2.ª ed., Porto: Companhia Portuguesa Editora.
36. COELHO, Francisco Pereira e OLIVEIRA, Guilherme de (2003), *Curso de Direito da Família*, vol. I, 3.ª ed., Coimbra: Coimbra Editora.
37. CONSELHO NACIONAL DE ÉTICA PARA AS CIÊNCIAS DA VIDA (1998) (coord.), *Poderes e Limites da Genética, Actas do IV Seminário do Conselho Nacional de Ética para as Ciências da Vida*, Lisboa: Presidência do Conselho de Ministros.
38. CORNNELL, John (2003), *Os Cientistas de Hitler* (trad. do original inglês de 2003 por Marcos Santarrita), Rio de Janeiro: Imago.
39. CORREIA, Manuel (2006), *Egas Moniz e o Prémio Nobel*, Coimbra: Imprensa da Universidade de Coimbra.
40. COSTA, Palmira Fontes da (2005), *O Corpo Insólito, Dissertações sobre Monstros no Portugal do Século XVIII*, Porto: Porto Editora.
41. CRUZ, Guilherme Braga da (1942), *Direitos de Família*, vol. I, 2.ª ed. revista pelo Prof. Dr. Pires de Lima, Coimbra: Coimbra Editora, Ldta.

42. CUNHA, Paulo (1941), *Direito da Família*, t. I (Lições tiradas pelos alunos Raul Jorge Rodrigues Ventura, Raul Lino Amaral Rodrigues e Júlio M. Salcedas), Lisboa: ed. policopiada.
43. DANTAS, Júlio (1919), *Espadas e Rosas*, 2.ª ed., Lisboa: Portugal-Brasil Limitada.
44. DARWIN, Charles (1985), *The Origin of Species by Means of Natural Selection or the Preservation of Favoured Races in the Struggle for Life*, reimpressão da ed. de 1859, London: Penguin Books.
45. DARWIN, Charles (2004), *The Descent of Man, and the Selection in Relation to Sex*, reimpressão da ed. de 1879, London: Penguin Books.
46. DEGRAND, Alexander J. (2006), *Itália Fascista e Alemanha Nazista* (trad. do original inglês de 2004 por Carlos David Soares), São Paulo: Madras Editora.
47. DESCARTES, René (1966), *Discours de la Méthode*, reimpressão (1.ª ed.: 1636), Paris: Garnier-Flammarion.
48. DIAS, Jorge de Figueiredo, e ANDRADE, Manuel da Costa (1997), *Criminologia, O Homem Delinquente e a Sociedade Criminológica*, 2.ª reimpressão, Coimbra: Coimbra Editora.
49. DURAS, Marguerite (2003), *La Douleur*, reimpressão da ed. de 1985, Paris: Gallimard.
50. ETCHEGOYEN, Alain (1996), *Le Temps des Responsables*, reimpressão, Paris: Éditions Julliard.
51. EVANS, Richard J. (2004), *The Coming of the Third Reich*, London: Penguin Books.
52. FÉLIX, Ivone, e MARQUES, António Manuel (1995) (coord.), *E Nós ... Somos Diferentes? Sexualidade e Educação Sexual na Deficiência Mental* (coord.: Ivone Félix e António Manuel Marques), Lisboa: Associação para o Planeamento da Família.
53. FERNANDES, Barahona (1938), *O Problema da Eugénica* (sep. de A Medicina Contemporânea, n.ᵒˢ 19, 21, 22 e 23, Maio e Junho de 1938), Lisboa: Centro Tipográfico Colonial.
54. FERNANDES, Barahona (1940), "Herança e Meio nos Conselhos Pré-matrimoniais Eugénicos", *Arquivo de Anatomia e Antropologia*, vol. XX (1939-1940) (coord.: H. de Vilhena), Lisboa.
55. FERNANDES, Barahona (1940a), *Hereditariedade e Profilaxia Eugénica das Doenças Mentais*, Porto: Comemorações Portuguesas de 1940.
56. FERRI, Henrique (1931), *Princípios de Direito Criminal, O Criminoso e o Crime* (trad. do original italiano por Luiz de Lemos D'Oliveira), Coimbra: Arménio Amado Editor.
57. FONSECA, António Castro, SIMÕES, Mário R., SIMÕES, Maria C. Taborda, e PINHO, Maria Salomé (2006) (coord,), *Psicologia Forense*, Coimbra: Almedina.

58. FREDRICKSON, George M. (2004), *Racismo, Uma Breve História* (trad. do original inglês de 2002 por Miguel Ramalhete), Porto: Campo das Letras.
59. GAFO, Javier (1995) (coord.), *Consejo Genético: Aspectos Biomédicos e Implicaciones Éticas*, Madrid: Universidad Pontificia Comillas de Madrid.
60. GALTON, David J. (1998), "Greek Theories on Eugenics", *Journal of Medical Ethics*, August 1998, vol. 24, n.º 4.
61. GALTON, David (2002), *Eugenics, The Future of Human Life in the 21st Century*, London: Abacus Books.
62. GILBERT, Martin (2002), *The Routledge Atlas of the Holocaust*, 3.ª ed. (1.ª ed.: 1982), London: Routledge.
63. GIROD, Michel (2004), *Penser le Racisme, De la Responsabilité des Scientifiques*, Paris: Calmann-Lévy.
64. GUTTMAN, B., GRIFFITHS, H., SUZUKI, D., e CULLIS, T. (2006), *Genetics*, reimpressão da ed. de 2002, Oxford: Oneworld.
65. HAECKEL, Ernest (1927), *Maravilhas da Vida* (trad. de João de Meyra), 2.ª ed., Porto: Livraria Chardron, Lello e Irmão.
66. HOTTOIS, Gilbert e MISSA, Jean-Michel (2003) (coord.), *Nova Enciclopédia da Bioética* (trad. do original francês de 2001 por Maria de Carvalho), Lisboa: Instituto Piaget.
67. JOHNSON, Robert (2004), *Hitler and Nazi Germany, The Seduction of a Nation*, 3.ª ed., United Kingdom: Studymates Limited.
68. JORGE, Maria Manuel Araújo (2000), "Liberdade e Eugenismo", *Brotéria Genética*, n.ºs 1-3, vol. XXI (XCVI), 2000, Lisboa.
69. KERR, Anne, e SHAKESPEARE, Tom (2002), *Genetic Politics, From Eugenics to Genome*, Cheltenham: New Clarion Press.
70. KNOPP, Guido (2004), *Hitler's Holocaust* (trad. do original alemão por Angus Mcgeoch), Gloucestershire: Sutton Publishing.
71. KNOWES, Lori P., e KAEBNICK, Gregory E. (2007) (coord.), *Reprogenetics, Law, Policy, and Ethical Issues*, Baltimore: The Johns Hopkins University Press.
72. LABBÉE, Javier (1990), *Condition Juridique du Corps Humain Avant la Naissance et Après la Mort*, Lille: Presses Universitaires de Lille.
73. LATAS, António João, e VIEIRA, Fernando (2004), *Notas e Comentários à Lei de Saúde Mental (Lei n.º 36/98, de 24 de Julho)*, Coimbra: Coimbra Editora.
74. LEONE, Salvino, PRIVITERA, Salvatore, e CUNHA, Jorge Teixeira da (2001) (coord.), *Dicionário de Bioética*, trad. do original italiano por A. Maia da Rocha, Vila Nova de Gaia: Editorial Perpétuo Socorro.
75. LESSA, Almerindo (1933), *Exortações Eugénicas*, Porto: Associação Profissional dos Estudantes de Medicina do Porto.
76. LESSA, Almerindo (1939-1940), "Fialho de Almeida ou a Campanha Eugénica dum Prosador", *Arquivo de Anatomia e Antropologia*, vol. XX (1939-1940), Lisboa.

77. LEVI, Primo e BENEDETTI, Leonardo de (2006), *Auschwitz Report* (trad. do original italiano de 1946 por Judith Wolf), London: Verso.
78. LIMA, F. A. Pires de (1945), *Constituição do Estado de Casado, Ante-Projecto de um dos Livros do Futuro Código Civil*, Coimbra: s. ed.
79. LOEWENSTEIN, Karl (1938), "Contrôle Législatif de l'Extrémisme Politique dans les Démocraties Européennes", *Revue du Droit Public et de la Science Politique en France et à l'Étranger*, Abril / Junho de 1938, Paris: Librairie Générale de Droit et de Jurisprudence.
80. LOUREIRO, João Carlos (2005), "Pessoa e Doença Mental", separata do *Boletim da Faculdade de Direito da Universidade de Coimbra*, vol. LXXXI, 2005, Coimbra.
81. MACEDO, António Ferreira de, e AZEVEDO, Maria Helena Pinto de (2001), *Os Genes que Pensam, Alguns Temas de Genética Psiquiátrica*, Coimbra: Quarteto Editora.
82. MACEDO, Francisco Ferraz de (1903), *Os Mendigos Criminosos (Notas para uma Monografia)*, Lisboa: Typographia da Papelaria Palhares.
83. MANNHEIM, Hermann (1984), *Criminologia Comparada*, vol. I (trad. do original inglês por J. F. Faria Costa e M. Costa Andrade), Lisboa: Fundação Calouste Gulbenkian.
84. MARANGE, Valérie (1998), *La Bioéthique, La Science Contre La Civilisation?*, Paris: Le Monde-Éditions.
85. MCLAREN, Angus (1999), *Twentieth-Century Sexuality, A History*, Oxford: Blackwell Publishers.
86. MELO, Helena Pereira de (2007), *Implicações Jurídicas do Projecto do Genoma Humano: Constituirá a Discriminação Genética Uma Nova Forma de Apartheid?*, vol. 1, Porto: Associação Portuguesa de Bioética e Serviço de Bioética e Ética Médica da Faculdade de Medicina do Porto.
87. MENDES, João de Castro (s.d), *Direito da Família, Lições proferidas ao Curso Jurídico da Faculdade de Direito da Universidade de Lisboa*, Lisboa: Associação Académica da Faculdade de Direito de Lisboa.
88. MIRANDA, Jorge (2004), *As Constituições Portuguesas de 1822 ao Texto Actual da Constituição*, 5.ª ed., Lisboa: Livraria Petrony.
89. MIRANDA, Jorge (2006), *Escritos Vários Sobre Direitos Fundamentais*, Estoril: Principia.
90. MIRANDA, Jorge, e MEDEIROS, Rui (2005) (coord.), *Constituição Portuguesa Anotada*, t. I, Coimbra: Coimbra Editora.
91. MONIZ, Egas (1918), *A Vida Sexual, Fisiologia e Patologia*, 4.ª ed. revista, Lisboa: Livraria Ferreira.
92. MORE, Thomas (1973), *Utopia* (trad. de Maria Isabel Gonçalves Tomás), Mem Martins: Publicações Europa-América.
93. NUNES, Rui Manuel Lopes (1995), *Questões Éticas do Diagnóstico Pré-Natal da Doença Genética*, Porto: ed. do Autor.

94. ORTIGÃO, Ramalho (1992), *As Farpas*, vol. VIII, Lisboa: Clássica Editora.
95. OWEN, James (2006), *Nuremberg Evil on Trial*, London: Headline Review.
96. PEREIRA, Ana Leonor Dias da Conceição (1997), *Darwin em Portugal (1865-1914) Filosofia. História. Engenharia Social*, vol. 1, Coimbra: Faculdade de Letras da Universidade de Coimbra.
97. PEREIRA, Ana Leonor Dias da Conceição (1997a), *Darwin em Portugal (1865-1914) Filosofia. História. Engenharia Social*, vol. 2, Coimbra: Faculdade de Letras da Universidade de Coimbra.
98. PEREIRA, Ana Leonor Dias da Conceição (1999), "Eugenia em Portugal?", *Revista de História das Ideias*, vol. 20 (1999).
99. PEREIRA, André Gonçalo Dias (2004), *O Consentimento Informado na Relação Médico-Paciente, Estudo de Direito Civil*, Coimbra: Coimbra Editora.
100. PICHOT, André (1997), *O Eugenismo, Geneticistas Apanhados pela Filantropia* (trad. do original francês de 1995 por Francisco Manso), Lisboa: Instituto Piaget.
101. PICHOT, André (2000), *La Société Pure, De Darwin à Hitler*, Paris: Flammarion.
102. PÍCON, Fernando Reviriego (1998), *Outro Estudio Más del Aborto. La Indicación Eugenésica y su Fundamentación*, Madrid: Dykinson.
103. PIMENTEL, Irene (1998), "A Eugenia na Primeira Metade do Século XX: O Aperfeiçoamento da Raça", *História*, Junho de 1998.
104. PINHEIRO, Jorge Duarte (2005), *Direito da Família e das Sucessões*, vol. I, 2.ª ed., Lisboa: Associação Académica da Faculdade de Direito de Lisboa.
105. PINTO-BARROS, José (1982), *Planeamento Familiar – Aborto e o Direito*, Coimbra: Coimbra Editora.
106. PLATÃO (1987), *A República, Diálogos* (trad. de Sampaio Marinho), vol. I, 3.ª ed., Mem Martins: Publicações Europa-América.
107. PROENÇA, José João Gonçalves de (2003), *Direito da Família*, ed. revista, Lisboa: Universidade Lusíada Editora.
108. RAMOS, Carlos da Silva (1940), "Eugénica", sep. de *A Medicina Contemporânea*, n.ºs 15 e 16 de 14 e 21 de Abril de 1940, Lisboa: Centro Tipográfico Colonial.
109. REGATEIRO, Fernando J. (1996), "Eugenia – Passado, Presente e Futuro", *Brotéria Genética*, n.ºs 1-2, vol. XVII (XCII), 1996, Lisboa.
110. REGATEIRO, Fernando J. (2003), *Manual de Genética Médica*, Coimbra: Imprensa da Universidade.
111. REIS, José Alberto dos (1945), *O Novo Código de Processo Civil Português*, Coimbra: Coimbra Editora, Limitada.
112. ROBERTSON, Geoffrey (2006), *Crimes Against Humanity, the Struggle for Global Justice*, 3.ª ed. revista (1.ª ed.: 1999), London: Penguin Books.

113. ROSTAND, Jean (s.d.), *A Hereditariedade Humana* (trad. do original francês de 1952 por Ilídio Sardoeira), 4.ª ed., Mem Martins: Publicações Europa-América.
114. RUFFIÉ, Jacques (1988), *Tratado do Ser Vivo*, vol. IV (trad. do original francês de 1982 por José Vieira de Lima), Lisboa: Editorial Fragmentos.
115. s.a., "Notícias", *Gazeta dos Hospitaes do Porto*, ano IV, n.º 7, 1 de Abril de 1910.
116. SANTOS, José Beleza dos (1926), *Regime Jurídico dos Menores Delinquentes em Portugal, Princípios Dominantes*, Coimbra: Coimbra Editora.
117. SANTOS, José Beleza dos (1927), *Alguns Aspectos da Miséria e Algumas Formas da Caridade*, Coimbra: Casa Tipográfica de Alves & Mourão.
118. SARAIVA, J. Andrade (1929), *Perigos que Ameaçam a Europa e a Raça Branca*, vol. II, Lisboa: Tipografia Lusitânia.
119. SHAKESPEARE, William (s.d.), *Otelo* (trad. do original inglês por Domingos Ramos) (1.ª ed. original: 1862), Porto: Lello & Irmão Editores.
120. SOUSA, António Pais de, e MATIAS, Carlos Frias de Oliveira (1983), *Da Incapacidade Jurídica dos Menores Interditos e Inabilitados*, 2.ª ed., Coimbra: Livraria Almedina.
121. SOUSA, José Ferreira Marnoco e (1896), *Impedimentos do Casamento no Direito Portuguez*, Coimbra: F. França Amado Editor.
122. TESTARD, Jacques (1994), *Le Désir du Gène*, Paris: Éditions Flammarion.
123. TESTARD, Jacques (1995), *Des Grenouilles et les Hommes*, Paris: Éditions Stock.
124. TESTARD, Jacques (2000), *Os Homens Prováveis, Da Procriação Aleatória à Reprodução Normativa* (trad. do original francês de 1999 por Nuno Romano), Lisboa: Instituto Piaget.
125. THOMAS, Jean-Paul (1995), *Les Fondements de L'Eugénisme*, Paris: Presses Universitaires de France.
126. TWAIN, Mark (2004), *Excertos dos Diários de Adão e Eva* (trad. do original inglês por Hugo Freitas Xavier), Lisboa: Cavalo de Ferro Editores.
127. WIERVIORKA, Anette (2005), *Auschwitz, 60 Ans Après*, Paris: Éditions Robert Laffont.
128. WIEVIORKA, Michel (2002), *A Diferença* (trad. do original francês de 2000 por Miguel Serras Pereira), Lisboa: Fenda Edições.
129. WILLIAMS, Peter R. (1994), *Problemas de Família* (trad. do original inglês por Alexandre de Sousa Pinto), Porto: Departamento de Clínica Geral da Faculdade de Medicina do Porto.

II.

OS XENOTRANSPLANTES

SUMÁRIO

1. A xenotransplantação
2. Os benefícios previsíveis da xenotransplantação
3. Os riscos previsíveis da xenotransplantação
4. O balanço dos benefícios e riscos
5. O enquadramento jurídico internacional dos xenotransplantes
6. O enquadramento jurídico internacional das xenozoonoses
7. A xenotranplantação como intervenção sanitária
8. O enquadramento jurídico dos "animais fonte"
9. A criação de "animais fonte" e a biodiversidade
10. A xenotransplantação e a dignidade da pessoa
11. A discriminação do receptor do xenotransplante
12. A discriminação do "animal fonte"
    12.1. Os "animais-fonte" como sujeitos de direitos
    12.2. Os "animais-fonte" como objecto de direitos
    12.3. A posição adoptada na matéria
    12.4. A utilização de primatas não humanos
13. A criação de "animais-fonte"
14. Considerações finais
15. Bibliografia

1. A Xenotransplantação

Desde meados do século XX[125] a Medicina tornou realizáveis os alotransplantes – os transplantes de células, tecidos ou órgãos vivos entre dois indivíduos pertencentes à mesma espécie – com o objectivo de salvar ou prolongar a vida humana e melhorar a sua qualidade. Este tipo de transplantes, de humano para humano, feitos a partir da colheita em vida ou em cadáveres de órgãos e de tecidos, tornou-se entretanto uma modalidade de terapêutica aceite para um número significativo de doenças. A sua licitude há muito não é questionada.

No entanto, em muitos países (em particular naqueles em que a ordem jurídica não presume o consentimento para a dádiva *post mortem* na falta de uma oposição feita em vida[126]), o número de

---

[125] O primeiro transplante de rins foi realizado em 1954, o de pulmões em 1963 e o de coração em 1967. *Vid.*, na matéria, FARIA, Maria Paula Bonifácio Ribeiro de (1995a), *Os Transplantes de Órgãos*, Porto: Edições Asa, p. 3; LOUREIRO, João Carlos Simões Gonçalves (1995), *Transplantações: Um Olhar Constitucional*, Coimbra: Coimbra Editora, pp. 22 e ss., e MARTINS, António Carvalho (1986), *A Colheita de Órgãos e Tecidos nos Cadáveres Responsabilidade Criminal nas Intervenções e Tratamentos Médico-Cirúrgicos (o Artigo 150.º do Código Penal)*, Coimbra: Coimbra Editora, pp. 59 e ss.

[126] O que não acontece no Direito Português, uma vez que o art. 10º da Lei n.º 12/93, de 22 de Abril, que contem o regime legal da colheita e transplante de órgãos e tecidos de origem humana, considera "como potenciais dadores *post mortem* todos os cidadãos nacionais e os apátridas e estrangeiros residentes em Portugal que não tenham manifestado junto do Ministério da Saúde a sua qualidade de não dadores". Essa qualidade é manifestada, de acordo com o disposto no art. 2.º do Decreto-Lei n.º 244/94, de 26 de Setembro, através da inscrição no Registo Nacional de Não Dadores, sendo fornecido, a todos que se inscrevam neste registo, um cartão individual de não dador, cujo modelo foi aprovado pelo Despacho Normativo n.º 700/94, de 13 de Setembro. Sobre a bondade desta solução de *contracting--out vid.*, por todos, FARIA, Maria Paula Bonifácio Ribeiro de (1995), *Aspectos Jurídico--Penais dos Transplantes*, Porto: Universidade Católica Portuguesa, pp. 192 e ss. Sobre novos enquadramentos jurídicos para a dação de órgãos cf. MURPHY, Tiomothy F., e VEATCH, Robert M. (2006), "Members First: The Ethics of Donating Organs and Tissues to Groups", *Cambridge Quarterly of Healthcare Ethics*, vol. 15, n.º 1, Winter 2006, Cambridge: Cambridge University Press, pp. 50 e ss., e CHERRY, Mark J. (2005), *Kidney*

órgãos e de tecidos disponíveis para transplante não permite satisfazer as necessidades existentes, tendendo esta disparidade entre a oferta e a procura de órgãos e tecidos a aumentar à medida que o tempo passa, por força, nomeadamente, do aumento da esperança de vida à nascença e do envelhecimento da população[127]. O reconhecimento desta disparidade conduziu nomeadamente à adopção, pelo Conselho da Europa, das Recomendações n.os 1611(2003) e (2004)7 sobre o Tráfico de Órgãos na Europa[128], bem como das Recomendações Rec(2003)12 sobre os Registos da Dação de Órgãos e Rec(2006)16 sobre os Programas de Melhoria da Qualidade da Dação de Órgãos[129].

Uma das formas de ultrapassar essa falta de órgãos e tecidos para transplante são as xenotransplantações *i.e.*, as "transplantações, para o homem, de órgãos, tecidos ou células de animais não humanos"[130]. Constituem, portanto, uma forma de transplantação entre espécies, uma vez que se procede à colheita de células, tecidos e órgãos em animais não humanos, para os transplantar em animais humanos.

A ideia de transplantar órgãos e tecidos de organismos de uma espécie para os de outra não é nova, encontrando raízes no pensamento mitológico, nomeadamente grego.

As primeiras tentativas conhecidas de xenotransplantação datam do século XVIII e traduziram-se no transplante de córneas de gatos e de cães para pessoas invisuais[131]. Também são conhecidas experiên-

---

for Sale by Owner, Human Organs, Transplantation and the Market, Washington: Georgetown University Press, pp. 72 e ss.

[127] *Vid.*, na matéria, McCARRICK, Pat Milmoe (1995), "Organ Transplant Allocation", *Kennedy Institute of Ethics Journal*, vol. 5, n.º 4, Dezembro 1995, Baltimore: Johns Hopkins University Press, pp. 365 e ss., e SIMÕES, Jorge (2004), *Retrato Político da Saúde, Dependência do Percurso e Inovação em Saúde: Da Ideologia ao Desempenho*, Coimbra: Almedina, pp. 138-139.

[128] Adoptadas, respectivamente, pela Assembleia Parlamentar do Conselho da Europa em 25 de Junho de 2003 e pelo Comité de Ministros em 19 de Maio de 2004. Cf., sobre este problema, CASTRO, Leonardo (2003), "Transplantes: Altruísmo e Reciprocidade" in *Bioética: Poder e Injustiça* (coord.: Volnei Garrafa e Leo Pessini), São Paulo: Sociedade Brasileira de Bioética, Centro Univesitário São Camilo e Edições Loyola, pp. 427 e ss.

[129] Adoptadas pela Comité de Ministros em 19 de Junho de 2003 e em 8 de Novembro de 2006.

[130] ARCHER, Luís (1998), "Transplantações do Animal para o Homem", *Brotéria*, Maio /Junho de 1998, Lisboa, p. 601.

[131] Cf. CONSEIL SUISSE DE LA SCIENCE (1998), "Xénotransplantation – Examinée sous Toutes les Coutures", *Technology Assessment*, n.º 30a/1998, Bern, p. 13.

cias realizadas no início do século XX, de transplante de rins de coelho, de porco e de cabra para doentes que sofriam de insuficiência renal. Todos morreram num curto período de tempo[132].

Na década de sessenta, renasceu o interesse dos investigadores na xenotransplantação, atentos os enormes progressos verificados na alotransplantação, tendo ocorrido, desde então, diversas tentativas de transplantar órgãos de origem animal em seres humanos. Assim, em 1964, um paciente sobreviveu nove meses à transplantação de um rim de chimpanzé e, em 1992, um doente recebeu o fígado de um macaco africano, tendo sobrevivido setenta dias. Em 1968 um paciente recebeu um coração de carneiro e teve morte imediata, o mesmo tendo sucedido a outro paciente que recebeu, em 1992, um coração de porco. O caso mais divulgado de xenotransplantação foi, no entanto, o do BABY FAE: em 1984, no LOMA LINDA HOSPITAL, LEONARD BAILEY transplantou o coração de um macaco africano para um bebé de duas semanas de idade, que veio a falecer, vinte dias depois devido à destruição, pelos seus anticorpos e glóbulos brancos, do coração transplantado.

A quase totalidade dos xenotransplantes de órgãos até agora realizados teve, pois, como consequência a morte do paciente nos minutos, horas ou dias seguintes à intervenção cirúrgica. Maior sucesso têm tido, no entanto, os xenotransplantes de tecidos e de células. Com efeito, o primeiro xenotransplante de válvulas de coração de porco para um ser humano realizou-se em 1964 e constitui actualmente um procedimento de cirurgia cardíaca de rotina. Também têm sido efectuados xenotransplantes de pele de porco para o tratamento de grandes queimados, de células pancreáticas porcinas para o tratamento de diabéticos e de tecido neural fetal de porco para pessoas que sofrem da doença de *Parkinson*[133].

---

[132] *Vid.* PALCA, Joseph (1995), "Animal Organs for Human Patients?", *Hastings Center Report*, vol. 25, n.º 5, September-October 1995, p. 4, e DEGOS, Laurent (1994), *Los Transplantes de Órganos* (trad. do original francês de 1994 por Gabriela Mistral), Madrid: Editorial Debate, pp. 20-21.

[133] Cf. ARCHER, Luís (1998), p. 603; NUFFIELD COUNCIL ON BIOETHICS (1996), *Animal--to-Human Transplants, the Ethics of Xenotransplantation*, Nuffield Council on Bioethics: London, pp. 26-27, e PENCE, Gregory E. (2004), *Classical Cases in Medical Ethics*, 4.ª ed., New York: McGraw-Hill, pp. 345 e ss.

Quais são as principais vantagens e desvantagens normalmente associadas à xenotransplantação?

2. Os Benefícios Previsíveis da Xenotransplantação

Vários são os benefícios que podem decorrer da xenotransplantação para as pessoas que se encontram em determinadas situações de doença crónica e aguda. Desde logo, para as que necessitam, com urgência, de um órgão transplantado e que aguardam, em lista de espera, que apareça um dador. Os xenotransplantes podem, assim, permitir salvar pessoas que actualmente morrem porque, como referimos, o número de órgãos disponível para transplante não permite realizar todos os transplantes que se revelam clinicamente indicados. Neste sentido no relatório sobre xenotransplantação, elaborado pelo CONSEIL SUISSE DE LA SCIENCE, em 1998, sublinha-se que "a esperança de, um dia, colmatar a falta de órgãos que se faz sentir, para transplante em seres humanos (...), constitui o principal motor que faz progredir a investigação em matéria de xenotransplantação"[134].

A produção de animais transgénicos para servirem de "animais fonte"[135] para xenotransplantes permitirá, aliás, aceder a um *stock* ilimitado de órgãos, que estarão disponíveis no exacto momento em que for conveniente realizar o transplante do órgão, tecido ou células do animal[136] para o ser humano. Isto ao contrário do que actualmente acontece: por exemplo, só excepcionalmente é legalmente admissível a dádiva em vida de tecidos e órgãos não regeneráveis[137], o que

---

[134] CONSEIL SUISSE DE LA SCIENCE (1998), p. 15.

[135] No sentido dado a esta expressão (*source animal*, no original inglês) pelo NUFFIELD COUNCIL ON BIOETHICS: "um animal do qual são extraídos órgãos ou tecidos para xenotransplantação no ser humano". A expressão "animal fonte" é usada em vez da expressão "animal dador" (*"donor animal"* no original inglês) porque o "animal não tem opção quanto ao facto de os seus órgãos ou tecidos serem ou não colhidos para uso humano". Cf. NUFFIELD COUNCIL ON BIOETHICS (1996), pp. 11 e 141.

[136] Utilizamos o termo "animal" para designar os animais que não os humanos.

[137] Cf., no que concerne a Portugal, o art. 6.º da Lei n.º 12/93, de 22 de Abril, na redacção que lhe foi dada pela Lei n.º 22/2007, de 29 de Junho, que transpõe parcialmente para a ordem jurídica nacional a Directiva n.º 2004/23/CE, do Parlamento Europeu e do Conselho, de 31 de Março, alterando a Lei n.º 12/93, de 22 de Abril, relativa à colheita e

limita a oferta destes. De igual modo, no que concerne à colheita de órgãos em cadáveres, estes apenas podem ser utilizados para transplantação durante um curto período após a morte do dador, o que implica que as equipas responsáveis pela sua realização tenham de estar permanentemente operacionais[138] e impede que o paciente se possa preparar com antecedência para a intervenção cirúrgica a realizar.

O recurso à xenotransplantação, para além de tornar a transplantação um serviço mais fácil de organizar e de prestar, o que poderá permitir uma redução nos custos, oferecerá a vantagem de se poder recorrer aos xeno-órgãos como "pontes" enquanto não for encontrado um órgão de origem humana para um transplante permanente, ou para efectuar um novo transplante em pacientes que já receberam um órgão se, por qualquer motivo, o seu sistema imunitário o rejeitou, aumentando assim a esperança de vida destes. Ou, ainda, de permitir realizar um transplante a pacientes que não são normalmente elegíveis (por exemplo, pela idade avançada ou pela ulterior previsível má qualidade de vida), para a realização de um alotransplante.

Para além de configurarem uma forma adicional de satisfazer a procura de órgãos e tecidos, os xenotransplantes têm despertado

---

transplante de órgãos e tecidos de origem humana. No que respeita às soluções adoptadas na matéria por outros países europeus, vid. LIMA, Madalena (1996), *Transplantes, Relevância Jurídico-Penal (Legislação Actual)*, Coimbra: Livraria Almedina, pp. 93 e ss.

[138] No nosso País foram criados em diversos hospitais, com o objectivo de tornar mais eficaz a actividade de colheita e de transplantação de órgãos, por Despacho do Secretário de Estado da Saúde de 20 de Outubro de 1993, alterado pelo Despacho do Ministro da Saúde de 28 de Setembro de 1994, os gabinetes de coordenação de colheita de órgãos e transplantação, aos quais compete, nomeadamente, "estabelecer normas de articulação entre si com vista a uma eficiente colheita de órgãos para transplantação, bem como o atempado transporte dos órgãos ou das equipas de colheita". Estes gabinetes integravam, inicialmente, a ORGANIZAÇÃO PORTUGUESA DA TRANSPLANTAÇÃO (criada pelo Despacho da Ministra da Saúde n.º 257/96, de 13 de Agosto), à qual competia acompanhar e avaliar toda a actividade de transplantação em Portugal, bem como promover, em colaboração com os serviços e organismos do Ministério da Saúde, as condições necessárias para uma eficaz organização das actividades de colheita e transplantação de órgãos e tecidos. A esta entidade sucedeu a AUTORIDADE PARA OS SERVIÇOS DE SANGUE E DA TRANSPLANTAÇÃO (ASST), criada pelo Decreto-Lei n.º 212/2006, de 27 de Outubro, Lei Orgânica do Ministério da Saúde, e regulamentada pelo Decreto Regulamentar n.º 67/2007, de 29 de Maio. De acordo com o disposto no art. 2.º deste diploma, a ASST tem por missão garantir, a nível nacional, "a qualidade da dádiva, colheita, análise, manipulação, preservação, armazenamento e distribuição de órgãos, tecidos e células de origem humana".

grande interesse nos investigadores pelo facto de as células e tecidos de origem animal poderem contribuir, como aludido, para a cura de doenças para as quais não existe, actualmente, uma intervenção terapêutica eficaz (como a doença de *Huntington*, ou a doença de *Parkinson*), ou como forma alternativa de tratamento de doenças como a diabetes.

Refere-se ainda, e por fim, poder a xenotransplantação trazer um sentimento de alívio aos pacientes que não terão mais de viver a saber que devem a sua própria vida à morte de um outro ser humano, uma vez que os estudos realizados na matéria revelam que alguns receptores de alotransplantes se ressentem do facto de serem portadores de um órgão colhido de uma pessoa que faleceu. Afigura-se assim que, como afirma a Organização Mundial de Saúde (oms), no relatório sobre xenotransplantação, apresentado em Genebra, em Outubro de 1997, o recurso à xenotransplantação "oferece o potencial de contribuir para aliviar o sofrimento e melhorar a saúde humana no mundo"[139].

3. Os Riscos Previsíveis da Xenotransplantação

A xenotransplantação, tal como qualquer outra grande inovação, pode ter um largo espectro de efeitos imprevisíveis, pelo que os primeiros receptores de xenotransplantes terão de enfrentar um futuro muito incerto. Embora seja impossível prever com exactidão quais serão as consequências decorrentes da realização dos xenotransplantes, são conhecidos alguns dos riscos inerentes à sua eventual realização, como seja, desde logo, o da rejeição do xenotransplante.

A "rejeição é um fenómeno comandado por dois tipos de glóbulos brancos (linfócitos B e T) que defendem o organismo de elementos estranhos que o invadam"[140] e pode ocorrer mesmo na alotransplantação, uma vez que o sistema imunitário do receptor tende a rejeitar o órgão transplantado, que encara como estranho. Com vista a prevenir esta rejeição que pode ser relativamente lenta e de-

---

[139] World Health Organization (1998) *Report of WHO Consultation on Xenotransplantation*, Genebra: World Health Organization, p. 1.

[140] Archer, Luís (1998), p. 603.

morar semanas a causar a morte do órgão transplantado, procura-se assegurar a maior histocompatibilidade possível entre dador e receptor, embora seja quase impossível obter uma combinação perfeita de tecidos entre dois indivíduos, excepto no caso dos gémeos monozigóticos. Outro modo de contrariar esta rejeição é pela administração ao receptor de medicamentos imunosupressores que suprimam a reacção do sistema imunitário enquanto o órgão ou tecido transplantado não comece a funcionar devidamente, tornando o receptor incapaz de se defender contra toda a infecção.

Muito mais difícil será prevenir a rejeição de órgãos e tecidos de animais que forem transplantados para o ser humano, uma vez que a resposta do sistema imunitário humano a órgãos e tecidos colhidos em animais de espécies diferentes tenderá a ser mais intensa, por força da maior disparidade imunológica entre dador e receptor. Os xenotransplantes poderão, assim, ser rejeitados por um mecanismo de resposta hiperagudo, que causará a morte do tecido em minutos ou horas. Uma das formas de impedir esta reacção imunológica será utilizar como "animais fonte" animais muito próximos, do ponto de vista do parentesco filogenético, do homem, como sejam os primatas não humanos. Isto atento o facto de que quanto mais proximamente relacionadas forem duas espécies, mais antigenes elas terão em comum e mais fraca será a resposta do sistema imunitário do receptor, pelo que menor será também a probabilidade de rejeição do órgão transplantado. Tal justifica que a maioria dos ensaios clínicos de xenotransplantação já realizados tenha utilizado como "animais fonte" primatas[141] cujo património genético é muito próximo do do homem, pelo que a resposta imunitária quando um ser humano recebe um xenotransplante de um primata é em larga medida semelhante à resposta que seria dada a um órgão colhido num dador humano que fosse pouco compatível. Deste modo, a rejeição do órgão ou tecido animal poderá ser prevenida através da administração de medicamentos imunosupressores, embora com menos êxito do que acontece com essa administração em alotransplantes.

Têm, no entanto, sido formuladas objecções de natureza ética e jurídica, no que concerne ao uso de primatas não humanos como

---

[141] Utilizamos a palavra "primatas" para designar os primatas não humanos.

dadores para xenotransplantes no homem, nomeadamente a de esse uso poder contribuir para a extinção de algumas espécies, por exemplo, a dos chimpanzés. Neste sentido no aludido relatório do CONSEIL SUISSE DE LA SCIENCE afirma-se que: "como os primatas superiores se encontram em risco de extinção e apresentam uma elevada capacidade de percepção e de sofrimento, os investigadores tendem a não aceitar o recurso em grande escala a este irmão filogenético do homem para a realização de xenotransplantes"[142].

Estas razões têm, aliás, contribuído para que os investigadores tendam, actualmente, a eleger como "animais fonte" para xenotransplantação os porcos. O porco oferece igualmente a vantagem de apresentar um tamanho comparável dos seus órgãos e outras semelhanças anatómicas gerais com os humanos. Acresce, ainda, o facto de a sua utilização para efeitos de colheita de órgãos e de tecidos ser eticamente menos controversa, uma vez que o uso do porco como animal doméstico que é criado e comido há muito ter sido aceite.

No entanto, e como LUÍS ARCHER refere, "apesar dos bons resultados com células e tecidos, a xenotransplantação de órgãos de origem porcina apresenta a dificuldade duma rejeição do órgão transplantado, que é muito mais violenta do que no caso de um órgão humano ou mesmo no de um outro primata", sendo esta rejeição "do tipo chamado hiperagudo"[143]. Sendo esta rejeição de tal forma violenta, não é possível controlá-la pela administração de medicamentos imunosupressores, pelo que, para a prevenir, têm sido produzidos porcos geneticamente modificados, nos quais são introduzidos genes humanos, para servirem de "animais fonte" para xenotransplantes.

Para além de ser necessário resolver problemas de rejeição imunológica, a xenotransplantação suscita igualmente a questão de saber se o órgão animal será capaz de desempenhar as funções que um órgão humano saudável desempenha, quer a curto, quer a longo prazo. Por exemplo e como salienta o NUFFIELD COUNCIL ON BIOETHICS, "as proteínas produzidas pelo fígado de um animal poderão ser incompatíveis de um ponto de vista funcional, com as do receptor humano", uma vez que existem grandes diferenças fisiológicas entre

---

[142] CONSEIL SUISSE DE LA SCIENCE (1998), p. 17.
[143] ARCHER, Luís (1998), p. 603.

o porco e o ser humano. Há, também, diferenças no que se refere à esperança de vida, que no porco é apenas de vinte anos à nascença, o que leva o aludido conselho a perguntar: "envelhecerá o órgão de porco transplantado mais rapidamente do que o receptor humano? Se assim for, isso poderá implicar que se realizem sucessivos transplantes ao longo da vida do receptor"[144].

Estas diferenças fisiológicas também existem entre os outros primatas e o homem. Basta atentar em que um macaco africano adulto pesa somente vinte e dois a trinta kilogramas – menos de metade do peso médio de um ser humano adulto – e os seus órgãos são proporcionalmente menores do que os órgãos humanos, pelo que dificilmente o seu coração teria suficiente capacidade para bombear o sangue por todo o corpo de um adulto humano. Não é pois, muito previsível qual será o funcionamento de um órgão colhido de um animal no organismo humano.

A realização de xenotransplantes envolverá, ainda, o grave risco da transmissão de doenças infecciosas do "animal fonte" para o receptor do xenotransplante e de alastrar deste à sua família e conhecidos, bem como a subsequente difusão para a população em geral, podendo originar epidemias ou, mesmo, pandemias. Como é conhecido, a transmissão de doenças entre espécies é possível, como acontece, nomeadamente, com a brucelose ou a raiva, que são "zoonoses". Acresce ainda que novas doenças infecciosas do homem, como a SIDA ou uma variante da doença de *Creutzfeld-Jacob*, se deveram provavelmente ao facto de agentes patológicos terem sido transmitidos do animal para o homem. Este é, aliás, o principal motivo pelo qual o uso de órgão e tecidos de primatas não humanos para xenotransplantes em humanos se revela particularmente perigoso, uma vez que, por força da proximidade de parentesco filogenético existente entre ambas as espécies, aqueles primatas facilmente transmitirão agentes infecciosos aos seres humanos[145].

---

[144] NUFFIELD COUNCIL ON BIOETHICS (1996), p. 26.

[145] ARCHER, Luís (1998), p. 602. *Vid.*, sobre o problema da eventual transmissão dos vírus associados à sida de outros primatas superiores para o homem, GUEDES, Francisco Corrêa (1995), *Vírus, Sida e Sociedade Humana*, Lisboa: Planeta Editora e Universidade Autónoma de Lisboa, pp. 352 e ss.

A xenotransplantação envolve, portanto, o risco de um patogene que se revela inofensivo no animal causar, no receptor humano do órgão, que se encontra desprovido de defesas imunitárias, uma doença mortal, susceptível não só de o afectar, como também de pôr em risco a saúde pública. Aparece deste modo, um novo conceito, o de "xenozoonose", que alarga o conteúdo do conceito de zoonose para "incluir doenças infecciosas que não são habitualmente reconhecidas como sendo transmitidas via animal ou aquelas em que a xenotransplantação altera a patogenicidade"[146]. Os xenotransplantes trazem, assim, um risco de infecção para o receptor do órgão ou tecido de origem animal, para a sua família e mesmo para a população em geral – ou seja, criam risco para a saúde pública. Surge, assim, o problema do acompanhamento médico do receptor do xenotransplante ao longo de toda a sua vida e da sua eventual colocação em quarentena para prevenir a transmissão de xenozoonoses a terceiros.

4. O Balanço dos Benefícios e Riscos

Como referimos, uma das vias possíveis de resolver o problema da escassez de órgãos e tecidos para transplante é o recurso à xenotransplantação. Outra via possível seria o desenvolvimento de órgãos artificiais, nomeadamente mecânicos, o qual se encontra, no entanto, a décadas de ser alcançada.

Como aludimos também, os ensaios clínicos de transplante de células e tecidos de origem animal já se iniciaram há cerca de quarenta anos e alguns resultados satisfatórios têm sido alcançados. Maiores dificuldades têm suscitado os ensaios clínicos de transplantes de órgãos de origem animal, os quais, até à data, têm sido um completo fracasso do ponto de vista clínico.

No entanto, na perspectiva dos pacientes que se encontram gravemente doentes, a realização do xenotransplante pode constituir a única possibilidade de retardar a morte, pelo que muitos aceitarão participar nos aludidos ensaios clínicos. Aliás, se a xenotransplantação começar a oferecer maiores probabilidades de êxito, ela certamente

---

[146] WORLD HEALTH ORGANIZATION (1998), p. 1.

terá reflexos sobre a atitude da sociedade face à morte, oferecendo a ilusão de uma imortalidade clinicamente sustentada.

Se aplicarmos a esta questão – a da eventual admissibilidade da realização deste tipo de intervenções médicas – os princípios de ética biomédica formulados por BEAUCHAMP E CHILDRESS, chegaremos à conclusão de que, em certas situações, a xenotransplantação pode considerar-se eticamente aceitável.

O primeiro dos princípios formulados por estes Autores, o princípio da autonomia, postula que se respeite a capacidade de decisão das pessoas autónomas com base no consentimento livre e informado. O respeito por este princípio requer, deste modo, que o receptor do xenotransplante preste o seu consentimento livre e esclarecido para o efeito. E, de acordo com o determinado pelos princípios da não maleficência (que corresponde ao clássico *primum non nocere*) e da beneficência[147], cujo respeito também deve, segundo os aludidos Autores, ser assegurado em qualquer intervenção médica, o xenotransplante deverá não apenas não trazer prejuízo ao paciente como também proporcionar-lhe benefício, por exemplo, na medida em que suavize o seu sofrimento ou lhe prolongue a vida. Tal acontece, actualmente, com o xenotransplante de células e de tecidos, mas não com o de órgãos, que tem causado ao paciente o dano da morte[148].

Por fim, outro princípio que formulam é o princípio da Justiça, que definem como um conjunto de normas para distribuir os benefícios, riscos e custos equitativamente[149]. Várias são as questões que a aplicação deste princípio à xenotransplantação pode suscitar: A quem será atribuído um órgão de origem humana e a quem será

---

[147] Cf. BEAUCHAMP, Tom L., e CHILDRESS, James F. (2001), *Principles of Biomedical Ethics*, 5.ª ed., Oxford: Oxford University Press, pp. 57, 113 e 165 e ss.

[148] É este o principal motivo aduzido por vários governos (nomeadamente o do Reino Unido, em 1997) para a introdução de uma moratória em matéria de ensaios clínicos deste tipo de xenotransplantes. Alguns Autores, no entanto, salientando ser conveniente não suspender ou interditar este tipo de ensaios clínicos afirmam que "se tivéssemos dado ouvidos às palavras de alarme proferidas no início dos ensaios clínicos de alotransplantes não teríamos chegado onde estamos hoje". Cf. HANSON, Mark J. (1995), "The Seductive Sirens of Medical Progress: The Case of Xenotransplantation", *Hasting Center Report*, vol. 25, n.º 5, Setembro / Outubro de 1995, p. 6.

[149] BEAUCHAMP, Tom L. e CHILDRESS, James F. (2001), pp. 225 e ss.

atribuído um órgão de origem animal[150]? Quem serão os primeiros pacientes a receber um xenotransplante[151]? O paciente que recusar receber um órgão de origem animal deverá ser elegível para a atribuição de um órgão humano exactamente da mesma forma que antes da sua recusa?

A análise risco/benefício em matéria de xenotransplantação supõe ainda que se pese o eventual benefício para o paciente individualmente considerado face ao eventual risco para a sociedade em geral, decorrente, por exemplo, da propagação de uma xenozoonose. Surge, assim, o problema de saber qual o papel da sociedade – e, logo, do Direito – na decisão a tomar sobre a introdução ou não introdução dos xenotransplantes na prática clínica. Tem a sociedade no seu conjunto o direito de decidir, face aos riscos existentes para a saúde pública? Atenta a importância dos bens jurídicos em causa (a vida e a integridade física e moral dos cidadãos) parece-nos que a resposta não poderá deixar de ser afirmativa.

5. O Enquadramento Jurídico Internacional dos Xenotransplantes

A abordagem por parte da comunidade internacional no que concerne à regulamentação da xenotransplantação iniciou-se com a adopção das Recomendações do Conselho da Europa n.º R (97) 15, n.º 1399 (1999) 1, e n.º (2003) 10, que constituem os mais importantes textos jurídicos específicos na matéria.

---

[150] *Vid.*, nomeadamente, na matéria, REGO, Guilhermina, MELO, Helena, DIXON, Earl, e NUNES, Rui (2004), "Xenotransplante de Fígado de Porco Transgénico" *in Bioética para as Ciências Naturais* (coord.: Humberto D. Rosa), Lisboa: Fundação Luso-Americana para o Desenvolvimento, pp. 333-334.

[151] Segundo A. L. CAPLAN a resposta a esta questão é: "Talvez os adultos que de outro modo não fossem elegíveis, de acordo com os critérios de exclusão existentes, para um transplante e que enfrentassem a morte iminente, ou os doentes em estado terminal que voluntariamente aceitassem participar num ensaio clínico desta natureza, ou as pessoas em morte cerebral, ou os que necessitassem de um segundo ou terceiro transplante, quando a escassez de órgãos e a prognose tornassem pouco provável que fossem receptores de outro órgão de origem humana". Cf. CAPLAN, A. L. (1999), "Is Xenografting Morally Wrong?", *in Bioethics, An Anthology* (coord.: KUHSE, Helga, e SINGER, Peter), Oxford: Blackwell Publishers, p. 409, e MELO, Helena, BRANDÃO, Cristina, REGO, Guilhermina, e NUNES, Rui (2001), "Ethical and Legal Issues in Xenotransplantation", *Bioethics*, vol. 15, n.º 5/6, 2001, Oxford, pp. 427-442.

O Comité de Ministros do Conselho da Europa adoptou, em 30 de Setembro de 1997, a Recomendação n.º R (97) 15 sobre xenotransplantação[152], que define xenotransplantação como "o uso de órgãos, tecidos e/ou células vivos colhidos de animais geneticamente modificados ou não, para transplantação em humanos". Tendo em consideração que a xenotransplantação se pode tornar numa intervenção terapêutica realizável a curto prazo e que existem riscos de transmissão de doenças em consequência da sua realização, o Conselho da Europa encoraja, através desta Recomendação, os Governos dos Estados membros, a instituírem um mecanismo de registo e de regulamentação de diversos dados relativos à xenotransplantação. São eles: os programas de xenotransplantação em curso em cada país; a investigação básica e os ensaios clínicos a decorrerem na área da xenotransplantação; a produção e o tratamento dos animais que irão ser usados como "animais fonte" para os xenotransplantes e, ainda, o seguimento a longo prazo quer do receptor do xenotransplante quer dos animais de onde foram colhidos as células, órgãos ou tecidos. Através deste controlo dos projectos de investigação em curso nesta área pretende-se prevenir a existência de *xeno-havens*, dirigidos por cirurgiões menos cuidadosos, que permitissem que vírus fossem transmitidos dos animais para a população humana[153].

Na segunda recomendação aludida, a Recomendação n.º 1399 (1999) 1 sobre xenotransplantação, adoptada pela Assembleia Parlamentar do Conselho da Europa cerca de dois anos mais tarde, em 29 de Janeiro de 1999, sugere-se que seja rapidamente introduzida em todos os Estados-membros do Conselho da Europa uma moratória legalmente vinculativa no que concerne aos ensaios clínicos de xenotransplanação e que sejam desenvolvidos esforços no sentido de a

---

[152] Publ., por exemplo, *in* ORGANISATION FOR ECONOMIC CO-OPERATION AND DEVELOPMENT (1999), *Xenotransplantation, International Policy Issues*, Paris: OECD Publications, p. 87.

[153] *Vid*., na material, PLATTNER, Gian-Reto (1999), "Xenotransplantation" *in International Conference of the Council of Europe on Ethical Issues Arising from the Application of Biotechnology, Oviedo (Spain), 16-19 May 1999*, Strasbourg: Council of Europe, pp. 30-31, e MELO, Helena Pereira de, e SIMON, Jürgen (2002), "Regulación del Xenotrasplante a Nível Internacional y Supranacional" *in Los Xenotrasplantes, Aspectos Científicos, Éticos y Jurídicos* (coord.: Carlos María Romeo Casabona), Granada: Editorial Comares, pp. 109 e ss.

converter num acordo jurídico de âmbito mundial. Subjacente a esta Recomendação encontra-se, pois, a consciência de que os aludidos riscos de ocorrerem problemas de rejeição dos xenotransplantes são ainda incontroláveis, como também o são os de transmissão de retrovírus e de priões dos animais para os receptores dos xenotransplantes e destes para a população em geral, causando pandemias[154]. Por este último motivo, a Recomendação refere que os riscos para a saúde devem ser ponderados face aos benefícios esperados da realização do xenotransplante, devendo ser adoptadas medidas que tendam a eliminar esses riscos.

Esta Recomendação sublinha, ainda, que se colocam sérias questões de natureza médica, ética, científica e social que devem ser conjuntamente analisadas pelo EUROPEAN HEALTH COMMITTEE, pelo STEERING COMMITTEE ON BIOETHICS e pela OMS antes de quaisquer ensaios clínicos de xenotransplantação em seres humanos se iniciarem.

Idênticas conclusões foram delineadas pela OMS no aludido Relatório sobre Xenotransplantação, no qual sugere que: sejam adoptadas medidas para minimizar o risco do aparecimento de xenozoonoses e para maximizar a segurança no que concerne ao potencial uso desta nova tecnologia; seja realizado um debate público para averiguar se existe aceitação pública da xenotransplantação; o uso de animais geneticamente modificados como "animais fonte" para xenotransplantes apenas seja considerado aceitável se a dignidade e a identidade dos humanos for respeitada, a saúde humana defendida e o bem-estar animal for devidamente tido em consideração[155]. O Relatório chama, ainda, a atenção para a economia da xenotransplantação, salientando deverem ser feitas estimativas sobre os custos e os bene-

---

[154] Existe no Conselho da Europa um comité chamado *Working Party on Xenotransplantation*, composto por doze membros, designados pelo *Steering Committee on Bioethics*, pelo *European Health Committee* e pela *Multilateral Consultation of the Parties to the European Convention for the Protection of Vertebrate Animals Used for Experimental and Other Scientific Purposes*. Este grupo de trabalho foi constituído para proceder à análise dos progressos ocorridos no domínio da xenotransplantação nos Estados membros e noutros estados, bem como das implicações da xenotransplantação para os Estados membros, no que concerne, nomeadamente, ao respeito pelos princípios éticos e jurídicos, à protecção da segurança e da qualidade no que concerne à xenotransplantação, quer a curto quer a longo prazo.

[155] WORLD HEALTH ORGANIZATION (1998a), p. 10.

fícios decorrentes da xenotransplantação, quer na óptica do receptor do xenotransplante, quer na do sistema de saúde de cada país.

Estas posições foram retomadas, no ano seguinte, no documento da OMS intitulado *Xenotransplantation: Guidance on Infectious Disease Prevention and Management*, onde se sublinha deverem "ser adoptadas medidas concebidas para minimizar o risco antes de os problemas surgirem", bem como que "enquanto não existir um mecanismo de defesa dos indivíduos e das populações face aos potenciais riscos adversos da xenotransplantação, pode considerar-se que os riscos emergentes desta tecnologia para a população em geral excedem os seus benefícios"[156]. Foram, ainda, reafirmadas em 2001, no *WHO Guidance on Xenogeneic Infection /Disease Surveillance and Response*[157].

A aludida moratória foi levantada pela Recomendação (2003) 10 sobre Xenotransplantação, adoptada pelo Comité de Ministros em 19 de Junho de 2003, com os objectivos fundamentais de, uma vez mais, proteger a saúde pública, os pacientes, as pessoas que lhes são próximas e os profissionais que realizam os xenotransplantes no curto e longo prazo e, ainda, assegurar a adequada protecção dos "animais fonte". Os ensaios clínicos de xenotransplantação apenas devem ser autorizados se for muito provável não existir risco para a saúde pública (nomeadamente de transmissão de zoonoses e de xenozoonoses), e que deles emergirá um benefício terapêutico. No que concerne aos "animais fonte" prevê-se que apenas sejam utilizados animais especificamente criados para o efeito e que não o sejam primatas não humanos[158]. A preocupação com a saúde e o bem-estar

---

[156] WORLD HEALTH ORGANIZATION (1998), *Xenotransplantation: Guidance on Infectious Disease Prevention and Management*, WHO/EMC/ZOO/98.1, p. 13. Este documento encontra-se disponível em: http://www.who.int/emc

[157] WORLD HEALTH ORGANISATION (2001), *WHO Guidance on Xenogeneic Infection / Disease Surveillance and Response: A Strategy for International Cooperation and Coordination*, WHO/CDS/EPH/2001.2, disponível em: http://www.who.int/emc

[158] Os motivos aduzidos para que não o sejam são, como se afirma no Relatório Explicativo desta Recomendação, o maior risco de transmissão de zoonoses atenta a proximidade filogenética com os humanos e as questões éticas emergentes da sua utilização. Cf. STEERING COMMITTEE ON BIOETHICS (2003), *Explanatory Report to the Recommendation Rec. (2003) 10 of the Committee of Ministers to Member States on Xenotransplantation*, Strasbourg: Council of Europe, p. 14. Este documento encontra-se disponível em: http://www.coe.int

dos animais de que são colhidos órgãos e tecidos implica igualmente que lhes seja administrada uma terapêutica analgésica adequada para que seja minimizado o seu sofrimento e dor.

6. O Enquadramento Jurídico Internacional das Xenozoonoses

Um dos maiores riscos da xenotransplantação é, pois, o do aparecimento e subsequente propagação de novas doenças, as "xenozoonoses", que são doenças de que ainda nenhum ser humano sofreu até à data, causadas por novas mutações que podem ocorrer quando vírus de diferentes espécies se recombinam. Estas novas doenças infecciosas poderão ser transmitidas do "animal fonte" para o ser humano que receber o xenotransplante e deste alastrar aos seus conhecidos e à população em geral, originando, como referido, pandemias. Por isso, é importante assegurar não apenas que os animais nos quais são colhidos os tecidos e órgãos para xenotransplantes se encontram, tanto quanto possível, libertos de organismos infecciosos, como também que os receptores desses xenotransplantes que tenham contraído doenças até então desconhecidas não as propaguem para os outros membros da comunidade. Deste modo, o controlo das doenças transmissíveis que podem ser originadas pela xenotransplantação requer que sejam adoptadas medidas que assegurem uma estreita e eficaz cooperação internacional neste domínio.

A adopção da Directiva 92/117/CEE do Conselho, de 17 de Dezembro, relativa às medidas de protecção contra zoonoses e certos agentes zoonóticos em animais e produtos de origem animal a fim de evitar focos de infecção e de intoxicação alimentar, representou um primeiro passo na direcção desta cooperação a nível internacional, uma vez que veio a estabelecer disposições relativas à recolha de informações sobre zoonoses, sobre agentes zoonóticos e sobre as medidas a adoptar nesse domínio a nível dos Estados-membros e da União Europeia. Constituiu igualmente um sistema de recolha e de comunicação por parte dos Estados-membros à Comissão Europeia, de informações sobre determinados agentes zoonóticos e zoonoses, como sejam a brucelose e a toxoplasmose. Determinou ainda que a Comissão Europeia acompanharia a evolução da situação das zoonoses na União Europeia, pelo que se uma infecção fosse transmitida de um animal para um indivíduo que tenha recebido um xeno-órgão e propagada deste para a generalidade da população, a Comissão teria de levar a cabo estudos específicos, em particular sobre os processos de diagnóstico e as medidas de controlo da xenozoonose em presença. Esta Directiva foi revogada pela Directiva 2003/99/CE do Parlamento Europeu e do Conselho, de 17 de Novembro[159], que melhorou os sistemas de vigilância e de recolha de dados estabelecidos pela anterior Directiva.

Outro passo no sentido de uma cooperação e coordenação entre os Estados-membros da União Europeia neste domínio foi a adopção, pelo legislador da União Europeia, da Decisão n.º 2119/98/CE do Parlamento Europeu e do Conselho, de 24 de Setembro, que institui uma rede de vigilância epidemiológica e de controlo das doenças transmissíveis na Comunidade[160].

O objectivo desta decisão foi o de instituir uma rede a nível comunitário, a fim de melhorar a prevenção e o controlo na União Europeia das doenças transmissíveis enumeradas no seu anexo. Pretendeu-se, pois, estabelecer um sistema de cooperação entre os Estados-membros, no domínio da vigilância epidemiológica, da prevenção e do controlo, na União Europeia, de determinadas categorias de doenças transmissíveis. Pelo menos algumas das doenças transmissíveis contraídas em consequência da realização da xenotransplantação encontram-se abrangidas pelas disposições desta decisão, uma

---

[159] É de referir que, de acordo com o disposto no art. 2.º da Directiva 2003/99/CE do Parlamento Europeu e do Conselho de 17 de Novembro de 2003 relativa à Vigilância das Zoonoses e dos Agentes Zoonóticos, que altera a Decisão 90/424/CEE do Conselho e revoga a Directiva 92/117/CEE do Conselho, se entende por "zoonose" "qualquer doença e/ou qualquer infecção naturalmente transmissível directa ou indirectamente entre os animais e o homem" e por "agente zoonótico" "qualquer vírus, bactéria, fungo, parasita ou outra entidade biológica susceptível de provocar uma zoonose".

[160] Para facilitar a integração desta rede comunitária noutras redes de alerta rápido instituídas aos níveis nacional ou comunitário, foi adoptada a Decisão da Comissão n.º 2000/57/CE, de 22 de Dezembro de 1999, relativa ao Sistema de Alerta Rápido e de Resposta, para a Prevenção e Controlo das Doenças Transmissíveis em Aplicação da Decisão n.º 2119/98/CE do Parlamento Europeu e do Conselho. Vid., sobre este ponto, MELO, Helena Pereira de (2005), *Implicações Jurídicas do Projecto do Genoma Humano: Constituirá a Discriminação Genética Uma Nova Forma de Apartheid?*, t. IV, Lisboa: ed. policopiada, pp. 1096 e ss.

vez que esta se aplica a "doenças transmissíveis por agentes não convencionais" e a "doença epidémica grave ainda não classificada"[161].

Como a decisão em questão determina que os Estados-membros (e entre eles, Portugal[162]) informarão os outros Estados-membros e a Comissão, através da rede comunitária, sobre a natureza e o alcance das medidas que tencionem adoptar para dar resposta ao aparecimento de doenças transmissíveis, se uma doença for transmitida do "animal fonte" para o receptor do xenotransplante e alastrar deste para a população em geral, o Estado-membro terá de comunicar tal ocorrência à rede comunitária.

O bem jurídico protegido com estas normas comunitárias é fundamentalmente a saúde pública dado que a propagação de uma zoonose é susceptível de criar perigo para a vida e para a integridade física de uma multiplicidade de pessoas, de criar perigo para a sociedade considerada no seu conjunto.

---

[161] Cf. o Anexo ("Lista Indicativa das Categorias de Doenças Transmissíveis") da Decisão n.º 2119/98/CE do Parlamento Europeu e do Conselho, de 24 de Setembro. Sobre a participação financeira da Comunidade no reembolso das despesas efectuadas pelos Estados-membros nas acções de controlo com vista à prevenção de zoonoses *vid.* a Decisão da Comissão n.º 2006/875/CE de 30 de Novembro de 2006, que aprova os Programas de Erradicação e Vigilância de Doenças dos Animais, de Certas ETT e de Prevenção de Zoonoses, Apresentados pelos Estados membros para 2007, com as alterações que lhe foram introduzidas pela Decisão da Comissão, de 22 de Dezembro de 2006.

[162] A Directiva 2003/99/CE do Parlamento Europeu e do Conselho, de 17 de Novembro de 2003, foi transposta para a ordem jurídica nacional pelo Decreto-Lei n.º 193/2004, de 17 de Agosto. A autoridade competente, a nível nacional, para recolher os dados que permitam avaliar os riscos readicionados com as zoonoses e os agentes zoonóticos é a Direcção-Geral de Veterinária. Salientamos ainda que o Código Penal aprovado pelo Decreto-Lei n.º 400/82, de 23 de Setembro, pune, no artigo 283.º, com pena de prisão ou com pena de multa, a propagação de doenças contagiosas. Ao referir-se a doença contagiosa, este tipo de crime abrange, segundo J. M. DAMIÃO DA CUNHA, "todo o tipo de doenças (independentemente de ser necessária a sua declaração obrigatória, de serem de origem conhecida ou desconhecida) que possam ser consideradas de contágio", bem como um conjunto alargado de hipóteses de contágio, que compreende não apenas "doenças humanas, como também doenças comuns a homens ou a animais e independentemente de a fonte de contágio serem uns ou outros". O presente tipo legal abrange, portanto, a eventual propagação de uma xenozoonose. Cf. CUNHA, J. F. Damião da (1999), "Propagação de Doença, Alteração de Análise ou de Receituário", *in Comentário Conimbricense do Código Penal* (coord.: Jorge de Figueiredo Dias), t. II, Coimbra: Coimbra Editora, pp. 1008-1009.

7. A Xenotransplantação como Intervenção Sanitária

Como se afigura provável que muitos dos obstáculos biológicos à xenotransplantação sejam ultrapassados, os xenotransplantes poderão num futuro próximo revelar-se benéficos para os pacientes, e o uso desta nova tecnologia tornar-se seguro e eficaz. Neste caso talvez a xenotransplantação entre na prática clínica, passando a sua abordagem a pressupor uma análise das normas jurídicas que disciplinam a prática dos profissionais de saúde, em particular a relação médico-doente, nomeadamente as contidas na Convenção para a Protecção dos Direitos do Homem e a Biomedicina, aberta à assinatura dos Estados membros do Conselho da Europa em Oviedo, em 4 de Abril de 1997.

Esta convenção, embora defina o enquadramento jurídico da alotransplantação, regulando a colheita de órgãos e tecidos em dadores vivos para fins de transplante[163], não se refere explicitamente à questão da colheita de órgãos, tecidos e células de animais não humanos para xenotransplantação[164].

---

[163] Cf. arts 19.º e 20.º da Convenção para a Protecção dos Direitos do Homem e da Dignidade do Ser Humano face às Aplicações da Biologia e da Medicina: Convenção sobre os Direitos do Homem e a Biomedicina (adiante designada por "CDHB"). Esta convenção foi aprovada, para ratificação, pela Resolução da Assembleia da República n.º 1/2001, de 19 de Outubro de 2000, publicada no Diário da República, I Série-A, n.º 2, de 3 de Janeiro de 2001, pp. 14 e ss.

[164] De igual modo não regulam a xenotransplantação o Protocolo Adicional à CDHB sobre Transplantação de Órgãos e de Tecidos de Origem Humana, aberto à assinatura em Estrasburgo, em 24 de Janeiro de 2002; a Resolução do Conselho da Europa (78) 29 sobre a Harmonização da Legislação dos Estados-membros no que concerne à Extracção e Transplantação de Substâncias de Origem Humana, adoptada pelo Comité de Ministros em 11 de Maio de 1978; a Recomendação do Conselho da Europa n.º R (79) 5 do Comité de Ministros aos Estados-membros, sobre o transporte e o intercâmbio internacional de substâncias de origem humana, adoptada em 14 de Março de 1979, nem a Recomendação Rec(2006)4 do Comité de Ministros do Conselho da Europa aos Estados-membros sobre a investigação em materiais biológicos de origem humana, adoptada em 15 de Março de 2006. O campo de aplicação material destes textos jurídicos apenas abrange a remoção, transplante e outros usos de substâncias de origem humana. No nosso País, a Lei n.º 12/93, de 22 de Abril, também não abrange no seu campo de aplicação material, a xenotransplantação, regulando apenas, de acordo com o disposto no seu art. 1.º, os "(...) actos que tenham por objecto a dádiva ou colheita de órgãos, tecidos e células de origem humana, para fins terapêuticos ou de transplante, bem como as próprias intervenções de transplante". É interessante

No entanto, a realização de um xenotransplante numa pessoa doente sempre terá de ser qualificada como uma intervenção no domínio da saúde[165], que terá de ser praticada em conformidade com as normas jurídicas e deontológicas existentes na matéria, e no melhor interesse do paciente. Assim sendo, diversas disposições da aludida convenção serão aplicáveis em caso de xenotransplantação. Por exemplo, de acordo com o consagrado no artigo 2.º, um xenotransplante apenas poderá ser efectuado para o benefício clínico do receptor do xeno-órgão, cujos interesses e bem-estar deverão prevalecer sobre o interesse exclusivo da sociedade ou da ciência e deverá ser efectuado com uma intenção terapêutica *i.e.*, os riscos incorridos por aquele receptor não deverão ser desproporcionados face aos potenciais benefícios da intervenção.

De acordo com a regra geral que determina que uma intervenção no domínio da saúde só deve ser efectuada depois de a pessoa em questão ter prestado o seu consentimento livre e esclarecido para o efeito, cada indivíduo será titular do direito de decidir receber ou não receber um xenotransplante[166] podendo, em qualquer momento, revogar livremente o seu consentimento para o efeito. Esse consentimento só pode considerar-se esclarecido se a pessoa tiver recebido informação adequada sobre a natureza, riscos e consequências da intervenção médica em causa, bem como dos cuidados a observar ulteriormente. Assim, a existência de consentimento informado para

---

notar, em termos históricos e de Direito Comparado, que a Lei n.º 2/96/M, de 3 de Julho, do então Governo de Macau, previa a sua aplicação, com as necessárias adaptações, aos xenotransplantes.

[165] De acordo com os trabalhos preparatórios da CDHB a palavra "intervenção", para efeitos de aplicação desta convenção, abrange "todo o acto médico, em particular, as intervenções realizadas com o fim de prevenção, de diagnóstico, de terapia ou de reabilitação ou no âmbito de uma investigação". Cf. COUNCIL OF EUROPE (1997), *Explanatory Report to the Convention for the Protection of Human Rights and Dignity of the Human Being with Regard to the Application of Biology and Medicine: Convention on Human Rights and Biomedicine*, Dir/Jur (97) 5, Strasbourg: Council of Europe, p. 10.

[166] Cf. o art. 5.º da CDHB. *Vid.*, no mesmo sentido, o art. 3.º da Carta dos Direitos Fundamentais da União Europeia, solenemente proclamada pelo Parlamento Europeu, pelo Conselho e pela Comissão, em 7 de Dezembro de 2000 (adiante designada por "CDFUE"), e o art. 5.º da Declaração Universal sobre o Genoma Humano e os Direitos do Homem, adoptada pela Conferência Geral da unesco, em 11 de Novembro de 1997 (adiante designada por "DUGH").

a xenotransplantação implicará que a pessoa seja informada, por exemplo, do risco de vir a ser infectada por vírus que habitualmente não infectam os seres humanos[167].

No entanto, duvidamos se este consentimento poderá alguma vez ser considerado um consentimento "esclarecido", uma vez que a xenotransplantação envolve riscos sobre os quais muito pouco se sabe, de momento. Ou, ainda, se poderá ser considerado um consentimento "livre", atento o facto de muitos pacientes enfrentarem, como referido, um risco de morte iminente a menos que os seus órgãos sejam rapidamente substituídos, constituindo a única alternativa a uma morte a breve trecho a realização da xenotransplantação. Podemos igualmente perguntar se esse consentimento será válido no que concerne ao xenotransplante de determinados órgãos (como seja o cérebro). Parece-nos que a resposta terá de ser negativa, uma vez que tal consentimento seria ofensivo da cláusula geral dos bons costumes, bem como da eminente dignidade da pessoa humana.

8. O Enquadramento Jurídico dos "Animais Fonte"

Os textos jurídicos referidos deixam, no entanto, em aberto inúmeras questões, como seja a de como qualificar, do ponto de vista jurídico, os animais transgénicos usados na xenotransplantação. Poderão ser qualificados como "Organismos Geneticamente Modificados" (OGMs)?

Várias estratégias têm vindo a ser desenvolvidas para prevenir a rejeição por parte do organismo humano, do tecido ou órgão de origem animal, que passam quer pela alteração do receptor humano, quer pela alteração do "animal fonte", através do recurso a técnicas de engenharia genética. Por exemplo, para evitar a rejeição hiperaguda, por parte do organismo humano, de um órgão de porco, procede-se à alteração do receptor humano, "transplantando para um

---

[167] Sobre a transmissão da informação relativa ao risco viral zoonótico, *vid.* WAISSMAN, Renée (2001), *Le Don d'Organes*, Paris: Presses Universitaires de France, p. 109, e MCCARTHY, Charles R. (1996), "A New Look at Animal-to-Human Organ Transplantation", *Kennedy Institute of Ethics Journal*, vol. 6.º, n.º 2, Junho de 1996, Baltimore: Johns Hopkins University Press, p. 184.

paciente células da medula óssea do porco e inactivando as suas próprias", uma vez que "a medula óssea dá origem aos vários glóbulos sanguíneos e, portanto, especificamente determina os anticorpos e glóbulos brancos que se vão formar". Outra estratégia possível, para conseguir que o receptor humano tolere a transplantação de órgãos de origem porcina, é "transformar geneticamente o porco de modo a que os seus órgãos já não sejam sensíveis aos anticorpos humanos, ou eliminando-lhes os genes que produzem os antigénios, ou transferindo para porcos os genes humanos que sintetizam as proteínas (...) as quais inibem certos passos da reacção de rejeição"[168]. Desde a década de noventa que várias empresas produzem porcos deste tipo e prevê-se que os órgãos neles colhidos não sejam tão violentamente rejeitados pelo sistema imunitário humano, como são os colhidos em porcos cuja constituição genética não foi alterada.

Os progressos realizados na área de obtenção de órgãos para fins de xenotransplantação têm, pois, sido consideráveis, em particular no domínio das aludidas técnicas transgénicas, que implicam a transferência de genes humanos para animais não humanos de forma a facilitar a subsequente transplantação de tecidos e órgãos desses animais para os seres humanos.

Do ponto de vista ético existe consenso relativamente generalizado quanto à admissibilidade da produção destes animais transgénicos[169]. Também no plano jurídico esta solução é relativamente pacífica, sendo possível encontrar, no Direito Internacional, várias normas que se aplicarão aos animais que forem geneticamente modificados para fornecer órgãos para xenotransplantes, desde logo as contidas na legislação que regula a libertação deliberada de organismos geneticamente modificados no ambiente.

---

[168] ARCHER, Luís (1998), pp. 603 - 604. *Vid.*, ainda, na matéria, DINIZ, Maria Helena (2002), *O Estado Atual do Biodireito*, 2.ª ed. rev., São Paulo: Editora Saraiva, pp. 690 e ss.

[169] Embora se suscite a questão ética fundamental de se saber se o ser humano deve interferir com o património genético dos animais, modificando-o como lhe aprouver, com o risco de aumentar a biodiversidade pela introdução de novas espécies e de alterar os equilíbrios ecológicos existentes ou se, pelo contrário, se deve limitar a conservar a natureza. Cf. MACER, Darrly R. J (1990), *Shaping Genes: Ethics, Law and Science of Using Genetic Technology in Medicine and Agriculture*, Tsukuba: Eubios Ethics Institute, pp. 127 e ss.

A produção desses animais transgénicos na União Europeia terá, pois, que obedecer ao regime jurídico delineado na Directiva 90/219/ CEE do Conselho de 23 de Abril[170], e na Directiva 2001/18/CE do Parlamento Europeu e do Conselho de 12 de Março[171], que regulam,

---

[170] Directiva 90/219/CEE do Conselho, de 23 de Abril, relativa à utilização confinada de microrganismos geneticamente modificados. Esta Directiva foi alterada pela Directiva 94/ 51/CE da Comissão, de 7 de Novembro, que adapta ao progresso técnico a Directiva 90/ 219/CEE do Conselho, relativa à utilização confinada de micorganismos geneticamente modificados, e pela Directiva 98/81/CE do Conselho, de 26 de Outubro, que altera a Directiva 90/219/CEE, relativa à utilização confinada de organismos geneticamente modificados. Vid., ainda, a Decisão 91/448/CEE da Comissão, de 29 de Julho, relativa às directrizes para a classificação referida no artigo 4.º da Directiva 90/219/CEE, que foi alterada pela Decisão 96/134/CE da Comissão, de 16 de Janeiro; a Decisão 2000/608/CE da Comissão, de 27 de Setembro, referente às notas de orientação para a avaliação de riscos prevista no anexo III da Directiva 90/219/CEE relativa à utilização confinada de microrganismos geneticamente modificados; a Decisão n.º 2001/204/CE do Conselho de 8 de Março de 2001, que completa a Directiva 90/219/CEE no que respeita aos critérios destinados aos critérios destinados a determinar a segurança para a saúde humana e o ambiente de alguns tipos de microrganismos geneticamente modificados, e a Decisão n.º 2005/174/CE da Comissão, de 28 de Fevereiro de 2005, que estabelece notas de orientação em complemento da parte B do anexo II da Directiva 90/219/CEE do Conselho relativa à utilização confinada de microrganismos geneticamente modificados. Esta Directiva foi transposta para a ordem jurídica portuguesa pelo Decreto-Lei n.º 2/2001, de 4 de Janeiro. Vid., na matéria, LENER, Matteo (2007), "Unione Europea e OGM: Democrazia, Partecipazione e Informazione nei Processi Desionali" in Biotecnocrazia Informazione Scentifica, Agricoltura, Decisione Politica (coord.: Carlo Modonesi, Gianni Tamino e Ivan Verga), Milano: Editoriale Jaca Book, pp. 88 e ss., e TONELLI, Chiara, e VERONESI, Umberto (2007), Che Cosa Sono Gli Organismi Geneticamente Modificati, Italia: Sperling Paperback, pp. 28 e ss.

[171] Directiva 2001/18/CE do Parlamento Europeu e do Conselho, de 12 de Março, relativa à libertação deliberada no ambiente de organismos geneticamente modificados e que revoga a Directiva 90/220/CEE do Conselho. Vid., ainda, a Decisão do Conselho n.º 2002/ 811/CE, de 3 de Outubro de 2002, que estabelece notas de orientação destinadas a completar o anexo VII da Directiva 2001/18/CE do Parlamento Europeu e do Conselho relativa à libertação deliberada no ambiente de organismos geneticamente modificados e que revoga a Directiva 90/220/CEE do Conselho; a Decisão n.º 2002/812/CE do Conselho, de 3 de Outubro de 2002 que estabelece, nos termos da Directiva 2001/18/CE do Parlamento Europeu e do Conselho, o modelo de resumo das notificações relativas à colocação no mercado de organismos geneticamente modificados enquanto produtos ou componentes de produtos; a Recomendação da Comissão 2004/787/CE, de 4 de Outubro, relativa a orientações técnicas para a colheita de amostras e a detecção de organismos geneticamente modificados e de matérias produzidas a partir de organismos geneticamente modificados, enquanto produtos ou incorporados em produtos, no quadro do Regulamento (CE) n.º 1830/2003, e o Regulamento (CE) n.º 1946/2003 do Parlamento Europeu e do Conselho de 15 de Julho de 2003,

respectivamente, a utilização confinada de microrganismos geneticamente modificados e a libertação deliberada no ambiente de organismos geneticamente modificados.

Como através das técnicas de engenharia genética é possível construir microrganismos que passam a sintetizar, mais economicamente e em quantidades ilimitadas, uma variedade de produtos de interesse comercial, a primeira destas Directivas estabelece medidas pelas quais se rege a utilização confinada de microrganismos geneticamente modificados, com o objectivo de proteger a saúde humana e o ambiente[172].

Por sua vez, a segunda das aludidas Directivas, a Directiva do Conselho n.º 2001/18/CE, de 12 de Março, tem igualmente por objectivo a protecção da saúde humana e do ambiente, através da aproximação das disposições jurídicas dos Estados-membros no que concerne às libertações deliberadas de OGMS no ambiente e à colocação

---

relativo ao movimento transfronteiriço de organismos geneticamente modificados. Sobre estes textos de Direito Comunitário derivado *vid.* RISQUEZ, Juan Picon (1996), *Derecho Medioambiental de la Unión Europea*, Madrid: McGraw-Hill, pp. 288-291. A Directiva n.º 2001/18/CE foi transposta para a ordem jurídica interna pelo Decreto-Lei n.º 72/2003, de 10 de Abril, com as alterações que lhe foram introduzidas pelo Decreto-Lei n.º 164/2004, de 3 de Julho. De referir ainda, no que concerne à ordem jurídica portuguesa, que o Decreto-Lei n.º 168/2004, de 7 de Julho, garante o cumprimento das obrigações decorrentes para o Estado Português do Regulamento (CE) n.º 1830/2003, do Parlamento Europeu e do Conselho, de 22 de Setembro, e que o Decreto-Lei n.º 36/2006, de 20 de Fevereiro o fez relativamente ao Regulamento (CE) n.º 1946/2003, do Parlamento Europeu e do Conselho, de 15 de Julho. As taxas de apreciação cobradas pelo Instituto do Ambiente no âmbito do procedimento para libertação deliberada de OGMS e para colocação no mercado de produtos que contenham OGMS encontram-se fixadas na Portaria n.º 384/2006, de 19 de Abril.

[172] Para efeitos da sua aplicação, entende-se por "microrganismo geneticamente modificado", qualquer "entidade microbiológica, celular ou não celular, capaz de replicação ou de transferência de material genético, incluindo vírus, viróides e células animais e vegetais em cultura, cujo material genético tenha sido modificado por uma forma de reprodução sexuada e/ou de recombinação natural que não ocorre na natureza". E, por "utilização confinada" entende-se "qualquer actividade no decorrer da qual se verifique uma modificação genética de microrganismos ou em que microrganismos geneticamente modificados sejam cultivados, armazenados, transportados, destruídos, eliminados ou utilizados de qualquer outra forma, e em que se recorra a medidas específicas de confinamento com o objectivo de limitar o contacto desses microrganismos com a população em geral e o ambiente e de proporcionar a estes últimos um elevado nível de segurança". Cf. o art. 2.º da Directiva 90/219/CEE do Conselho, de 23 de Abril.

no mercado de produtos contendo ou que sejam constituídos de OGMs, destinados a uma posterior libertação deliberada no ambiente[173].

De acordo com a definição dada de OGM nestes textos de Direito Comunitário, um porco transgénico que tenha sido criado para fornecer órgãos a humanos pode ser juridicamente qualificado como um OGM, uma vez que o seu material genético foi alterado de uma forma que não ocorreria naturalmente por meio de copulação e/ou de recombinação natural. Em consonância, os Estados Membros da União Europeia encontram-se obrigados a tratá-lo juridicamente "como substância ou matéria biológica *potencialmente* perigosa"[174] e o seu nascimento pode ser qualificado como a libertação deliberada de um OGM no ambiente.

No que concerne à libertação deliberada de OGMs para fins de investigação, o artigo 6.º da Directiva 2001/18/CE, de 12 de Março, prevê um mecanismo de avaliação dos riscos, por forma a precaver que qualquer risco se venha a materializar na lesão de bens jurídicos como a saúde pública ou a saúde individual[175]. De igual modo, a

---

[173] No artigo 2.º desta Directiva é dada uma definição de OGM: "qualquer organismo, com excepção do ser humano, cujo material genético tenha sido modificado de uma forma que não ocorre naturalmente por meio de cruzamentos e/ou de recombinação natural". E "libertação deliberada" de um OGM significa, segundo a mesma disposição, "qualquer introdução intencional no ambiente de um OGM ou de uma combinação de OGM, sem que se recorra a medidas específicas de confinamento, com o objectivo de limitar o seu contacto com a população em geral e com o ambiente e de proporcionar a ambos um elevado nível de segurança".

[174] MARQUES, J. P. Remédio (1999), "A Comercialização de Organismos Geneticamente Modificados e os Direitos dos Consumidores: Alguns Aspectos Substantivos, Procedimentais e Processuais", in *Estudos de Direito do Consumidor*, n.º 1, Coimbra: Centro de Direito do Consumo da Faculdade de Direito da Universidade de Coimbra, p. 237.

[175] Determina, assim, que os Estados-membros adoptarão as disposições necessárias para garantir que qualquer pessoa, antes de proceder à libertação deliberada de um OGM, apresente uma notificação à autoridade competente do Estado-membro em cujo território se procederá a libertação, da qual deve constar um *dossier* técnico que forneça as informações necessárias para a avaliação dos riscos previsíveis, quer imediatos, quer deferidos, que o OGM pode trazer para a saúde humana ou para o ambiente, incluindo: informação sobre a formação do pessoal responsável pelo planeamento e execução da libertação, informação sobre os OGMs, informação sobre as condições de libertação e o ambiente receptor, e, por fim, informação sobre monitorização, controlo, tratamento de resíduos e planos de resposta de emergência. O notificador incluirá igualmente na notificação uma avaliação dos riscos que o OGM implica para a saúde humana e para o ambiente em resultado das utilizações

comercialização de um produto que contenha ou que seja composto de OGMs nos países que pertençam à União Europeia encontra-se sujeita a um controlo administrativo prévio, pelo que antes de esse produto ser colocado no mercado, o fabricante ou o importador deve apresentar uma notificação à entidade competente do Estado-membro onde esses OGMs serão colocados no mercado pela primeira vez[176].

Este regime jurídico é pois aplicável à criação de animais transgénicos para servirem de "animais fonte" para xenotransplantes. Subjacente a estas normas encontra-se uma ideia de precaução, ou seja, de que "toda e qualquer *incerteza científica* sobre os efeitos (na saúde humana, animal ou no equilíbrio do ecossistema) de um produto, processo ou uso biotecnológico vale como *presunção da existência* de risco de ofensa aos referidos bens jurídicos, de tal modo que é sempre mister tomar as medidas (de *precaução*) necessárias e adequadas para evitar a produção desses danos, contanto que possam ser – nesse *horizonte de risco* – graves e irreversíveis"[177].

A criação destes animais transgénicos (em cujo organismo são introduzidos genes humanos) permite ultrapassar as barreiras biológicas que separam as diferentes espécies, pelo que a sua introdução na natureza pode prejudicar o equilíbrio ecológico ou a saúde pública.

9. A Criação de "Animais fonte" e a Biodiversidade

É possível convocar, para a análise da questão da protecção da biodiversidade face aos impactos ambientais negativos decorrentes da introdução de uma nova espécie de fauna, todo um bloco de

---

previstas, bem como informações relativas a resultados de libertações dos mesmos OGMs anteriormente notificadas e/ou realizadas por si. Pode ainda referir dados extraídos de notificações apresentadas por outros notificadores, desde que estes tenham prestado o seu consentimento por escrito. A autoridade nacional competente, deve responder por escrito ao notificador, no prazo de noventa dias a contar da recepção da notificação, quer dando parecer favorável, quer rejeitando a libertação.

[176] *Vid.*, na matéria, o Regulamento (CE) n.º 65/2004 da Comissão de 14 de Janeiro de 2004, que estabelece um sistema para criação e atribuição de identificadores únicos aos organismos geneticamente modificados.

[177] MARQUES, J. P. Remédio (1999), p. 223. *Vid.*, ainda, sobre o problema da gestão do risco, GARCIA, Maria da Glória F. P. D. (2007), *O Lugar do Direito na Protecção do Ambiente*, Coimbra: Almedina, pp. 426 e ss.

normatividade, constante de convenções internacionais, de regulamentos e de directivas comunitárias. Por exemplo, a Convenção da Organização das Nações Unidas sobre a Diversidade Biológica em determina que cada Parte Contratante deverá, na medida do possível, estabelecer os meios "para regulamentar, gerir ou controlar os riscos associados à utilização e à libertação de organismos vivos modificados como resultado da biotecnologia que possam ter impactes ambientais adversos passíveis de afectar a conservação e a utilização sustentável da diversidade biológica, tendo também em conta os riscos para a saúde humana"[178].

Um dos princípios básicos da política da União Europeia em matéria de ambiente é, também, o de prevenir e minimizar as perdas ou danos causados ao ambiente[179], sendo considerado necessário, para assegurar um adequado nível de protecção ambiental, a adopção de medidas que permitam preservar os recursos genéticos existentes e conservar a diversidade biológica.

De igual modo, a Assembleia Parlamentar do Conselho da Europa, na Recomendação 934 (1982) sobre engenharia genética afirma que "a liberdade de investigação científica (...) acarreta deveres e

---

[178] Art. 8.º, al. g) da Convenção sobre a Diversidade Biológica, adoptada em 20 de Maio de 1982, pelo Comité Intergovernamental de Negociação, instituído pela Assembleia Geral das Nações Unidas, e aberta à assinatura em 5 de Junho de 1992, na Conferência das Nações Unidas sobre Ambiente e Desenvolvimento. Cf., igualmente, o Protocolo de Cartagena sobre Segurança Biológica à Convenção sobre a Diversidade Biológica, assinado em Nairobi, em 24 de Maio de 2000. Este protocolo prevê um enquadramento, baseado no princípio da precaução, para a transferência, manipulação e utilização seguras de organismos vivos modificados resultantes da biotecnologia moderna, que possam ter efeitos adversos na preservação e na utilização sustentável da diversidade biológica, tendo igualmente em conta os riscos para a saúde humana e centrando-se especificamente nas transferências transfronteiriças. Para efeitos da sua aplicação entende-se por "organismo vivo modificado" qualquer "organismo vivo que possua uma combinação nova de material genético obtido através do uso da biotecnologia moderna". Deste modo, o Protocolo pode aplicar-se às transferências transfronteiriças, manipulação e utilização dos animais geneticamente modificados criados para serem "animais fonte" de órgãos e tecidos para xenotransplantes. A Convenção sobre a Diversidade Biológica foi aprovada, para ratificação, pelo Decreto n.º 21/93, de 21 de Junho. *Vid.*, na matéria, DUBOIS, Jean (2003), "La Construction Juridique du Principe de Précaution" *in Santé et Principe de Précaution* (coord.: Jean-Claude Boual e Philippe Brachet), Paris: L'Harmattan, pp. 100 e ss., e GASPAR, Pedro Portugal (2005), *O Estado na Emergência Ambiental*, Coimbra: Almedina, pp. 19 e ss.

[179] Cf. o art. 37.º da CDFUE.

responsabilidades, nomeadamente no que concerne à saúde e à segurança do público em geral e dos outros cientistas e à não contaminação do ambiente"¹⁸⁰. Esta ideia é reafirmada na Recomendação 1213 (1993) sobre os desenvolvimentos da biotecnologia e as suas consequências para a agricultura, adoptada em 13 de Maio de 1993, onde reconhece que "a biotecnologia pode ser indevidamente utilizada, por exemplo para a produção de novas doenças ou para a criação de espécies animais ou vegetais susceptíveis de produzir efeitos indesejados em ecossistemas específicos", recomendando, em consequência, que os governos dos Estados-membros devem "adoptar medidas para proteger a biodiversidade e os ecossistemas de todas as possíveis influências nefastas que as invenções biotecnológicas possam ter e usar a biotecnologia para preservar a biodiversidade"¹⁸¹.

Todos estes textos reflectem a preocupação e a incerteza que rodeiam as potenciais repercussões das investigações em engenharia genética para a saúde pública, segurança e ambiente.

A criação de animais transgénicos para serem usados como "animais fonte" para xenotransplantes pode igualmente ser objecto de punição no âmbito da Convenção do Conselho da Europa sobre a Responsabilidade Civil por Danos Resultantes de Actividades Perigosas para o Ambiente¹⁸², que visa assegurar a recuperação e a compensação adequada para os danos causados ao ambiente, emergentes

---

[180] Cf. o Ponto 3.º da Recomendação 934 (1982) sobre Engenharia Genética, adoptada pela Assembleia Parlamentar do Conselho da Europa, em 26 de Janeiro de 1982.

[181] Cf. os Pontos 5 e 10, § viii, da Recomendação 1213 (1993) sobre os Desenvolvimentos da Biotecnologia e as suas Consequências para a Agricultura, adoptada pela Assembleia Parlamentar do Conselho da Europa, em 13 de Maio de 1993. Esta Recomendação foi acolhida pelo Estado Português nomeadamente através do Decreto-Lei n.º 140/99, de 24 de Abril, que tem por objectivo contribuir para assegurar a biodiversidade, e da Resolução do Conselho de Ministros n.º 152/2001, de 20 de Setembro de 2001, que define uma estratégia nacional de conservação da Natureza e da biodiversidade. Vid., na matéria, ARZAMENDI, José Luís de la Cuesta (1999), "Environment Protection and Manipulation of Microorganisms", in Biotechnology, Law and Bioethics, Comparative Perspectives (cord.: Carlos Maria Romeo Casabona), Bruxelles: Éditions Bruylant, p. 301.

[182] Aberta à assinatura em Lugano, em 21 de Junho de 1993 e publicada, por exemplo, em SILVA, Vasco Pereira da, e MIRANDA, João (2004), Verde Código, Legislação de Direito do Ambiente, Coimbra: Almedina, pp. 703 e ss. Sobre esta convenção vid. OLIVEIRA, Ana Perestrelo de (2007), Causalidade e Imputação na Responsabilidade Civil Ambiental, Coimbra: Almedina, pp. 47-48,

de actividades prejudiciais e promover os dispositivos necessários para os prevenir ou minimizar[183]. O regime jurídico nela consagrado encontra-se sobretudo ancorado no princípio da prevenção, na medida em que intenta prevenir a ocorrência de danos que podem ser irreversíveis para o ambiente, e a sua aplicação pode conduzir a que, se a utilização de animais transgénicos para xenotransplantação causar dano (entendido como os resultados das características nocivas dos organismos geneticamente modificados) a pessoa responsável por esse uso possa ter de responder por esses danos. No entanto, a ofensa destes preceitos convencionais não é, em regra, acompanhada da aplicação de sanção – tal como sucede com a generalidade das normas de Direito Internacional – dependeo a existência desta de ulterior a concretização legislativa a nível nacional[184].

---

[183] Para efeitos da sua aplicação, OGM significa "qualquer organismo cujo material genético tenha sido alterado de uma forma que não ocorre naturalmente por meio de copulação e/ou de recombinação natural", existindo uma "actividade perigosa" quando a produção, uso e libertação de OGMS possam apresentar um risco significativo para o homem, para o ambiente ou para a propriedade. Cf. o art. 2.º da Convenção sobre a Responsabilidade Civil por Danos Resultantes de Actividades Perigosas para o Ambiente.

[184] Relativamente a Portugal podemos recordar, de forma sucinta, que o direito ao ambiente se encontra consagrado como um direito fundamental com dignidade constitucional formal (contido no art. 66.º da CRP), o que permite a defesa do ambiente através da protecção jurídica individual, apresentando o direito ao ambiente desde logo uma dimensão negativa (ou seja, traduz-se numa pretensão do indivíduo à abstenção, por parte do Estado e dos outros indivíduos, de acções nocivas para o ambiente) e uma natureza análoga aos direitos, liberdades e garantias. No entanto, a CRP considera também a questão do meio ambiente na perspectiva da tarefa estadual, determinando os art.s 9.º, alíneas d) e e), constituir tarefa ou objectivo fundamental do Estado promover a efectivação dos "direitos ambientais" e "defender a natureza e o ambiente", o que significa que o direito ao ambiente apresenta também uma dimensão positiva, analisando-se numa pretensão à acção do Estado no aludido sentido. Deste modo, ressalta que a Constituição assegura a protecção do ambiente quer pela via da tutela subjectiva, pelo reconhecimento de um direito subjectivo fundamental, quer pela via da tutela objectiva dos bens ecológicos. Parece-se-nos ainda ser importante referir que a Constituição não define o que se deve entender por "ambiente" apelando, segundo GOMES CANOTILHO e VITAL MOREIRA, para um conceito unitário (como o "conjunto dos sistemas físicos, químicos e biológicos e de factores económicos, sociais e culturais") e estrutural-funcional (dado que "os sistemas físicos, químicos e biológicos e os factores económicos, sociais e culturais, além de serem interactivos entre si, produzem efeitos, directa ou indirectamente, sobre unidades existenciais vivas e sobre a qualidade da vida do homem") de ambiente. Os princípios fundamentais da política do ambiente (os princípios da prevenção, da participação colectiva, da cooperação, de recuperação, da

10. A Xenotransplantação e a Dignidade da Pessoa

Poderemos ainda averiguar se a realização de xenotransplantes de células, tecidos ou órgãos, de animais para seres humanos, na medida em que permitirá ultrapassar as fronteiras existentes entre as espécies, com o objectivo de "recriar" um ser humano, constituirá uma violação do princípio jurídico fundamental do respeito pela essencial dignidade da pessoa humana, consagrado nos ordenamentos jurídicos dos vários países europeus[185].

---

responsabilização e do equilíbrio) encontram-se desenvolvidos na Lei n.º 11/87, de 7 de Abril (Lei de Bases do Ambiente), claramente influenciada por uma compreensão essencialmente antropocêntrica do ambiente, o que implica que a generalidade das soluções nela contidas vise, *prima facie*, satisfazer as necessidades e interesses do ser humano. De acordo com o disposto no art. 4.º, al. d), desta Lei, a existência de um ambiente propício à saúde e bem-estar das pessoas pressupõe a adopção de medidas que visem "a manutenção dos ecossistemas que suportam a vida, a utilização racional dos recursos vivos e a preservação do património genético e da sua diversidade". Por fim, referimos que o Código Penal pune, com pena de prisão ou com pena de multa, no artigo 281.º, a difusão de doença, praga, planta ou animal nocivo, de que resulte a criação de perigo de dano a um número considerável de animais alheios, domésticos ou úteis ao homem, ou a culturas, plantações ou florestas alheias. A difusão de um animal transgénico nocivo que crie o aludido perigo constitui uma forma de conduta abrangida por este tipo de crime. *Vid.*, na matéria, CANOTILHO, J. J. Gomes (1995), *Protecção do Ambiente e Direito de Propriedade (Crítica de Jurisprudência Ambiental)*, Coimbra: Coimbra Editora, pp. 93 e ss.; RANGEL, Paulo Castro (1994), *Concertação, Programação e Direito do Ambiente*, Coimbra: Coimbra Editora, pp. 24-26; CANOTILHO, J. J. Gomes e MOREIRA, Vital (2007), *Constituição da República Anotada*, vol. I, 4.ª ed. rev., Coimbra: Coimbra Editora, pp. 841 e ss.; CUNHA, J. M. Damião (1999), "Perigo Relativo a Animais ou a Vegetais", in *Comentário Conimbricense do Código Penal*, t. II (coord.: Jorge Figueiredo Dias), Coimbra: Coimbra Editora, pp. 988 e ss.; SILVA, Germano Marques da (2003), "A Tutela Penal do Ambiente – Ensaio Introdutório" in *Estudos de Direito do Ambiente* (coord.: Mário de Melo Rocha), Porto: Publicações da Universidade Católica, pp. 12 e ss., e SILVA, Vasco Pereira da (2006), *Ensinar Verde a Direito, Estudo de Metodologia do Ensino do Direito do Ambiente (em "Ambiente de Bolonha")*, Coimbra: Almedina, pp. 120 e ss.

[185] Cf., nomeadamente, o art. 1.º da CRP, o art. 1.º da Constituição Alemã de 1949, o art. 10.º, n.º 1 da Constituição Espanhola de 1978, e art. 7.º da Constituição Federal da Confederação Suíça de 1978. *Vid.*, na matéria, SIMON, Jürgen (2000), "La Dignidad del Hombre como Princípio Regulador en la Bioética", *Revista de Derecho y Genoma Humano*, n.º 13, Julho-Dezembro de 2000, Bilbao: Universidade de Deusto, pp. 37-38, e MEDEIROS, Rui, e Cortês, António (2005), "Artigo 26.º"" in *Constituição Portuguesa Anotada* (coord.: Jorge Miranda e Rui Medeiros), Coimbra: Coimbra Editora, p. 286.

Desde sempre o ser humano tentou modificar geneticamente os seres vivos sobretudo através de determinados cruzamentos entre as espécies, criando novas variedades de raças animais, pelo que as técnicas de engenharia genética vieram apenas trazer-lhe novas possibilidades de o fazer, na medida em que passou "a ser possível transferir genes de qualquer origem (animal, vegetal ou microbiana) para qualquer célula e de os manter activos no novo hospedeiro"[186]. Esta transferência é realizada no âmbito da xenotransplantação, quer pela produção de animais transgénicos para servirem de "animais fonte", quer pela transferência de material genético de outras espécies animais para a humana. Suscita-se, assim, a questão de saber quando é que passamos a estar perante uma "quimera" entre animal e homem e, como acabámos de perguntar, se a dignidade da pessoa humana resulta ofendida por se quebrarem as fronteiras naturais existentes entre as diversas espécies.

Na verdade, o conceito de "espécie" não existe *de per se*, mas é uma construção humana que traduz uma tentativa de classificar a diversidade biológica do mundo natural. Constitui, no entanto, uma noção que tem sido respeitada pelas Ciências Biomédicas, dado que "a nossa tradição tem sido no sentido de o conceito de espécie dever ser respeitado, bem como as fronteiras existentes entre as espécies"[187]. Costuma-se invocar neste sentido o facto de este conceito encontrar alguma correspondência na natureza, uma vez que os híbridos férteis são raros e que a Biologia tem demonstrado, como refere MARY MIDGLEY, que "por muito que desejemos ter um Mundo cheio de novidades e de monstros, quimeras, cavalos com asas e cães com três cabeças, não o poderemos fazer, porque no ambiente natural estas formas de vida não seriam viáveis".

Existe, no entanto, uma corrente do pensamento filosófico científico que defende encontrar-se ultrapassado o aludido conceito de espécies. Que afirma que as espécies não são essências atemporais,

---

[186] ARCHER, Luís (1998), p. 135.

[187] MIDGLEY, Mary (2000), "Biotechnology and Monstrosity", *The Hastings Center Report*, vol. 30, n.º 5, Setembro / Outubro de 2000, p. 10. *Vid.*, ainda, WILMUT, Ian (1999), "Xenotransplantation: Organ Transplants from Genetically Modified Pigs" in *Engineering Genesis, The Ethics of Genetic Engineering in Non-Human Species* (coord.: Donald Bruce & Ann Bruce), reimpressão (1.ª impressão: 1998), London: Earthscan Publications, p. 65.

mas podem formar-se, alterar-se e desaparecer, não representando cada uma delas mais do que meros estádios fluidos num caminho ao longo do qual os organismos podem sempre ser alterados e transformados uns nos outros, chamando-se esta capacidade de se transformarem "algenia". Propõe, em conformidade, que "tal como os alquimistas entendiam que as substâncias químicas eram meros estádios de um *continuum* não quebrado, também os biólogos deveriam encarar as várias espécies vivas existentes como estádios num *continuum* ao longo do qual, em princípio, elas podem ser sempre movidas e trocar entre si as suas propriedades"[188], no âmbito de um processo dirigido, à semelhança do que acontecia com a alquimia, para a perfeição. De acordo com o defendido por esta posição, a xenotransplantação insere-se, à semelhança da terapia génica e da engenharia genética de melhoramento, num processo de completar o trabalho da natureza, de aperfeiçoar a humanidade. Assim sendo, na medida em que aceita ser legítimo para os seres humanos ultrapassar as barreiras entre espécies, com vista a recriar a espécie humana, a xenotransplantação não será ofensiva da dignidade da pessoa humana.

Outra perspectiva possível, que corresponde à que perfilhamos e conduz a idêntica conclusão, é a proposta pelos autores que rejeitam o reducionismo genético, ou seja, a concepção doutrinal segundo a qual o ser humano se reduz aos seus genes. Defendem, portanto e como salienta MATT RIDLEY, que embora o genoma humano constitua "uma espécie de autobiografia – um arquivo escrito em *genetish* de todas as vicissitudes e invenções que caracterizaram a história da nossa espécie" e as diferenças entre nós e as outras espécies sejam fundamentalmente genéticas, sendo "os genes receitas quer para a anatomia quer para o comportamento"[189] a essência da humanidade

---

[188] MIDGLEY, Mary (2000), p. 11. Sobre os *puzzles* zoológicos que agrupam num só corpo os traços de duas espécies diferentes vid. DULBECCO, Renato (1990), *Engenheiros da Vida* (trad. do original italiano de 1988 por Maria Helena V. Picciochi), Lisboa: Editorial Presença, pp. 45 e ss. Sobre a "bioarte" cf. MARQUES, J. Remédio (2007), *Biotecnologia(s) e Propriedade Intelectual*, vol. I, Coimbra: Almedina, pp. 200 e ss., e SAGOFF, Mark (2005), "Nature and Human Nature" in *Is Human Nature Obsolete? Genetics, Bioengineering, and the Future of the Human Condition* (coord.: Harold W. Baillie e Tomothy K. Casey), Cambridge: Massachusetts Institute of Technology, pp. 67 e ss.

[189] RIDLEY, Matt (2000), *Genome, The Autobiography of a Species in 23 Chapters*, reimpressão da ed. de 1999, London: Fourth Estate, pp. 4, 36 e 37.

não se identifica com o organismo biológico do indivíduo, com o seu corpo. Logo, se a dignidade da pessoa humana se refere à pessoa considerada na sua globalidade e não apenas ao seu substracto biológico, então não se pode considerar, em princípio, que ela seja violada pelo simples facto de a pessoa receber um tecido ou órgão de origem animal[190].

Concluímos assim que a realização da xenotransplantação não ofende a eminente dignidade de pessoa humana do receptor de um xenotransplante. Mas poderá ela ser objecto de condutas discriminatórias em razão da sua constituição genética, diferente da da generalidade da população por incorporar genes provenientes de outras espécies animais? Ou seja, poderá uma pessoa ser objecto de condutas discriminatórias, pelo simples facto de ter recebido um xenotransplante?

11. A Discriminação do Receptor do Xenotransplante

A realização da xenotransplantação poderá ter reflexos não apenas a nível da integridade física, mas também moral do receptor. A nível físico, pode ver a sua qualidade de vida deteriorar-se, ficando sujeito a uma vigilância médica contínua (para despistar a eventual existência de xenozoonoses) e, mesmo, a quarentena. A nível psíquico, pode ter reflexos, desde logo, na imagem que o receptor tem de si próprio, a qual se encontra claramente relacionada com a percepção que tem do seu corpo e é condicionada sobretudo pelo significado culturalmente definido e simbólico atribuído aos diferentes órgãos. Neste sentido no relatório do CONSEIL SUISSE DE LA SCIENCE pergunta-se:

---

[190] Neste sentido, o Comité Nacional de Ética Francês salienta que: "um homem privado de um rim, ou de um cólon, ou mesmo de um coração durante o período em que é alimentado por uma bomba extra-corporal, não é menos humano por esse facto. Um fígado canceroso que mata progressivamente um homem preserva-lhe mais a sua humanidade do que um fígado de porco que lhe permite continuar a viver e logo a manter a sua qualidade de homem?". Cf. COMITÉ CONSULTATIF NATIONAL D'ÉTHIQUE POUR LES SCIENCES DE LA VIE ET DE LA SANTÉ (1999), *Avis n.º 61, 11 juin 1999, Éthique et Xénotransplantation*, publ. *in* SICARD, Didier (2003) (coord.), *Travaux du Comité Consultatif National d'Éthique, 20e Anniversaire*, Paris: Presses Universitaires de France, p. 584.

"a que fardo psíquico ficaria sujeito o paciente que sentisse a bater no seu peito um coração de porco"[191]?

Suscitam-se, assim, as questões de saber que órgãos e tecidos devem ou não devem poder ser transplantados e quais os previsíveis reflexos dos diversos xenotransplantes no sentimento de identidade do receptor, dado que o significado do transplante varia em função do particular órgão ou tecido em causa.

Essa sua percepção da identidade é também função do envolvimento do receptor com outras pessoas, pelo que o impacte do xenotransplante dependerá, em parte, das reacções do pessoal de saúde, da família e das outras pessoas próximas do receptor. Deste modo, embora seja extraordinariamente difícil prever como é que as pessoas se sentirão se um xenotransplante for realizado nelas ou num familiar próximo, certo é que essa realização poderá ter sérias consequências para o receptor, quer no que concerne à percepção da sua própria identidade e imagem pessoal, quer nas relações que estabelece com terceiros. Afigura-se, por isso, que existe o risco de um receptor de um xenotransplante poder ser, de algum modo, discriminado por ser portador de um órgão colhido de um indivíduo pertencente a outra espécie. Essa discriminação afigura-se-nos injusta porque ofensiva da sua dignidade de pessoa humana que não se reduz aos seus genes – não se reduz à sua qualidade de receptora de um órgão ou tecido proveniente de um animal não humano.

Outra questão que se põe, na perspectiva já não do receptor do órgão de origem animal, mas da do dador do mesmo, é a de saber se o Direito opera, enquanto instrumento disciplinador da conduta humana, uma discriminação em função da constituição biológica, quando não reconhece personalidade jurídica ao "animal fonte", portador de genes humanos?

A construção jurídica tradicional segundo a qual apenas o animal humano é sujeito de Direito, não deverá ser alterada, em nome do princípio da igualdade, de forma a evitarmos uma discriminação, talvez injustificada, entre animais com patrimónios genéticos muito semelhantes? Ou, pelo contrário, a actual diferença de tratamento existente é justificada face à própria ideia de Justiça, em que se alicerça o princípio da igualdade?

---

[191] CONSEIL SUISSE DE LA SCIENCE (1998), pp. 21-22.

12. A Discriminação do "Animal Fonte"

O genoma humano – o conjunto completo dos genes humanos – encontra-se contido em vinte e três pares separados de cromossomas, sendo profundas as semelhanças existentes, do ponto de vista genético, entre o ser humano e as outras espécies animais. Existem, deste modo, "genes que se desenvolveram quando os nossos antepassados eram semelhantes a vermes, genes que apareceram pela primeira vez quando os nossos antepassados eram peixes"[192], não representando a espécie humana o topo da evolução, uma vez que a evolução não tem qualquer topo. Aliás, desde os trabalhos de DARWIN sobre a origem das espécies (sublinhando continuidade do ponto de vista biológico entre o homem e os outros animais, o que indicia existir uma geneaologia comum), que se aceita que a selecção natural é apenas o processo pelo qual as formas vivas se alteram para se adaptar às inúmeras oportunidades oferecidas pelo ambiente, constituindo os seres humanos um "êxito" do ponto de vista ecológico, dado serem "provavelmente o mais abundante animal de grande porte existente em todo o planeta".

No entanto, apesar desta proximidade genética entre o ser humano e os restantes animais, desde "há cerca de quatro mil anos que uma grossa e impenetrável parede legal separa todos os humanos de todos os animais não humanos", uma vez que "atribuímos apenas a nós próprios, entre milhões de espécies animais, o estatuto de sujeitos de direito". Do outro lado dessa parede, que "é de tal modo alta e espessa e antiga que nem reparamos nela" encontra-se, nas palavras de STEVEN WISE, "a recusa jurídica de todo um reino, abrangendo não apenas os chimpanzés, mas também os gorilas, os orangotangos, os macacos, cães, elefantes e golfinhos", que são considerados, do ponto de vista jurídico, como coisas.

---

[192] RIDLEY, Matt (2000), p. 4.

12.1. Os "Animais-Fonte" como Sujeitos de Direitos

Segundo este Autor (bem como outros autores pertencentes, na sua maioria, à corrente da filosofia jurídica utilitarista anglo-saxónica), a "igualdade e a liberdade, que são os dois princípios legais e valores mais importantes que se encontram subjacentes à lei no mundo ocidental, exigem a destruição da referida parede"[193].

Esta posição é também defendida por PETER SINGER que entende que as nossas atitudes e práticas para com os membros das espécies que não a nossa "se baseiam numa longa história de preconceitos e discriminação arbitrária"[194], não existindo qualquer motivo "com excepção do desejo egoísta de preservar os privilégios do grupo explorador, para a recusa de inclusão de membros de outras espécies no princípio básico da igualdade". Em conformidade, e considerando que as atitudes dos seres humanos "relativas a membros de outras espécies constituem uma forma de preconceito não menos condenável do que o preconceito aplicado ao género ou raça de uma pessoa", propõe que se inicie um "movimento de Libertação Animal", que ponha fim "à tirania dos animais humanos sobre os não-humanos", à "opressão dos animais". Segundo o pensamento deste Autor, cuja obra se enquadra na corrente de pensamento do utilitarismo anglo--saxónico, existe uma igualdade formal absoluta entre todos os seres capazes de sofrimento ou de prazer, pelo que os animais devem ser colocados no mesmo plano que o ser humano. Entende mesmo que atribuir-se qualquer prioridade ao ser humano seria uma manifestação de "especismo", *i.e.*, de "um preconceito ou atitude de favorecimento dos interesses dos membros de uma espécie em detrimento dos membros de outras espécies"[195]. Deste modo a Ética e o Direito

---

[193] WISE, Steven M. (2000), *Rattling the Cage, Towards Legal Rights for Animals*, London: Profile Books, pp. 4-5. Ideia que reafirma em WISE, Steven M. (2004), "Animal Rights, One Step at a Time", *in Animal Rights, Current Debates and New Directions* (coord.: Cass R. Sunstein e Martha C. Nussbaum), Oxford: Oxford University Press, pp. 26 e ss.

[194] SINGER, Peter (2000), *Libertação Animal* (trad. da ed. inglesa de 1990 por Maria de Fátima St. Aubyn), Porto: Via Óptima, p. iv.

[195] SINGER, Peter (2000), pp. i, iv, v e 6. *Vid.* ainda na matéria SINGER, Peter (2002), *Unsanctifying Human Life*, Oxford: Blackwell Publishers, pp. 79 e ss., e ARAÚJO, Fernando (2003), *A Hora dos Direitos dos Animais*, Coimbra: Almedina, pp. 134 e ss.

devem ponderar de igual forma os interesses de todos os seres sencientes, sejam eles "negros ou brancos, masculinos ou femininos, humanos ou não humanos", devendo desde que haja capacidade para sofrer, aplicar-se o princípio da igualdade de tratamento entre animais humanos e animais não humanos.

À semelhança do racismo e do sexismo também o especismo é condenado por este último Autor. Se os racistas ofendem o princípio da igualdade ao "darem maior peso aos interesses da sua própria raça quando existe conflito de interesses entre esses interesses e os de outra raça" e sexistas ofendem-no ao "fazerem prevalecer os interesses do seu próprio sexo", os especistas fazem-no, como aludido, ao favorecerem "os interesses dos membros da sua própria espécie face aos dos membros das outras espécies"[196]. Preconiza, em consequência, que os animais sejam "tratados como os seres independentes e sencientes que são, e não como um meio para os fins humanos", o que pressupõe que "o princípio moral básico da igual consideração de interesses não se restrinja arbitrariamente à nossa própria espécie"[197]. A aceitação do princípio segundo o qual "todos os animais são iguais" – do princípio da igual consideração de interesses – implica, desde logo e segundo o mesmo Autor, o reconhecimento de direitos aos animais sencientes[198], reconhecimento esse que se integra num processo de alargamento do âmbito de aplicação dos direitos fundamentais a categorias cada vez mais amplas de beneficiários: depois dos adultos do sexo masculino, os escravos, os negros, as mulheres, os menores, e, agora, os animais.

A referida extensão da aplicação do princípio da igualdade aos animais não implica, no entanto, que devam ser reconhecidos exacta-

---

[196] SINGER, Peter (2001), "All Animals are Equal" in Biomedical Ethics (coord.: Thomas A. Mappes e David Degrazia), 5.ª ed., Boston: McGraw Hill, pp. 275-277. Ideia que retoma em SINGER, Peter (2006), "Introduction" in In Defense of Animals, The Second Wave (coord.: Peter Singer), Oxford: Blackwell Publishing, p. 3.

[197] Defende mesmo que os animais não humanos que sejam racionais e autoconscientes, concebendo-se a si mesmos como seres distintos com um passado e um futuro, sejam tratados como pessoas. Cf. SINGER, Peter (2000), pp. ii, 136 e ss., e SINGER, Peter (2000), Writings on a Ethical Life, New York: HarperCollins Publishers, pp. 28 e ss.

[198] E apenas a estes, uma vez que defende ser a capacidade de sofrimento e alegria a condição necessária e suficiente para que se possa dizer que um ser tem interesses, pelo menos o interesse de não sofrer. Cf., na matéria, SINGER, Peter (2000), pp. 1 e 7.

mente os mesmos direitos a humanos e a não humanos. Reconhece, aliás, que há importantes diferenças óbvias entre os humanos e os outros animais, e que estas se devem traduzir em diferenças nos direitos que cada um tem não fazendo, por exemplo, "sentido falar do direito canino ao voto", porque como os "cães são incapazes de compreender o significado do voto, não podem ter direito a votar". Da aplicação do princípio básico da igualdade aos animais não decorre, portanto, um tratamento idêntico, mas apenas se "requer consideração igual para com os diferentes seres", consideração igual essa que "pode conduzir a tratamento diferente e a direitos diferentes". Importa pois, assegurar uma igualdade de consideração dos diversos interesses em causa e não a rigorosa igualdade de tratamento.

Como, segundo a Filosofia de cariz utilitarista, a lei deve garantir a maior soma de felicidade ao maior número de indivíduos contando, neste processo de optimização, cada um como um e nenhum por mais do que um e representando o sofrimento de cada um, em condições iguais, rigorosamente o mesmo que o sofrimento de qualquer outro, em caso de escolha entre ter de se lesar, por exemplo, a vida de um chimpanzé ou de um porco e a de "uma criança deficiente mental profunda ou alguém em estado avançado de senilidade"[199], pode-se optar pela ofensa da dos segundos.

É deste modo de condenar a atitude de um investigador que defenda ser uma experiência "suficientemente importante para justificar que seja causado sofrimento a animais", mas que não o seja para "justificar que seja provocado sofrimento a seres humanos com o mesmo nível mental". Esta atitude, na medida em que conduza a um tratamento diferente e desrazoável de situações idênticas, constitui no entender do referido Autor uma discriminação arbitrária. Não o constituirá, no entanto, um tratamento igual de animais humanos e de animais não humanos que tenha subjacente uma igual consideração

---

[199] Aliás, a regra de decisão que formula, para as situações em que tivermos de escolher entre a vida de um ser humano e a vida de outro animal, é a seguinte: "(...) devemos ter o mesmo respeito pelas vidas dos animais do que aquele que temos pelas vidas daqueles humanos que possuem um nível mental semelhante". Em consonância, escreve que "se tivermos de escolher entre a vida de um ser humano e a vida de outro animal, devemos escolher salvar a vida do humano; mas podem existir casos especiais em que o inverso é verdadeiro, porque o ser humano em questão não tem as capacidades de um ser humano normal". Cf. SINGER, Peter (2000), pp. 2, 18-20, 207 e 208.

dos interesses de ambos os grupos – por exemplo uma investigação que utilizasse animais não humanos não seria discriminatória se a sua realização fosse "tão importante que o uso de um ser humano com uma lesão cerebral fosse igualmente aceitável"[200].

A aplicação desta lógica conduziria a que um xenotransplante de um coração de um chimpanzé para uma criança portadora de deficiência grave fosse entendido como uma manifestação de "especismo", de egoísmo dos membros de uma espécie que se crê superior às outras, a humana.

Centrando a sua análise já não na capacidade para sofrer, mas sim na autonomia e na racionalidade, um outro Autor anglo-saxónico defende igualmente o reconhecimento de direitos a animais não humanos: TOM REGAN.

Há outros animais, como os mamíferos e os pássaros que, segundo as palavras deste Autor, "compartilham connosco um conjunto de capacidades mentais" possuindo uma "vida mental rica e complexa". Na medida em que sejam "sujeitos-de-uma-vida" (por constituírem "o centro das *suas* vidas e vivenciarem-nas melhor ou pior independentemente da avaliação que dessas vidas seja feita por outros") podemos atribuir-lhes um "valor intrínseco" idêntico aos dos animais humanos. São deste modo e em consequência do afirmado titulares do direito a "serem tratados com respeito idêntico aquele de que são credores os seres humanos"[201] e, à semelhança do que sucede com estes, devem ser considerados como "fins em si próprios, não devendo nunca ser tratados meramente como meios"[202].

São múltiplas e diversas as consequências do reconhecimento do valor não instrumental destes animais não humanos e do respeito que lhes é devido, devendo ser eliminadas a *factory farming* (no âmbito da qual "as galinhas, perus e outros animais criados para o

---

[200] SINGER, Peter (2001), pp. 279 - 280.

[201] REGAN, Tom (2003), *Animal Rights, Human Wrongs, An Introduction to Moral Philosophy*, Lanham: Rowman & Littlefield Publishers, pp. 92-96. *Vid.*, ainda, REGAN, Tom (2004), "Gaiolas Vazias, Os Direitos dos Animais e Vivissecção" in *Éticas e Políticas Ambientais* (coord.: Cristina Beckert e Maria José Varandas), Lisboa: Centro de Filosofia da Universidade de Lisboa, pp. 103 e ss.

[202] REGAN, Tom (2004), "A Ética e os Animais" in *Bioética para as Ciências Naturais* (coord.: Humberto D. Rosa), Lisboa: Fundação Luso-Americana para o Desenvolvimento, p. 155.

consumo humano se convertem em máquinas biológicas"), a *fur mill* e a investigação em animais. Segundo este Autor "não se devem utilizar gaiolas maiores, mas esvaziar as existentes". Todas estas práticas são, aliás, consideradas por ele discriminatórias, dado que "do ponto de vista da Justiça básica os interesses dos animais não podem ser ignorados e não podem ser menos valorados do que os interesses dos seres humanos apenas por esses animais não pertencerem à espécie 'certa'"[203].

Não é, portanto, isento de consequências para o ser humano o reconhecimento de direitos aos animais, fundado num diferente entendimento das relações entre as espécies. A eventual atribuição, *de iure condendo*, de personalidade jurídica a outros animais para além do humano, implicaria que o uso destes animais para fins experimentais, nomeadamente para a realização de xenotransplantes, fosse proibido sempre que configurasse uma ofensa aos seus direitos fundamentais[204].

12.2. Os "Animais-Fonte" como Objecto de Direitos

A posição defensora da igualdade de tratamento para os animais humanos e não humanos porque portadores de igual "valor intrínseco" é contestada pela generalidade da Doutrina. ROBERTO ANDORNO pergunta, a este propósito, se com a tese do reconhecimento de direitos

---

[203] REGAN, Tom (2003), pp. 12, 47 e 97.

[204] Esta é a posição adoptada, por exemplo, por TOM REGAN, que à perspectiva antropocêntrica contrapõe uma perspectiva ecocêntrica que reconhece o "valor intrínseco" dos outros seres vivos. A comunidade moral passa a abranger outros seres vivos para além do homem e, pelo menos, os mamíferos adultos normais, que considera serem autónomos no sentido em que manifestam preferências e são capazes de agir em conformidade com essas preferências, pelo que devem ser considerados titulares do direito a ser tratados com respeito, ou seja, como fins em si mesmos. Estes animais não humanos não devem, deste modo, "ser tratados como recursos ao dispor de outrem, e, em particular, nenhum dano que lhes seja intencionalmente causado pode encontrar justificação no benefício que do acto resulte para terceiros". Preconiza, em consequência, que o uso dos aludidos animais para fins de investigação deve terminar, porque ofende o direito do animal a ser tratado com respeito. Cf. REGAN, Tom (2001), *Defending Animal Rights*, Illinois: University of Illinois Press, pp. 43 e ss.

aos animais "em vez de se elevar os animais ao nível das 'pessoas', não se estará antes a fazer descer os homens ao nível dos animais"?[205]

No universo da doutrina anglo-saxónica contestam-na afirmando-se "especistas" nomeadamente TIBOR MACHAN e CARL COHEN.

O primeiro destes Autores no livro expressivamente intitulado *Putting Humans First* pergunta: "Serão os tubarões tão importantes como as crianças"? Claro que não, responde, um pouco adiante, pelo que se um tubarão atacar uma criança a solução correcta do ponto de vista jurídico é "matar o tubarão e permitir à criança que sobreviva". Os seres humanos devem constituir a preocupação fundamental dos seres humanos uma vez que se situam no topo de uma hierarquia que considera poder ser estabelecida entre as espécies por existirem diferenças qualitativas entre elas e, em particular, entre a humana e as restantes. Os seres humanos são, defende, a espécie mais importante na medida em que se encontram dotados de "racionalidade e livre arbítrio" e são capazes de "responsabilidade moral".

Como apenas os seres humanos possuem a "capacidade de distinguir entre o bem e o mal e de escolher entre diferentes alternativas" a linguagem dos direitos não tem nada a ver com "a vida dos lobos ou a das tartarugas atenta a natureza amoral comum à generalidade do mundo animal". Aliás, prossegue este Autor, se reconhecêssemos direitos aos animais não humanos a "maioria das criaturas que hoje vivem nas selvas teriam de ser acusadas de homicídio" uma vez que os animais "se matam e consomem uns aos outros por força de um instinto inelutável". Seria pois necessário criminalizar toda "a brutalidade característica do mundo animal" o que lhe parece injusto uma vez que não sendo os animais dotados de livre arbítrio, não são passíveis de um juízo de censurabilidade pela forma como agem.

Como os animais não humanos "apenas fazem aquilo para que se encontram biologicamente programados" afigura-se-lhe "impraticável a ideia de reconhecer-lhes direitos"[206] ou de estender a aplicação

---

[205] ANDORNO, Roberto (1996), *La Distinction Juridique entre les Personnes et les Choses à L'Épreuve des Procréations Artificielles*, Paris: Librairie Générale de Droit et de Jurisprudence, p. 30.

[206] MACHAN, Tibor R. (2004), *Putting Humans First Why We Are Nature's Favorite*, Laham: Rowman & Littlefield Publishers, Inc., pp. xiii, xv, 1, 10 a 14, 24, 33 e 53. No mesmo sentido JONATHAN MARKS salienta que "os chimpanzés não são humanos" e que não

do princípio geral da igualdade de tratamento de forma a abrangê-los. Assim sendo, o seu uso em benefício dos interesses dos humanos não configura uma violação dos direitos dos animais nem uma discriminação arbitrária.

Esta posição antropocêntrica, que considera que no que respeita à tomada de decisões sobre os animais não humanos só os interesses dos animais humanos contam, porque apenas estes têm direitos é igualmente defendida por CARL COHEN. Partindo da interrogação sobre se "o leão terá o direito de comer a zebra bebé" ou se esta "terá o direito a não ser comida pelo leão" este Autor conclui, tal como o anterior, não fazer qualquer sentido falar em direitos de que sejam titulares os animais. Considera também à semelhança do anterior que apenas os animais humanos podem ter direitos porque apenas eles são auto-legisladores e dotados de livre arbítrio. Não se podendo afirmar existir uma igualdade moral ou jurídica entre as espécies uma investigação que utilize animais não humanos será avaliada em função dos benefícios que dela podem decorrer para os animais humanos.

Apesar de defender que os animais não humanos não devem ser titulares de personalidade jurídica, esta corrente doutrinal defende deverem os mesmos ser tratados com humanidade: com a "preocupação que, enquanto criaturas sensíveis, devemos ter para com as outras criaturas sencientes"[207].

12.3. *A Posição Adoptada na Matéria*

Os animais são, tal como os seres humanos, organismos biológicos vivos. De acordo com a maioria dos filósofos ocidentais (por exemplo, DESCARTES[208]), embora os animais sejam indivíduos orgânicos,

---

conseguimos sequer "garantir o respeito pelos direitos humanos aos humanos". Cf. MARKS, Jonathan (2003), *What it Means to be 98% Chimpanzee, Apes, People, and Their Genes*, Berkeley: University of California Press, p. 186.

[207] COHEN, Carl (2001), "The Case for the Use of Animals in Biomedical Research" in *Biomedical Ethics* (coord.: Thomas A. Mappes e David Degrazia), 5.ª ed., Boston: McGraw Hill, pp. 282 e 283.

[208] *Vid*, por exemplo, DESCARTES, René (1966), *Discours de la Méthode*, reimpressão (1.ª ed.: 1636), Paris: Garnier-Flammarion, p. 81, onde revela, relativamente aos animais, uma concepção mecanicista: "(...) o que eles fazem melhor do que nós não prova que

que gozam de integridade individual, não são pessoas no sentido filosófico do termo porque não gozam de racionalidade. No entanto, é geralmente aceite que os seres humanos têm obrigações de natureza moral e mesmo jurídica[209] para com os animais, pelo menos relativamente aos animais vertebrados, que são seres sencientes.

Como os humanos utilizam os animais não humanos para vários fins (como companhia, como alimento, na investigação científica e biomédica) o Direito tem uma certa dificuldade em encontrar um enquadramento coerente para todos os diversos tipos de interacção que se estabelecem entre o animal humano e o não humano[210].

De acordo com a Declaração Universal dos Direitos do Animal solenemente proclamada pela Organização das Nações Unidas para a Educação, Ciência e Cultura, em 15 de Outubro de 1978[211], os animais são titulares de direitos, por exemplo do direito a serem respeitados, do direito a não serem submetidos a maus tratos nem a actos cruéis e do direito à protecção do homem. No entanto, o reconheci-

---

tenham espírito, porque nesse caso teriam muito mais que qualquer de nós e fariam melhor em todas as coisas. Ao invés, não possuem nenhum engenho e é a natureza que actua neles segundo a disposição dos órgãos, tal como num relógio – composto apenas de rodas e de molas – pode contar as horas e medir o tempo mais exactamente do que nós com toda a nossa prudência". HUME defende também serem os animais conduzidos por "uma espécie de instinto ou de força mecânica". Cf. HUME, David (1999), *Enquête sur L' Entendement Humain* (trad. do inglês por Didier Deleule) (texto original: 1748), Paris: Librairie Générale Française, p. 203.

[209] *Vid.*, por exemplo, a Convenção Europeia para a Protecção dos Animais de Companhia, aberta à assinatura dos Estados membros do Conselho da Europa, em 13 de Novembro de 1987 (que foi aprovada, para ratificação, pelo Decreto n.º 13/93, de 13 de Abril e a Convenção Europeia relativa à Protecção dos Animais nos Locais de Criação, aberta à assinatura dos Estados membros do Conselho da Europa em 10 de Março de 1976, e ratificada por Portugal em 24 de Abril de 1982. A nível jurisprudencial cf. o Acórdão do Tribunal Central Administrativo de 5 de Junho de 2003 (Processo n.º 11916/03) publicado, nomeadamente, *in* LEITE, Fátima Correia, e NASCIMENTO, Esmeralda (2004), *Regime Jurídico dos Animais de Companhia*, Coimbra: Almedina, pp. 173-174.

[210] Por exemplo, o Decreto-Lei n.º 91/2001, de 23 de Março, que aprova o programa nacional de luta e vigilância epidemiológica da raiva animal e outras zoonoses distingue entre "animal de companhia", "animal com fins económicos", "animal para fins militares", "animal para investigação científica", "cão guia", "cão de caça", "gato ou cão vadio ou errante", aos quais correspondem estatutos jurídicos diferenciados.

[211] Publ., nomeadamente, *in* CHAPOUTHIER, Georges (1992), *Les Droits de L'Animal*, Paris: Presses Universitaires de France, pp. 28-30.

mento desta titularidade, defendida como referimos, no plano doutrinal por alguns Autores, suscita questões de difícil solução, como seja a da exequibilidade dos aludidos direitos: como é que um animal não humano intentaria uma acção em tribunal para defesa dos seus direitos se partirmos da ideia clássica do direito de acção configurado como a possibilidade de obter, mediante o apelo a órgãos jurisdicionais, a satisfação de pretensões que o Direito garante ao indivíduo sob a forma de um direito subjectivo? Como determinar qual seria a sua exacta pretensão jurídica no âmbito de um litígio concreto?

Deste modo, o Direito, na generalidade dos Países Europeus, não reconhece direitos aos animais e desenha claramente uma distinção entre pessoas e coisas. De acordo, por exemplo, com os Códigos Civis Português, Espanhol e Francês, os animais não são pessoas em sentido jurídico, mas sim coisas móveis, que podem ser vendidas, dadas e mesmo destruídas[212].

Segundo o Direito interno de muitos países Europeus os animais não são pois titulares de direitos uma vez que não gozam de personalidade jurídica. Assim, de todos os animais, apenas os seres humanos são pessoas em sentido jurídico no período compreendido entre o seu nascimento e a sua morte[213] e apenas eles são titulares de direitos.

Os animais não humanos só podem ser objecto de direitos ou de relações jurídicas (uma pessoa pode, por exemplo, ter um direito de propriedade sobre um animal), determinando a lei civil, nos vários

---

[212] Cf. arts. 204.º e 205.º do Código Civil Português, nos quais o legislador não formula um conceito de coisas móveis e de coisas imóveis, limitando-se a enumerar, no primeiro destes artigos, as coisas que engloba na categoria das coisas imóveis e a determinar, no segundo dos aludidos artigos, serem móveis todas as demais. Solução idêntica é a adoptada pelo legislador espanhol nos arts 334.º e 335.º do Código Civil Espanhol de 1889. Já segundo a classificação dos bens decorrente dos art.s 522.º e 528.º do Código Civil Francês de 1803, os animais pertencem à categoria dos "móveis por natureza", porque "se movem por si mesmos", a menos que se encontrem ligados à exploração de um prédio rústico, caso em que pertencem à categoria dos "imóveis por destinação". *Vid.*, na matéria, DUARTE, Rui Pinto (2002), *Curso de Direitos Reais*, 2.ª ed. (1.ª ed.: 2002), Estoril: Principia, pp. 51-52, e HÖRSTER, Heinrich Ewald (2007), *A Parte Geral do Código Civil Português, Teoria Geral do Direito Civil*, 4.ª reimpressão da ed. de 1992, Coimbra: Almedina, pp. 188-189.

[213] *Vid.* arts. 66.º e 68.º do Código Civil Português e 29.º e 32.º do Código Civil Espanhol. Cf., na matéria, CORDEIRO, António Meneses (2007), *Tratado de Direito Civil Português*, vol. 1, t. III, 2.ª ed. rev., Coimbra: Almedina, pp. 336 e ss., e COSTA, António Pereira da (1998), *Dos Animais (O Direito e os Direitos)*, Coimbra: Coimbra Editora, pp. 17-21.

países, a quem pertencem as crias quando nascem[214] e que a pessoa responsável pela supervisão de animais ou que utiliza animais nas suas actividades pode ser responsabilizada pelos danos causados por esses animais[215]. Deste modo, um animal transgénico, usado como "animal fonte" para o transplante de órgãos e de tecidos para o ser humano, poderá pertencer ao proprietário do animal que o deu à luz.

Embora o Direito tenda a considerá-lo um objecto digno de interesse, o animal não é sujeito, mas sim objecto de direitos. Não é, em conformidade e como dissemos, titular de quaisquer direitos (aliás não faria sentido falar em direitos de que fosse titular uma coisa), sendo as medidas que lhe visam assegurar alguma protecção jurídica (por exemplo, reprimindo actos públicos de crueldade ou proibindo a caça), ditadas por interesses humanos. Com elas, pretende-se fundamentalmente satisfazer o sentimento dominante na comunidade, ao qual repugnam tais condutas.

O Direito (pelo menos as ordens jurídicas pertencentes à família do Direito Continental Europeu) não reconhece, portanto, personalidade jurídica aos animais pertencentes a uma espécie diferente da do animal humano, com base no pressuposto de que estes não podem estabelecer com aqueles uma relação de sujeito para sujeito, sendo o sujeito entendido como um centro de imputação de direitos e deveres de natureza jurídica.

A perspectiva antropocêntrica subjacente a estas normas legais – de acordo com a qual os animais são seres que nos são inferiores porque não dispõem de consciência de si e devem, em consequência, ser vistos como instrumentos do ser humano, como meios para um fim – tem a sua origem no Direito Romano, foi influenciada pelos

---

[214] Cf. art.s 212.º e 213.º do Código Civil Português, art.s 354.º e 355.º do Código Civil Espanhol e art. 547.º do Código Civil Francês. O animal pode também constituir uma *res nullius*, susceptível de um acto de ocupação, prevendo, por exemplo, o art. 1318.º do Código Civil Português, a aquisição por ocupação dos "animais e outras coisas móveis que nunca tiveram dono, ou foram abandonados, perdidos ou escondidos pelos seus proprietários (…)". Este acto, tratando-se de um animal bravio que viva em liberdade natural, é objecto de regulamentação especial, que regula o exercício da caça e da pesca. *Vid.*, sobre este ponto, JUSTO, A. Santos (2007), *Direitos Reais*, Coimbra: Coimbra Editora, pp. 139-141.

[215] Cf. art.s 493.º e 502.º do Código Civil Português, art. 1905.º do Código Civil Espanhol, e art. 1385.º do Código Civil Francês.

teólogos católicos[216], e pela filosofia alemã do século XIX[217]. Esta abordagem filosófica que atribui um lugar específico aos seres humanos no seu relacionamento com a natureza e com os animais, dado considerar-se que os humanos ocupam uma posição "superior" ainda é, no entendimento do GROUP OF ADVISERS ON THE ETHICAL IMPLICATIONS OF BIOTECHNOLOGY TO THE EUROPEAN COMMISSION, partilhada pela maior parte dos cidadãos europeus[218].

Como a xenotransplantação envolve a modificação genética dos animais, incluindo a transferência de genes humanos para os animais e a subsequente introdução de genes animais no corpo humano, podemos perguntar: quantos genes humanos deve um animal possuir para poder ser considerado, *de iure condendo*, pessoa em sentido jurídico?

---

[216] Está escrito no Génesis, I, 26, que "Façamos o homem à nossa imagem, e semelhança, o qual presida aos peixes do mar, às aves do céu, aos animais, e a todos os répteis, que se movem sobre a terra, e domine em toda a terra".

[217] Por exemplo KANT, na *Fundamentação da Metafísica dos Costumes* refere que: "Os seres cuja existência depende, não em verdade da nossa vontade, mas da natureza, têm contudo, se são seres irracionais, apenas um valor relativo como meios e por isso se chamam *coisas* ao passo que os seres racionais se chamam *pessoas* (...)". Cf. KANT, Immanuel (1992), *Fundamentação da Metafísica dos Costumes* (trad. da ed. alemã de 1922 publ. pela casa de Bruno Cassirer, em Berlim, a qual constitui uma reprodução da 2ª ed. de 1786, por Paulo Quintela), Lisboa: Edições 70, Lda., p. 68. *Vid.*, sobre a posição defendida na matéria por este Autor, ROLLIN, Bernard E. (2006), *Animal Rights and Human Morality*, 3.ª ed. New York: Prometheus Books, pp. 57 e ss.

[218] EUROPEAN COMMISSION (1998), *Opinions of the Group of Advisers on the Ethical Implications of Biotechnology to the European Commission*, Bruxelles: European Commission, p. 65. Em Portugal esta abordagem encontra-se subjacente às soluções preconizadas pelo legislador na Lei de Protecção aos Animais, a Lei n.º 92/95, de 12 de Setembro, segundo as quais os animais devem ser tratados pelo homem como coisas que beneficiam de uma especial protecção jurídica, reflexo da relação que frequentemente se estabelece entre o homem e o animal e da consequente noção de que não é moralmente correcto infligir sofrimento a um animal. Aliás, esta lei proíbe, desde logo, no art. 1.º, todas as violências injustificadas contra animais, entendendo-se por "violências injustificadas" todos os actos humanos "consistentes em, sem necessidade, se infligir a morte, o sofrimento cruel e prolongado ou graves lesões a um animal". De igual modo determina terem os seres humanos o dever de, na medida do possível, socorrer animais doentes, feridos ou em perigo, e de não abandonar intencionalmente animais de companhia. Refere-se ainda admitir este diploma legal que os animais sejam utilizados em investigação científica, desde que se trate de uma "experiência científica de comprovada necessidade". *Vid.*, na matéria, OSSWALD, Walter (1995), "Ética de Responsabilidade e Vida Animal", *in A Bioética e o Futuro*, Lisboa: Academia das Ciências de Lisboa, pp. 69 – 71.

O eventual reconhecimento, no Direito a constituir, de personalidade jurídica aos animais não humanos (entendida como a susceptibilidade abstracta de ser titular de direitos e de obrigações) suscita igualmente outras questões, desde logo a de saber a que animais deveria ser atribuído o estatuto de pessoa.

Os defensores da atribuição de direitos aos animais entendem que a aludida "parede" que separa o ser humano dos outros animais deve ser reconstruída. Mas onde? A que animais reconhecer a qualidade que é a personalidade jurídica e a que animais não a reconhecer? A que critério(s) apelar para proceder a esse reconhecimento? Ao da constituição genética, ao da racionalidade, ao da capacidade de ter consciência de si, ao da capacidade para sentir a dor?

Se, por exemplo, optarmos pelo critério cuja aplicação determina ser pessoa em sentido jurídico o ser dotado de auto-consciência, não o será a pessoa portadora de deficiência mental grave ou, por exemplo, que se encontre em coma profundo – caso em que a aludida parede seria edificada de modo a deixar do lado dos não sujeitos de direito alguns dos membros da espécie humana. Como saber onde traçar a linha de demarcação entre o sujeito de Direito e as coisas em sentido jurídico? Entre o ser humano (que também é um animal) e os restantes animais que juridicamente sempre pertenceram à categoria das coisas?

WALTER OSSWALD afirma, na matéria, que "os defensores dos animais não estendem aos insectos, aos vermes, aos aracnídeos a preocupação que os anima quanto ao rinoceronte e à águia real", afigurando-se-lhe "ingénuo ou pouco realista ignorar a sensibilidade e a visão antropocêntrica, mesmo do mais entranhado protector dos animais: um cão ou um gato não é uma sanguessuga ou uma lula e, como diria Orwell, todos os animais são iguais, mas alguns são mais iguais do que os outros"[219].

Posição doutrinal também compartilhada, entre outros, por ROBERTO ANDORNO, segundo o qual, se optássemos por reservar o estatuto de pessoa aos animais domésticos seria "permitido matar um insecto inoportuno, porque ele continuaria a ser considerado uma 'coisa', bem como os animais destinados à alimentação humana, salvo se se

---

[219] OSSWALD, Walter (1995), p. 73.

pretendesse impor um vegetarianismo obrigatório". Pelo contrário, "o cão e o gato domésticos seriam protegidos de um tal risco, porque seriam elevados à categoria de 'pessoas', à semelhança ... dos seus proprietários"[220]. Ou seja, a categoria dos animais titulares de direitos seria uma categoria "heteróclita", uma vez que "apenas uma aristocracia de entre eles poderia contar com o apoio dos seus amigos poderosos"[221], os humanos...

O conceito que as sociedades ocidentais formulam do animal e o consequente estatuto jurídico que lhe é atribuído foi sempre uma construção humana, apresentando actualmente esse estatuto, na generalidade dos Direitos positivos, uma certa ambiguidade, uma vez que tende a oscilar entre a completa reificação (por exemplo, no Direito Civil) e a tendência para a personificação (por exemplo nas leis de protecção do animal) do animal não humano. Ou seja, mesmo que o Direito viesse a reconhecer a capacidade de gozo de direitos a determinados animais, seria sempre o ser humano a dar "voz" a esses animais, uma vez que seria a partir das categorias de pensamento humanas que esse reconhecimento seria feito, porque ainda que se admitisse a existência de um "discurso animal", tal discurso não seria acessível ao ser humano. Não nos parece, portanto, ser possível evitar o antropormorfismo na definição de um qualquer estatuto jurídico para o animal.

Acresce ainda ser a decisão de atribuir ou de não atribuir personalidade jurídica ao animal uma decisão de natureza jurídica – é ao legislador a quem incumbe definir, em última linha, e com base numa determinada concepção de Justiça, onde deve ser construída a aludida "parede" que separa os sujeitos de direito dos não sujeitos de direito. Embora os dados de natureza biológica (nomeadamente genética) possam e devam ser tidos em conta pelo legislador quando define o estatuto a atribuir ao ser humano e aos restantes animais, o legislador não se limita a transpô-los acriticamente para a norma jurídica, uma vez que pretende com a adopção da norma produzir determinados efeitos na realidade social. Dizendo de outro modo: o

---

[220] ANDORNO, Roberto (1996), p. 32.

[221] CARBONNIER, Jean (1989), "Sur les Traces du Non-Sujet de Droit", *Archives de Philosophie du Droit*, t. 34, Paris: Sirey, p. 201.

conceito jurídico de animal não se confunde com o conceito filosófico, nem naturalístico e é formulado em função de um critério jurídico.

Como as normas adoptadas apontam sempre para um dever ser, são *normativas*, decisivos para a definição do referido estatuto são os valores de que o legislador parte. Assim, por hipótese, pode partir de uma concepção ecocêntrica do mundo, segundo a qual a natureza é entendida como uma comunidade de partes interdependentes, onde os seres humanos não são mais do que um elemento, onde o homem é, tal como os restantes animais, um ser vivo que se integra nessa comunidade. A ausência de diferença quanto à pertença a essa comunidade encontra-se subjacente à adopção de soluções como a contida no artigo 120.º da Constituição Federal da Confederação Suíça, segundo o qual a legislação federal a adoptar em matéria da utilização do património genético dos animais respeitará "a integridade dos organismos vivos e a segurança do ser humano, do animal e do ambiente e protegerá a diversidade genética das espécies animais e vegetais"[222].

Diferentes serão, no entanto, as soluções obtidas a partir de uma concepção antropocêntrica do universo, assente na ideia de que embora o ser humano seja também um ser vivo existe uma "diferença específica" que justifica que lhe seja atribuído um estatuto jurídico distinto e mais favorável do que o dos restantes animais. Que diferença é essa que permite determinar a exacta localização da "parede" que demarca o reino humano do reino animal?

Várias respostas são possíveis: a razão[223], a liberdade[224], a capacidade de se distanciar da natureza[225], a capacidade de se dotar de

---

[222] Art. 120.º (*"Génie génétique dans le domaine non humain"*) da Constituição Federal Suíça, de 18 de Abril de 1999.

[223] Posição defendida por, por exemplo, ANTÓNIO PEREIRA DA COSTA que afirma o seguinte: "A razão é um atributo que separa uns dos outros, constituindo a sua falta o motivo por que aqueles que não são capazes de direitos e obrigações, dado que lhes falta a noção do bem, do justo e do conveniente, não lhes podem ser impostos os preceitos da lei, para que seja por eles obedecida e observada". Cf. COSTA, António Pereira da (1998), p. 9.

[224] JEAN-JACQUES ROUSSEAU defende ser esta a diferença específica, escrevendo: "Todo o animal tem ideias, uma vez que tem sentidos, combina mesmo as suas ideias até certo ponto, e o homem não se distingue a este propósito do animal senão como se distingue o mais do menos. (…) não é pois tanto o entendimento que faz entre os animais a distinção específica do homem, mas a sua qualidade de agente livre. A natureza manda todos os

uma história, de uma cultura... Ou, ainda, a capacidade de ser autor e destinatário de regras, de ser auto-legislador no plano moral[226], de ser sujeito ético[227] e, em consequência, nos ordenamentos jurídicos que aceitem o personalismo ético, de ser sujeito em sentido jurídico. São, portanto, em teoria, várias as soluções possíveis no que concerne ao problema do estatuto jurídico dos animais: a de atribuir personalidade jurídica apenas aos seres humanos, que é a seguida pela generalidade dos Direitos ocidentais; a de atribuir personalidade jurídica aos seres humanos e a animais de algumas outras espécies, nomeadamente aos primatas superiores, ou a de a atribuir a todos os animais, solução que se revela utópica se atentarmos nas hipóteses de lhe dar exequibilidade.

---

animais e o animal obedece. O homem exprimenta a mesma impressão, mas reconhece-se livre de concordar ou de resistir; e é sobretudo na consciência desta liberdade que se mostra a espiritualidade da sua alma". Cf. ROUSSEAU, Jean-Jacques (1995), ROUSSEAU, Jean-Jacques (1995), *Discurso sobre a Origem e Fundamentos da Desigualdade entre os Homens* (trad. do original francês por M. de Campos), 3.ª ed. (1.ª ed. original: 1754), Mem Martins: Publicações Europa-América, p. 33.

[225] Por exemplo FRANÇOIS OST refere, na matéria em análise, que: "A distinção feita entre liberdade e determinismo resulta, assim, numa relação diferente com a natureza: imanência para o animal, transcendência para o homem; num caso, a imersão num cenário pré-determinado, no outro, a possibilidade de dele se destacar, ou, mais precisamente, de lhe dar sentido, imprimindo-lhe uma direcção inesperada. Por seu lado, este tema do "afastamento" em relação à natureza implica a ideia de progresso, de educação, de perfectibilidade". Cf. OST, François (1997), *A Natureza à Margem da Lei, A Ecologia À Prova do Direito* (trad. do orginal francês de 1995 por Joana Chaves), Lisboa: Instituto Piaget, pp. 247-248.

[226] KANT escreve, a este propósito, que a intenção moralmente boa proporciona ao ser racional a possibilidade "de *participar na legislação universal* e o torna por este meio apto a ser membro de um possível reino dos fins, para que estava já destinado pela sua própria natureza como fim em si e, exactamente por isso, como legislador no reino dos fins, como livre a respeito de todas as leis da natureza, obedecendo somente àquelas que ele mesmo se dá e segundo as quais as suas máximas podem pertencer a uma legislação universal (...)". Cf. KANT, Immanuel (1992), pp. 78-79.

[227] *Vid.*, por exemplo, CARL COHEN que considera que "os conceitos de bem e de mal são completamente ignorados pelos animais, eles não os entendem e não lhes são aplicáveis", sendo "as zebras, os leões e os ratos completamente amorais, não existindo, no seu mundo, direitos". O que o leva a concluir que "os animais não podem ser titulares de direitos porque o conceito de direitos não se aplica no seu mundo", uma vez que é um conceito essencialmente humano, que apareceu e tem sentido apenas no contexto de um universo moral humano. Cf. COHEN, Carl (1999), "Do Animals Have Rights?", *in Contemporary Issues in Bioethics* (coord.: Tom L. Beauchamp e Leroy Walters), 5.ª ed., Belmont: Wadsworth Publishing Company, pp. 498 e ss.

Outra resposta possível seria, ainda, a de abandonar a *summa divisio* pessoa/coisa e encontrar um terceiro termo intermédio, segundo o qual o animal não seria nem pessoa nem coisa, beneficiando de um estatuto híbrido. Esta solução, nos actuais quadros do pensamento jurídico, afigura-se-nos insustentável, porque impossível no plano lógico: como a personalidade jurídica é uma qualidade, ou se tem ou não se tem, não se podendo ser apenas "meia-pessoa", ou "meia--coisa". Fica, no entanto, em aberto a interrogação sobre a bondade jurídica da solução de atribuir personalidade jurídica a outros animais para além do humano.

JEAN CARBONNIER, por exemplo, responde que "talvez seja, para uma civilização jurídica, um sinal de maturidade *reificar* os animais", não os deixando aceder à categoria das pessoas, dado que o reconhecimento de direitos subjectivos aos animais, nos Direitos arcaicos (como o hindu) trazer consigo o perigo de "abafamento" da humanidade[228]. De igual modo ROBERTO ANDORNO sublinha que "a partir do momento em que *todos* os indivíduos (humanos, animais e vegetais) são igualmente dignos, ninguém é digno" porque, "por definição, um ser é digno precisamente na medida em que ele se distingue dos outros".

Parece-nos ser de secundar a posição destes Autores, uma vez que radicando o reconhecimento da personalidade jurídica no respeito pela eminente dignidade da pessoa humana, estender esse reconhecimento a outros animais traria o perigo de esvaziamento do conteúdo daquele valor, o que poderia, como refere o último Autor referido, "abrir as portas às piores barbaridades contra os homens, que ficariam privados daquilo que os diferenciava do resto do mundo: a sua dignidade inatingível"[229].

Concluímos, deste modo, que embora haja diferenças (mais ou menos profundas) entre a constituição genética do ser humano e a dos restantes animais, a razão de ser da atribuição, pelo Direito, de um diferente estatuto jurídico não pode ser encontrada nos genes, mas sim numa diferente valoração que se traduz no reconhecimento ou não reconhecimento da eminente dignidade de pessoa humana.

---

[228] CARBONNIER, Jean (1998), *Droit Civil*, t. 3, 18.ª ed. rev. (1.ª ed. em 1956), Paris: Presses Universitaires de France, pp. 341-342.

[229] ANDORNO, Roberto (1996), p. 34.

Radica, no fundo, no facto de as leis serem feitas por homens e para os homens (*Hominum causa omne jus constitutum est*[230]) sendo o universo jurídico, por essência, um universo humano.

Como referimos, o gene significa que cada ser humano "transporta em si mesmo a unidade bioquímica e a unidade genética da vida"[231], compartilhando a espécie *homo sapiens* parte do seu património genético com outras espécies animais e vegetais[232]. À semelhança de todas as outras também a espécie humana se encontra ameaçada de extinção porque, como salienta LEWONTIN, "de todas as espécies que já existiram, 99,9% estão extintas, e todas as que actualmente existem extinguir-se-ão um dia, e se não for por outra razão, porque daqui a cerca de dois mil milhões de anos o sol explodirá, destruindo o planeta"[233]. Apesar desta comunhão de destino o Direito quando define o estatuto jurídico das diferentes espécies fá-lo, como referimos, em termos de hierarquia/dominação, estabelecendo discriminações em sentido negativo que, em última análise, são discriminações em razão da espécie. Serão as mesmas justas? Tudo depende, uma vez mais, em cada situação considerada, da concepção de Justiça de que se parta. Segundo a concepção personalista de Justiça que perfilhamos em regra são-no.

A defesa de um estatuto jurídico discriminatório entre animais humanos e não humanos radica no facto de eles serem considerados como não portadores da eminente dignidade de pessoa humana e constitui também uma discriminação justa em razão da constituição genética porque só reconhecemos a titularidade daquela dignidade a quem for membro da espécie humana e por isso portador de um património genético próprio dessa espécie. Esta é a solução jurídica dominante na Doutrina portuguesa, sendo também a que defendemos.

---

[230] HERMOGENIANUS, d., I, 5, 2.

[231] MORIN, Edgar (2001), MORIN, Edgar (2001), *La Méthode*, vol. 5, Paris: Éditions du Seuil, pp. 23 e 251.

[232] Como expressivamente refere JOHN HARRIS todos "partilhamos cerca de 90% dos nossos genes com os chimpanzés e 50% com as bananas!". Cf. HARRIS, John (2004), *On Cloning*, London: Routledge, p. 24.

[233] LEWONTIN, Richard (2001), p. 61. *Vid.*, em sentido semelhante, DUARTE, Maria Manuela dos Anjos (1999), *Opções Ideológicas e Política do Ambiente*, Coimbra: Almedina, pp. 19-20.

O tratamento jurídico discriminatório de que são alvo todas as espécies animais que não a humana é pois considerado justo à luz de uma concepção de Justiça assente no valor de dignidade da pessoa humana. Porém, como a realização desse valor em cada momento, exige um esforço de concretização em função das circunstâncias históricas concretas, essa realização tende hoje a ser interpretada no sentido de exigir, nas ordens jurídicas do tipo da nossa, a adequada protecção dos animais não humanos pela via da tutela jurídica objectiva. Constitui exemplo desta exigência a adopção do Protocolo Relativo à Protecção e ao Bem-Estar dos Animais, anexo ao Tratado de Amesterdão, assinado em 2 de Outubro de 1997, que impõe a consideração dos animais não humanos como "seres dotados de sensibilidade" devendo as disposições legislativas adoptadas pelos Estados membros tomar "plenamente em conta" as "exigências em matéria de bem-estar dos animais"[234].

Ao admitir-se apenas a personificação jurídica dos animais humanos está-se pois a consagrar um regime jurídico discriminatório que é considerado justo na medida em que se entende que o Direito está a tratar de forma diferente situações diferentes uma vez que se considera que o conceito de dignidade não deve abranger outras criaturas além das humanas.

12.4. *A Utilização de Primatas Não Humanos*

Os "animais fonte" mais proximamente relacionados, do ponto de vista biológico, com os receptores humanos de xeno-órgãos são, como se sabe, os primatas não humanos, afirmando por exemplo MATT RIDLEY que "com excepção da fusão do cromossoma 2, as diferenças visíveis entre o chimpanzé e os cromossomas humanos são mínimas. Em treze cromossomas não existem quaisquer diferenças visíveis. Se escolhermos ao acaso qualquer 'parágrafo' do genoma do chimpanzé e o compararmos com o 'parágrafo' correspondente do genoma humano, concluímos que poucas 'letras' diferem, em

---

[234] No mesmo sentido se determina no art. 3.º, n.º 1, da já aludida Convenção Europeia para a Protecção dos Animais de Companhia que "ninguém deve inutilmente causar dor, sofrimento ou angústia a um animal de companhia".

média menos de duas em cada duzentas. Somos, com uma aproximação de 98%, chimpanzés, e estes são, em cerca de 98%, seres humanos"[235].

Uma questão ético-jurídica fundamental suscitada pela xenotransplantação é, como referimos, a de saber se devemos ou não usar os primatas como "animais fonte", atento o facto de a extraordinária semelhança filogenética existente entre (pelo menos) os primatas superiores e os seres humanos sugerir que eles compartilham connosco capacidades ao nível da inteligência e da sociabilidade.

Esta semelhança é mesmo invocada, por alguns Autores, como fundamento da atribuição, *de iure condendo*, de personalidade jurídica aos primatas superiores – por exemplo, por STEVEN WISE, que no livro intitulado *Rattling the Cage*, defende que o reconhecimento de que "eles são dotados de consciência, capazes de entender uma relação de causa–efeito, de fabricar ferramentas, de viver em sociedade, de contar e de somar fracções, de tratar as suas doenças através de plantas medicinais e de comunicar através de símbolos", tal como nós, implica, no plano jurídico, que "lhes seja reconhecida personalidade jurídica e que gozem dos direitos fundamentais à integridade física e à liberdade", pelo que "a sua morte deve ser punida por aquilo que é, um genocídio"[236].

Esta posição é, no entanto, contestada por outros Autores, nomeadamente por A. L. CAPLAN, que salienta existirem importantes diferenças no que concerne às capacidades manifestadas pelos seres humanos e pelos restantes primatas, diferenças essas que justificam um tratamento diferenciado no plano jurídico. Neste sentido escreve: "os chimpanzés conseguem usar a língua gestual, mas os humanos têm muito mais para dizer. Os gorilas parecem raciocinar, mas os humanos têm cálculos, contos e a teoria quântica". Conclui, em consequência, que a realização da xenotransplantação utilizando como "animais fonte" primatas é perfeitamente aceitável no plano ético e jurídico, com base na assunção de que, "de um modo geral, o ser humano possui capacidades e habilidades que justificam que lhe seja atribuído um valor moral superior ao dos restantes primatas", sendo esta atribuição não uma manifestação "de um 'especismo',

---

[235] RIDLEY, Matt (2000), p. 28.
[236] WISE, Steven M. (2000), pp. 6 - 7.

mas sim a expressão de uma mais valia comparativa baseada em importantes diferenças empíricas existentes entre os dois tipos de criaturas". Sublinha mesmo que "se atenta a falta de órgãos humanos para transplante é ética a opção pela realização de xenotransplantes, então não seria ético realizar em seres humanos xenotransplantes cuja exequibilidade do ponto de vista imunológico ou fisiológico não tivesse sido previamente demonstrada em animais muito próximos do homem"[237].

Outra questão frequentemente suscitada pelos diversos Autores é a de saber se a criação de animais tão livres quanto possível de agentes infecciosos, nomeadamente sob condições *Specified--pathogen free*[238], pode afectar adversamente o bem-estar desses animais[239], uma vez que a criação destes animais transgénicos se encontra sujeita a condições excepcionais de assepsia e de isolamento, que podem ser prejudiciais para o seu equilíbrio fisiológico, *i.e.*, para o seu bem-estar[240].

13. A Criação de "Animais-fonte"

A xenotransplantação suscita assim e igualmente a questão de saber em que medida será aceitável, no plano ético e jurídico, que os seres humanos usem os outros animais como fontes de células, tecidos e órgãos, *i.e*, de saber se os animais devem ser usados como "bancos

---

[237] CAPLAN, A. L. (1999), pp. 407 - 408.

[238] Esta expressão é usada para descrever "um organismo do qual certos patogenes ou organismos infecciosos foram eliminados". Cf. NUFFIELD COUNCIL ON BIOETHICS (1996), p. 141.

[239] IAN WILMUT afirma, relativamente ao uso de porcos como dadores de órgãos para xenotransplantação que "a necessidade de criar os porcos num ambiente especial, livre de doenças, poderia suscitar problemas no que concerne à qualidade de vida deste inteligente animal". Cf. WILMUT, Ian (1999), p. 66.

[240] O CONSEIL SUISSE DE LA SCIENCE refere, a este propósito, que: "para minimizar o mais possível a transmissão de agentes patogénicos a criação de porcos transgénicos deve realizar-se em obediência às mais severas condições de higiene e em instalações especialmente construídas para o efeito. Os leitões nascerão por cesariana e deverão ser completamente separados da mãe porca e do seu leite. As suas primeiras semanas de vida decorrerão em isolamento, com alimentos esterilizados e fortificantes suplementares, para depois crescerem em pequenos grupos que ficarão sob vigilância constante". Cf. CONSEIL SUISSE DE LA SCIENCE (1998), p. 21.

de células, tecidos e órgãos". Esta questão remete-nos para uma outra: a de saber se será admissível produzir em grande escala e matar animais com vista à colheita de tecidos e órgãos para xenotransplantes.

Desde sempre o ser humano matou animais pertencentes a outras espécies, nomeadamente para fins de alimentação e vestuário. E, até muito recentemente, a proibição de matar, nos países de civilização de tradição judaico-cristã, apenas existia, no plano jurídico, relativamente aos animais pertencentes à nossa espécie, com a incriminação do homicídio. Tem, deste modo, ao longo dos tempos sido aceite, no plano jurídico, a produção de animais para alimentação, para vestuário, para companhia e para experimentação científica. Representará o uso de animais para colheita de órgãos e tecidos uma extensão inaceitável desta regra?

IAN WILMUT sublinha, a este propósito, que "um paradoxo interessante consiste no facto de que nós comemos animais, mas não humanos e, no entanto oferece-nos maiores reservas receber um transplante de um órgão de um animal do que de um órgão humano"[241]. De igual modo, ROBIN DOWNIE refere que "comer a carne de um animal é 'natural', no sentido de que muitas outras espécies animais também o fazem e os seres humanos são biologicamente carnívoros ou, pelo menos, omnívoros", enquanto o "transplante de tecido animal para os seres humanos não é 'não natural' no sentido de que é um artefacto humano"[242]. Mas, poderemos contrapor, não serão a generalidade das intervenções médicas artificiais, neste sentido?

Como referimos, embora o animal seja "depois da abolição da escravatura, o bem móvel mais próximo do homem"[243], ele não é sujeito de Direito e, logo, titular do direito à vida na sua vertente negativa: o direito a não ser morto. Não poderá, portanto, delinear-se, no caso da xenotransplantação, uma hipótese de conflito de direitos entre os direitos do receptor e os do "animal fonte", uma vez que este não é titular de direitos. Acresce ainda ser considerado, de um modo geral, como juridicamente aceitável a utilização de animais

---

[241] WILMUT, Ian (1999), p. 65.
[242] DOWNIE, Robin (1997), "Xenotransplantation", *Journal of Medical Ethics*, vol. 23, n.º 4, Agosto de 1997, p. 206.
[243] CARBONNIER, Jean (1998), p. 341.

para fins biomédicos, desde que seja efectuada de acordo com as regras existentes na matéria.

Parece-nos, assim, que a utilização dos animais como "animais fonte" para xenotransplante poderá ser lícita, à luz do Direito que existe no espaço europeu, se a xenotransplantação entrar na prática clínica e se não existirem formas alternativas (nomeadamente através de órgãos artificiais) de satisfazer a falta de órgãos para transplante em seres humanos. Comparando os enormes benefícios que podem advir da realização do xenotransplante para o ser humano (como sejam aliviar o seu sofrimento e o prolongamento da sua vida) com o prejuízo causado ao animal no qual são colhidos os órgãos (a lesão da sua integridade física ou a sua morte), consideramos que terão necessariamente de prevalecer aqueles benefícios. Esta conclusão impõe-se, também, se atendermos a que sendo o animal juridicamente qualificado como uma coisa, ele pode ser utilizado como um meio para se alcançar um fim, como um meio para a satisfação de determinados interesses dos seres humanos.

Desde o Renascimento que a Ciência utiliza animais para fins experimentais, sendo actualmente este tipo de experimentação largamente praticado e considerado indispensável para o progresso das ciências Biomédicas, pelo que a sua proibição poderia ter consequências graves para estas e, em última análise, para as pessoas em situação de doença, ou seja para toda a humanidade[244]. A maioria dos autores que se têm pronunciado na matéria considera ser a experimentação animal aceitável no plano jurídico, desde que sejam cumpridas as regras que visam assegurar o respeito pelo bem-estar animal.

Como é conhecido, até há cerca de duzentos anos, o animal de laboratório era encarado, sobretudo por influência da Filosofia cartesiana, como um simples material de laboratório, que o investigador podia utilizar a seu bel-prazer. Era-o porque se entendia que sendo o animal montado como um relógio, as suas expressões de 'sofrimento', de 'cólera', ou de 'receio', constituíam os efeitos reflexos dos mecanismos diversos de que ele era construído. Este entendimento começou

---

[244] Vid., na matéria, Osswald, Walter (1995), p. 330, e Sarmento, Evelyn Olivier, Fortes, Paulo António de Carvalho (2003), "Ética e Experimentação Animal" in *Bioética e Saúde Pública* (coord.: Paulo António de Carvalho Fortes e Elma Lourdes Campos Pavone Zoboli), São Paulo: Centro Universitário São Camilo e Edições Loyola, pp. 125 e ss.

a alterar-se, sobretudo por influência dos trabalhos de MONTAIGNE[245] e de BENTHAM[246], passando-se a tomar em atenção, na regulamentação da investigação biomédica, o sofrimento causado ao animal. Começou-se assim a aceitar que embora de acordo com a *summa divisio* do Direito os animais pertençam à categoria das coisas e não sejam pois titulares de direitos, tal não significa que os possamos tratar de qualquer modo, uma vez que os animais têm sensibilidade, razão por força da qual temos a obrigação de não os torturar gratuitamente, embora eles não sejam titulares do correspondente direito.

Gradualmente tem-se ainda vindo a reconhecer serem supérfluas muitas das experiências que têm sido realizadas com animais, até porque a experimentação no animal tem um carácter preditivo limitado, no que concerne ao ser humano, isto é, nenhuma espécie animal (nem sequer de primatas) tem reacções, face a determinada droga,

---

[245] Este Autor, aludindo ao respeito que o homem deve ter pelo animal, escreve, nos *Essais*, o seguinte: "Nunca fui capaz de contemplar sem dor a perseguição e a morte de um animal inocente de que não recebemos nenhum dano. (...) Os que são sanguinários para com os animais denunciam a sua natureza propensa para a crueldade. Logo que os romanos se fartaram dos espectáculos em que os animais eram mortos, passaram a ver matar os mártires e os gladiadores". É, no entanto, possível encontrar resquícios de uma preocupação com o bem-estar dos animais muitos séculos antes, em ARISTÓTELES, que aludindo aos cavalos preconiza que se algum cavaleiro "possuir um bom cavalo e aparentar alimentá-lo mal, será punido com a retenção do subsídio de alimentação". Cf. MONTAIGNE (1978), *Essais*, vol. II, Paris. Éditions Garnier Frères, pp. 111-112, e ARISTÓTELES (2003), *Constituição dos Atenienses* (trad. do original grego por Dlefim Ferreira Leão) (texto original: 329 a.c.), Lisboa: Edição da Fundação Calouste Gulbenkian, p. 100.

[246] Este Autor, defensor do reconhecimento de direitos aos animais, escreve: "Talvez chegue o dia em que o resto do reino animal encontre estes direitos, que não poderiam nunca ter-lhe sido retirados senão pela tirania. Os franceses já perceberam que a pele escura não é razão para se abandonar, sem recursos, um ser humano aos caprichos de um perseguidor. Talvez se acabe um dia por perceber, que o número de pernas, a pilosidade da pele ou a extremidade do osso sacro são razões, igualmente insuficientes, para abandonar uma criatura sensível à mesma sorte. O que deveria traçar a linha de demarcação? Será a faculdade de raciocinar ou, talvez, a faculdade da linguagem? Mas um cavalo chegado à maturidade ou um cão é, para lá de toda a comparação, um animal mais sociável e razoável do que um recém-nascido, com um dia, uma semana ou mesmo um mês de vida. Mas, supondo que eles sejam diferentes, de que nos serviria? A questão já não é: eles podem raciocinar? Nem: eles podem falar? Mas sim: eles podem sofrer?" Cf. BENTHAM, Jeremy (1996), *An Introduction to the Principles of Morals and Legislation*, Oxford: Clarendon Press, Cap. 17. A posição deste Autor em matéria de estatuto dos animais é analisada, por exemplo, por RACHELS, James (2004), *Elementos de Filosofia Moral* (trad. do original inglês de 2003 por F. J. Azevedo Gonçalves), Lisboa: Gradiva Publicações, pp. 144 e ss.

inteiramente sobreponíveis às dos animais humanos, não sendo portanto possível extrapolar, com inteira segurança, daqueles para estes. Deste modo, a legislação que na Europa regula o uso de animais para fins experimentais e outros fins científicos tem subjacente uma pré--compreensão que postula que, sempre que possível, o uso de animais seja substituído por métodos alternativos, nomeadamente químicos e que se evite infligir sofrimento inútil ao animal.

Os animais usados para os aludidos fins devem, portanto, ser tratados de acordo com os princípios que visam assegurar respeito pelo bem-estar animal, devendo o investigador assumir, nas palavras de WALTER OSSWALD, "a responsabilidade que lhe incumbe, a de ser defensor, procurador e zelador do animal que utiliza na sua investigação, tratá-lo-á com respeito". O investigador não realizará pois "experiências inúteis ou supérfluas, terá o maior cuidado em evitar o sofrimento ou dor (...) e dará uma morte 'humana' aos animais que tenham de ser sacrificados"[247]. Responsabilidade à qual se encontra adstrito de acordo com as normas comunitárias que regulam a utilização de animais para fins experimentais e outros fins científicos: as contidas na Directiva 86/609/CEE do Conselho, de 24 de Novembro de 1986, relativa à aproximação das disposições legislativas, regulamentares, e administrativas dos Estados membros respeitantes à protecção dos animais utilizados para fins experimentais e outros fins científicos[248], e na Convenção Europeia para a Protecção dos Animais Vertebrados Utilizados para Fins Experimentais e Outros Fins Científicos[249] e, ainda, no Protocolo de Alteração a esta Convenção[250].

---

[247] OSSWALD, Walter (1996), p. 333. *Vid.*, ainda, na matéria, BENTON, Ted (1998),"Animal Rights and Social Practices" *in Birth to Death, Science and Bioethics* (coord.: David C. Thomasma e Thomasine Kushner), Cambridge: Cambridge University Press, pp. 325 e ss., e COMSTOCK, Gary (2001), "An Alternative Ethic for Animals" *in Veterinary Bioethics in the 21st Century: Teaching and Veterinary Practice – Where Do We Go from Here?* (coord.: Annete Dula, Shearon Smith e Marian Gray Secundy), Tuskegee: Tuskegge University, pp. 77 e ss.

[248] Esta directiva foi alterada pela Directiva 2003/65/CE do Parlamento Europeu e do Conselho de 22 de Julho de 2003. Cf., ainda, na matéria, a Recomendação da Comissão de 18 de Junho de 2007, relativa a Directrizes sobre o Alojamento e os Cuidados a Prestar aos Animais Utilizados para Fins Experimentais e Outros Fins Científicos.

[249] Aberta à assinatura dos Estados-membros em Estrasburgo, em 18 de Março de 1986.

[250] Protocolo de Alteração à Convenção Europeia para a Protecção dos Animais Vertebrados Utilizados para Fins Experimentais e Outros Fins Científicos, aberto à assinatura dos Estados-membros em Estrasburgo, em 22 de Junho de 1998.

Estes textos jurídicos contêm disposições gerais que visam garantir que os animais utilizados para fins científicos sejam adequadamente tratados e que não lhes sejam desnecessariamente infligidos dor, sofrimento ou dano duradouro. Para efeitos da sua aplicação, entende-se por "animal para experiências" qualquer animal vertebrado vivo não humano utilizado ou destinado a ser utilizado em experiências e, por "experiência", a utilização de um animal para fins experimentais ou científicos que possam causar-lhe dor, sofrimento, aflição ou dano duradouro, incluindo qualquer acção que tenha em vista ou que possa resultar no nascimento de um animal em tais condições. Definem-se igualmente os objectivos em vista dos quais as experiências que utilizem animais podem ser realizadas, para serem abrangidas pelo campo de aplicação material da aludida directiva e tratados internacionais. Um desses objectivos é a prevenção, o diagnóstico ou o tratamento de doenças, estados precários de saúde ou outras situações anormais ou os seus efeitos no homem ou nos animais. Outros objectivos possíveis são a produção e o controlo da qualidade, da eficácia e da segurança dos medicamentos, ou a modificação de condições fisiológicas no homem ou nos animais.

Qualquer experiência realizada com vista à prossecução daqueles objectivos só pode ser efectuada por pessoas competentes e autorizadas, em estabelecimentos aprovados pelas autoridades nacionais competentes para o efeito. Outros requisitos adicionais têm de ser satisfeitos quando uma experiência que utilize animais for realizada: a escolha das espécies deve ser cuidadosamente realizada e, se possível, devem ser seleccionados os animais com o menor grau de sensibilidade neuro-fisiológica; as experiências devem ser organizadas de forma a envolverem o menor número de animais, a causarem a menor dor, sofrimento, angústia ou danos permanentes, e devem ser seleccionadas as experiências que oferecerem maiores probabilidades de resultados satisfatórios[251].

Em princípio a utilização de animais para xenotransplantação seria abrangida pelo aludido regime jurídico uma vez que o objectivo desta utilização é o tratamento de doenças, de estados precários de

---

[251] Cf. os art.s 2.º, 3.º e 7.º da Directiva 86/609/CEE do Conselho, de 24 de Novembro, e o art. 13.º da Convenção Europeia para a Protecção dos Animais Vertebrados Utilizados para Fins Experimentais e Outros Fins Científicos.

saúde ou de outras situações anormais ou os seus efeitos no ser humano ou nos animais.

A criação de animais transgénicos para serem utilizados na xenotransplantação, constituindo um procedimento científico susceptível de causar dor, sofrimento ou dano duradouro a um animal, também cai no âmbito de aplicação dos aludidos textos jurídicos[252].

No entanto, vários são os problemas que a aplicação dos referidos textos legais à xenotransplantação pode suscitar: Não deverão os investigadores, com vista a obter o resultado desejado, tentar desenvolver órgãos artificiais em vez de utilizarem animais? Como garantir que o animal não seja sujeito a dor, sofrimento ou dano violentos quando se trata de colher órgãos e tecidos do animal? Como produzir animais livres de organismos infecciosos e simultaneamente assegurar-lhes alguma liberdade de movimentos, alimentação, água e cuidados necessários à sua saúde e bem-estar?

O uso de primatas (especialmente de primatas capturados, retirados do seu meio natural) como "animais fonte" e como receptores de xenotransplantes suscita igualmente importantes questões relativas ao bem-estar animal. Será ética e legalmente aceitável matar primatas superiores apenas para demonstrar que os xenotransplantes são exequíveis em seres humanos?

Por exemplo, sendo os gorilas e os chimpanzés considerados espécies em risco de extinção, só deverão, como referimos, ser realizadas experiências com eles quando as experiências com outros animais não satisfizerem os objectivos biomédicos das experiências a realizar[253]. Parece-nos assim que como outras espécies (como sejam os porcos) podem ser utilizadas para fornecer órgãos para xenotransplantes, o uso de primatas superiores como "animais fonte" deverá ser considerado inaceitável no plano jurídico.

---

[252] De igual modo a Directiva 98/44/CE do Parlamento Europeu e do Conselho, de 6 de Julho, relativa à Protecção Jurídica das Invenções Biotecnológicas, exclui da patenteabilidade, no art. 6.º, n.º 2, que "os processos de modificação da identidade genética dos animais que lhes possam causar sofrimento sem utilidade médica substancial para o Homem ou para o animal, bem como os animais obtidos por esses processos".

[253] Cf. o art. 4.º da Directiva 86/609/CEE do Conselho, de 24 de Novembro.

A soluções semelhantes se chega pela análise das normas jurídicas que, no nosso País, asseguram a protecção dos animais utilizados para fins experimentais e outros fins científicos[254].

---

[254] Em Portugal, a transposição para a ordem jurídica nacional da aludida Directiva n.º 86/609/CEE do Conselho, de 24 de Novembro, foi feita pelo Decreto-Lei n.º 129/92, de 6 de Julho. O art. 2.º deste diploma determina que as normas técnicas relativas à sua execução serão aprovadas por portaria conjunta dos Ministros da Agricultura, da Educação, da Saúde e do Comércio e Turismo, o que veio a suceder, tendo sido adoptada, em 23 de Outubro de 1992, a Portaria n.º 1005/92, que aprova as normas técnicas de protecção dos animais utilizados para fins experimentais e outros fins científicos. Os conceitos de "animal para experiências" e de "experiência" para efeitos de aplicação da presente Portaria, constantes do art. 3.º da mesma, são idênticos aos referidos no âmbito dos textos internacionais acima referidos. O elenco dos objectivos em vista dos quais podem ser realizadas as experiências às quais se aplica a presente portaria integra igualmente o "desenvolvimento, produção e controlo de qualidade, eficácia e segurança de medicamentos (...) destinados a evitar, prevenir, diagnosticar ou tratar doenças, estados precários de saúde ou outras situações anormais, ou os seus efeitos no homem, animais ou plantas" (art. 4.º, al. a)). Preconiza-se também que sejam seleccionadas as experiências que exijam o menor número de animais, que utilizem animais com o menor grau de sensibilidade neuro-fisiológica e que sejam susceptíveis de causar menor dor, sofrimento ou danos permanentes ao animal (art. 11.º). São ainda proibidas as experiências em que sejam utilizados animais pertencentes a espécies consideradas ameaçadas de extinção salvo, nomeadamente, se tiverem um objectivo de natureza biomédica e se se provar que a espécie em questão é a única indicada para tal (art. 5.º da portaria em análise). A utilização de animais para fins experimentais ou outros fins científicos encontra-se também regulada pela Portaria n.º 124/99, de 17 de Fevereiro, que contem as normas a que devem obedecer os ensaios clínicos a realizar em animais de forma a que seja assegurado quer o respeito pela integridade física do animal, quer a eficácia e a segurança dos medicamentos veterinários. No que concerne às normas deontológicas sobre experimentação animal, podemos referir que tal como noutros Países Europeus, também em Portugal, a maior parte das experiências que utilizam animais são realizadas por veterinários e por biólogos. Ambas as profissões têm associações públicas nacionais que as representam: a Ordem dos Médicos Veterinários (criada pelo Decreto-Lei n.º 368/91, de 4 de Outubro), e a Ordem dos Biólogos (criada pelo Decreto-Lei n.º 183/98, de 4 de Julho) que visam assegurar o respeito pelos princípios deontológicos que norteiam o exercício das aludidas profissões. A Ordem dos Veterinários já aprovou o Código Deontológico do Médico-Veterinário, que integra um conjunto de regras de natureza deontológica que o veterinário deve observar no exercício da sua actividade profissional, e determina no art. 2.º, ter o veterinário a obrigação moral de respeitar a vida e o bem-estar dos animais. De acordo com o disposto no art. 12.º deste Código, o veterinário não deve participar em actividades que ponham em risco espécies raras ou em vias de extinção, nem em experiências prescindíveis para a investigação ou em que se verifiquem crueldades inúteis. Também o biólogo tem o dever legal de "estar atento à protecção e bem-estar dos animais experimentais, ponderando o número de indivíduos envolvidos, a relevância dos objectivos a alcançar, o sofrimento

14. Considerações Finais

Os ensaios clínicos de xenotransplates estão a iniciar-se em diversos países, nomeadamente Europeus, não obstante muitos deles não terem ainda adoptado legislação específica na matéria. Inegável, no entanto, é a existência de um esforço no sentido da harmonização da legislação internacional sobre xenotransplantação. São múltiplas e diversas as questões que necessitam de enquadramento jurídico: Ofenderá a xenotransplantação a dignidade humana, na medida em que quebra as barreiras entre espécies? Deveremos aceitar serem as espécies meros estádios fluidos num caminho no decurso do qual os animais se transformam uns nos outros? No entanto, serão as questões suscitadas pelos xenotransplantes realmente novas? Não teria DEADALUS – que fez dois pares de asas de cera e penas para si e para o seu filho, ICARUS, para poderem fugir de Creta – na mente a ideia da xenotransplantação?

15. Bibliografia

1. AA.VV. (1995), *A Bioética e o Futuro*, Lisboa: Academia das Ciências de Lisboa.
2. AA.VV. (1999) *Estudos de Direito do Consumidor*, n.º 1, Coimbra: Centro de Direito do Consumo da Faculdade de Direito da Universidade de Coimbra.
3. ANDORNO, Roberto (1996), *La Distinction Juridique entre les Personnes et les Choses à L'Épreuve des Procréations Artificielles*, Paris: Librairie Générale de Droit et de Jurisprudence.
4. ARAÚJO, Fernando (2003), *A Hora dos Direitos dos Animais*, Coimbra: Almedina.
5. ARCHER, Luís (1998), "Transplantações do Animal para o Homem", *Brotéria*, Maio /Junho de 1998, Lisboa.

---

envolvido e a existência de alternativas, e garantir condições adequadas de utilização de animais experimentais", bem como de zelar para que os progressos científicos "contribuam para uma melhoria da qualidade de vida e respeitem o equilíbrio dos seres vivos com o ambiente e manter-se empenhado na preservação da biodiversidade em maior segurança através do uso sustentável dos recursos naturais" (art. 16.º do Decreto-Lei n.º 183/98, de 4 de Julho).

6. ARISTÓTELES (2003), *Constituição dos Atenienses* (trad. do original grego por Dlefim Ferreira Leão) (texto original: 329 a.c.), Lisboa: Edição da Fundação Calouste Gulbenkian.
7. BAILLIE, Harold W., e CASEY, Tomothy K. (2005) (coord.), *Is Human Nature Obsolete? Genetics, Bioengineering, and the Future of the Human Condition*, Cambridge: Massachusetts Institute of Technology.
8. BEAUCHAMP, Tom L. e CHILDRESS, James F. (2001), *Principles of Biomedical Ethics*, 5.ª ed., Oxford: Oxford University Press.
9. BEAUCHAMP, Tom L., e WALTERS, Leroy (1999) (coord.), *Contemporary Issues in Bioethics*, 5.ª ed., Belmont: Wadsworth Publishing Company.
10. BECKERT, Cristina, e VARANDAS, Maria José (2004) (coord.), *Éticas e Políticas Ambientais*, Lisboa: Centro de Filosofia da Universidade de Lisboa.
11. BENTHAM, Jeremy (1996), *An Introduction to the Principles of Morals and Legislation*, Oxford: Clarendon Press.
12. BOUAL, Jean-Claude, e BRACHET, Philippe (2003) (coord.), *Santé et Principe de Précaution*, Paris: L'Harmattan.
13. BRUCE, Donald, e BRUCE, Ann (1999) (coord.), *Engineering Genesis, The Ethics of Genetic Engineering in Non-Human Species*, reimpressão (1.ª imp.: 1998), London: Earthscan Publications.
14. CANOTILHO, J. J. Gomes (1995), *Protecção do Ambiente e Direito de Propriedade (Crítica de Jurisprudência Ambiental),* Coimbra: Coimbra Editora.
15. CANOTILHO, J. J. Gomes e MOREIRA, Vital (2007), *Constituição da República Anotada*, vol. I, 4.ª ed. rev., Coimbra: Coimbra Editora.
16. CARBONNIER, Jean (1989), "Sur les Traces du Non-Sujet de Droit", *Archives de Philosophie du Droit*, t. 34, Paris: Sirey.
17. CARBONNIER, Jean (1998), *Droit Civil*, t. 3, 18.ª ed. rev. (1.ª ed. em 1956), Paris: Presses Universitaires de France.
18. CASABONA, Carlos Maria Romeo (1999) (coord.), *Biotechnology, Law and Bioethics, Comparative Perspectives*, Bruxelles: Éditions Bruylant.
19. CASABONA, Carlos Maria Romeo (2002) (coord.), *Los Xenotrasplantes, Aspectos Científicos, Éticos y Jurídicos*, Granada: Editorial Comares.
20. CHAPOUTHIER, Georges (1992), *Les Droits de L'Animal*, Paris: Presses Universitaires de France.
21. CHERRY, Mark J. (2005), *Kidney for Sale by Owner, Human Organs, Trnsplantation and the Market*, Washington: Georgetown University Press.
22. CONSEIL SUISSE DE LA SCIENCE (1998), "Xénotransplantation – Examinée sous Toutes les Coutures", *Technology Assessment*, n.º 30a/1998, Bern.
23. CORDEIRO, António Meneses (2007), *Tratado de Direito Civil Português*, vol. 1, t. III, 2.ª ed. rev., Coimbra: Almedina.
24. COSTA, António Pereira da (1998), *Dos Animais (O Direito e os Direitos)*, Coimbra: Coimbra Editora.

25. COUNCIL OF EUROPE (1997), *Explanatory Report to the Convention for the Protection of Human Rights and Dignity of the Human Being with Regard to the Application of Biology and Medicine: Convention on Human Rights and Biomedicine*, Dir/Jur (97) 5, Strasbourg: Council of Europe.
26. COUNCIL OF EUROPE (1999) (coord.), *International Conference of the Council of Europe on Ethical Issues Arising from the Application of Biotechnology, Oviedo (Spain), 16-19 May 1999*, Strasbourg: Council of Europe.
27. DEGOS, Laurent (1994), *Los Transplantes de Órganos* (trad. do original francês de 1994 por Gabriela Mistral), Madrid: Editorial Debate.
28. DESCARTES, René (1966), *Discours de la Méthode*, reimpressão (1.ª ed.: 1636), Paris: Garnier-Flammarion.
29. DIAS, Jorge de Figueiredo (1999) (coord.),*Comentário Conimbricense do Código Penal*, t. II, Coimbra: Coimbra Editora.
30. DINIZ, Maria Helena (2002), *O Estado Atual do Biodireito*, 2.ª ed. rev., São Paulo: Editora Saraiva.
31. DOWNIE, Robin (1997), "Xenotransplantation", *Journal of Medical Ethics*, vol. 23, n.º 4, Agosto de 1997.
32. DUARTE, Maria Manuela dos Anjos (1999), *Opções Ideológicas e Política do Ambiente*, Coimbra: Almedina.
33. DUARTE, Rui Pinto (2002), *Curso de Direitos Reais*, 2.ª ed. (1.ª ed.: 2002), Estoril: Principia.
34. DULA, Annete, SMITH, Shearon, e SECUNDY, Marian Gray (2001) (coord.), *Veterinary Bioethics in the 21st Century: Teaching and Veterinary Practice – Where Do We Go from Here?*, Tuskegee: Tuskegge University.
35. DULBECCO, Renato (1990), *Engenheiros da Vida* (trad. do original italiano de 1988 por Maria Helena V. Picciochi), Lisboa: Editorial Presença.
36. FARIA, Maria Paula Bonifácio Ribeiro de (1995), *Aspectos Jurídico-Penais dos Transplantes*, Porto: Universidade Católica Portuguesa.
37. FARIA, Maria Paula Bonifácio Ribeiro de (1995a), *Os Transplantes de Órgãos*, Porto: Edições Asa.
38. FORTES, Paulo António de Carvalho, e ZOBOLI, Elma Lourdes Campos Pavone (2003) (coord.), *Bioética e Saúde Pública*, São Paulo: Centro Universitário São Camilo e Edições Loyola.
39. GARCIA, Maria da Glória F. P. D. (2007), *O Lugar do Direito na Protecção do Ambiente*, Coimbra: Almedina.
40. GARRAFA, Volnei, e PESSINI, Leo (2003) (coord.), *Bioética: Poder e Injustiça*, São Paulo: Sociedade Brasileira de Bioética, Centro Univesitário São Camilo e Edições Loyola.
41. GASPAR, Pedro Portugal (2005), *O Estado na Emergência Ambiental*, Coimbra: Almedina.

42. GUEDES, Francisco Corrêa (1995), *Vírus, Sida e Sociedade Humana*, Lisboa: Planeta Editora e Universidade Autónoma de Lisboa.
43. HANSON, Mark J. (1995), "The Seductive Sirens of Medical Progress: The Case of Xenotransplantation", *Hasting Center Report*, vol. 25, n.º 5, Setembro / Outubro de 1995.
44. HARRIS, John (2004), *On Cloning*, London: Routledge.
45. HÖRSTER, Heinrich Ewald (2007), *A Parte Geral do Código Civil Português, Teoria Geral do Direito Civil*, 4.ª reimpressão da ed. de 1992, Coimbra: Almedina.
46. HUME, David (1999), *Enquête sur L' Entendement Humain* (trad. do inglês por Didier Deleule) (texto original: 1748), Paris: Librairie Générale Française.
47. JUSTO, A. Santos (2007), *Direitos Reais*, Coimbra: Coimbra Editora.
48. KANT, Immanuel (1992), *Fundamentação da Metafísica dos Costumes* (trad. da ed. alemã de 1922 publ. pela casa de Bruno Cassirer, em Berlim, a qual constitui uma reprodução da 2ª ed. de 1786, por Paulo Quintela), Lisboa: Edições 70, Lda.
49. KUHSE, Helga, e SINGER, Peter (1999) (coord.), *Bioethics, An Anthology*, Oxford: Blackwell Publishers.
50. LEITE, Fátima Correia, e NASCIMENTO, Esmeralda (2004), *Regime Jurídico dos Animais de Companhia*, Coimbra: Almedina.
51. LEWONTIN, Richard (2001), *A Tripla Hélice, Gene. Organismo. Ambiente* (trad. do original italiano de 1998 por Alberto Vasconcelos), Lisboa: Edições 70.
52. LIMA, Madalena (1996), *Transplantes, Relevância Jurídico-Penal (Legislação Actual)*, Coimbra: Livraria Almedina.
53. LOUREIRO, João Carlos Simões Gonçalves (1995), *Transplantações: Um Olhar Constitucional*, Coimbra: Coimbra Editora.
54. MACER, Darrly R. J (1990), *Shaping Genes: Ethics, Law and Science of Using Genetic Technology in Medicine and Agriculture*, Tsukuba: Eubios Ethics Institute.
55. MACHAN, Tibor R. (2004), *Putting Humans Fist Why We Are Nature's Favorite*, Laham: Rowman & Littlefield Publishers, Inc.
56. MAPPES, Thomas A. e DEGRAZIA, David (2001) (coord.), *Biomedical Ethics*, 5.ª ed., Boston: McGraw Hill.
57. MARKS, Jonathan (2003), *What it Means to be 98% Chimpanzee, Apes, People, and Their Genes*, Berkeley: University of California Press.
58. MARQUES, J. Remédio (2007), *Biotecnologia(s) e Propriedade Intelectual*, vol. I, Coimbra: Almedina.
59. MARTINS, António Carvalho (1986), *A Colheita de Órgãos e Tecidos nos Cadáveres Responsabilidade Criminal nas Intervenções e Tratamentos Médico-Cirúrgicos (o Artigo 150.º do Código Penal)*, Coimbra: Coimbra Editora.

60. MCCARTHY, Charles R. (1996), "A New Look at Animal-to-Human Organ Transplantation", *Kennedy Institute of Ethics Journal*, vol. 6.º, n.º 2, Junho de 1996, Baltimore: Johns Hopkins University Press.
61. MCCARRICK, Pat Milmoe (1995), "Organ Transplant Allocation", *Kennedy Institute of Ethics Journal*, vol. 5, n.º 4, Dezembro 1995, Baltimore: Johns Hopkins University Press.
62. MELO, Helena, BRANDÃO, Cristina, REGO, Guilhermina, e NUNES, Rui (2001), "Ethical and Legal Issues in Xenotransplantation", *Bioethics*, vol. 15, n.º 5/6, 2001, Oxford.
63. MELO, Helena Pereira de (2005), *Implicações Jurídicas do Projecto do Genoma Humano: Constituirá a Discriminação Genética Uma Nova Forma de Apartheid?*, t. IV, Lisboa: ed. policopiada.
64. MIDGLEY, Mary (2000), "Biotechnology and Monstrosity", *The Hastings Center Report*, vol. 30, n.º 5, Setembro / Outubro de 2000.
65. MIRANDA, Jorge, e MEDEIROS, Rui (2005) (coord.), *Constituição Portuguesa Anotada*, Coimbra: Coimbra Editora.
66. MODONESI, Carlo, TAMINO, Gianni, e VERGA, Ivan (2007) (coord.), *Biotecnocrazia Informazione Scentifica, Agricoltura, Decisione Politica*, Milano: Editoriale Jaca Book.
67. MONTAIGNE (1978), *Essais*, vol. II, Paris. Éditions Garnier Frères.
68. MORIN, Edgar (2001), *La Méthode*, vol. 5, Paris: Éditions du Seuil.
69. MURPHY, Tiomothy F., e VEATCH, Robert M. (2006), "Members First: The Ethics of Donating Organs and Tissues to Groups", *Cambridge Quarterly of Healthcare Ethics*, vol. 15, n.º 1, Winter 2006, Cambridge: Cambridge University Press.
70. NUFFIELD COUNCIL ON BIOETHICS (1996), *Animal-to-Human Transplants, the Ethics of Xenotransplantation*, Nuffield Council on Bioethics: London.
71. ORGANISATION FOR ECONOMIC CO-OPERATION AND DEVELOPMENT (1999), *Xenotransplantation, International Policy Issues*, Paris: OECD Publications.
72. OLIVEIRA, Ana Perestrelo de (2007), *Causalidade e Imputação na Responsabilidade Civil Ambiental*, Coimbra: Almedina.
73. OST, François (1997), *A Natureza à Margem da Lei, A Ecologia À Prova do Direito* (trad. do orginal francês de 1995 por Joana Chaves), Lisboa: Instituto Piaget.
74. PALCA, Joseph (1995), "Animal Organs for Human Patients?", *Hastings Center Report*, vol. 25, n.º 5, September-October 1995.
75. PENCE, Gregory E. (2004), *Classical Cases in Medical Ethics*, 4.ª ed., New York: McGraw-Hill.
76. RACHELS, James (2004), *Elementos de Filosofia Moral* (trad. do original inglês de 2003 por F. J. Azevedo Gonçalves), Lisboa: Gradiva Publicações.
77. RANGEL, Paulo Castro (1994), *Concertação, Programação e Direito do Ambiente*, Coimbra: Coimbra Editora.

78. REGAN, Tom (2001), *Defending Animal Rights*, Illinois: University of Illinois Press.
79. REGAN, Tom (2003), *Animal Rights, Human Wrongs, An Introduction to Moral Philosophy*, Lanham: Rowman & Littlefield Publishers.
80. ROCHA, Mário de Melo (2003) (coord.), *Estudos de Direito do Ambiente*, Porto: Publicações da Universidade Católica.
81. ROLLIN, Bernard E. (2006), *Animal Rights and Human Morality*, 3.ª ed. New York: Prometheus Books.
82. ROSA, Humberto D. (2004) (coord.), *Bioética para as Ciências Naturais*, Lisboa: Fundação Luso-Americana para o Desenvolvimento.
83. RIDLEY, Matt (2000), pp. *Genome, The Autobiography of a Species in 23 Chapters*, reimpressão da ed. de 1999, London: Fourth Estate.
84. RISQUEZ, Juan Picon (1996), *Derecho Medioambiental de la Unión Europea*, Madrid: McGraw-Hill.
85. ROUSSEAU, Jean-Jacques (1995), *Discurso sobre a Origem e Fundamentos da Desigualdade entre os Homens* (trad. do original francês por M. de Campos), 3.ª ed. (1.ª ed. original: 1754), Mem Martins: Publicações Europa-América.
86. SICARD, Didier (2003) (coord.), *Travaux du Comité Consultatif National d'Éthique, 20e Anniversaire*, Paris: Presses Universitaires de France.
87. SILVA, Vasco Pereira da, e MIRANDA, João (2004), *Verde Código, Legislação de Direito do Ambiente*, Coimbra: Almedina.
88. SILVA, Vasco Pereira da (2006), *Ensinar Verde a Direito, Estudo de Metodologia do Ensino do Direito do Ambiente (em "Ambiente de Bolonha")*, Coimbra: Almedina.
89. SIMÕES, Jorge (2004), *Retrato Político da Saúde, Dependência do Percurso e Inovação em Saúde: Da Ideologia ao Desempenho*, Coimbra: Almedina.
90. SIMON, Jürgen (2000), "La Dignidad del Hombre como Princípio Regulador en la Bioética", *Revista de Derecho y Genoma Humano*, n.º 13, Julho-Dezembro de 2000, Bilbao: Universidade de Deusto.
91. SINGER, Peter (2000), *Writings on a Ethical Life*, New York: HarperCollins Publishers.
92. SINGER, Peter (2000), *Libertação Animal* (trad. da ed. inglesa de 1990 por Maria de Fátima St. Aubyn), Porto: Via Óptima.
93. SINGER, Peter (2002), *Unsanctifying Human Life*, Oxford: Blackwell Publishers.
94. SINGER, Peter (2006) (coord.), *In Defense of Animals, The Second Wave*, Oxford: Blackwell Publishing.
95. STEERING COMMITTEE ON BIOETHICS (2003), *Explanatory Report to the Recommendation Rec. (2003) 10 of the Committee of Ministers to Member States on Xenotransplantation*, Strasbourg: Council of Europe.

96. SUNSTEIN, Cass R., e NUSSBAUM, Martha C. (2004) (coord.), *Animal Rights, Current Debates and New Directions*, Oxford: Oxford University Press.
97. THOMASMA, David C., e KUSHNER, Thomasine (1998) (coord.), *Birth to Death, Science and Bioethics*, Cambridge: Cambridge University Press.
98. TONELLI, Chiara, e VERONESI, Umberto (2007), *Che Cosa Sono Gli Organismi Geneticamente Modificati*, Italia: Sperling Paperback.
99. WAISSMAN, Renée (2001), *Le Don d'Organes*, Paris: Presses Universitaires de France.
100. WISE, Steven M. (2000), *Rattling the Cage, Towards Legal Rights for Animals*, London: Profile Books.
101. WORLD HEALTH ORGANIZATION (1998) *Report of WHO Consultation on Xenotransplantation*, Genebra: World Health Organization.

III.
OS DIREITOS DA GERAÇÕES FUTURAS

SUMÁRIO

1. Introdução
2. O conceito de gerações futuras
3. A responsabilidade perante as gerações futuras
   3.1 A responsabilidade segundo Hans Jonas
   3.2. A responsabilidade segundo John Rawls
   3.3. A solidariedade intergeracional
4. O reconhecimento de direitos às gerações futuras
   4.1. Os direitos das gerações futuras como direitos colectivos
   4.2. A representação das gerações futuras
5. O direito das gerações futuras a beneficiar do genoma humano
   5.1. A selecção embrionária e fetal e os crimes contra a humanidade
   5.2. Os difíceis conceitos de "gene" e "genoma"
   5.3. O reducionismo e determinismo genéticos
   5.4. A dignidade humana e o genoma humano
   5.5. A dignidade humana e os direitos intangíveis
   5.6. A dignidade humana e o "irredutível humano"
6. Considerações finais
7. Bibliografia

1 . **Introdução**

Quando nos referimos à questão do eventual reconhecimento de direitos às gerações futuras são várias as perguntas que se colocam: Quem são estas gerações futuras? Têm estas gerações futuras direitos? Faz sentido falar em Justiça intergeracional? Devemos atender, nas nossas opções presentes, aos interesses dos indivíduos que ainda não nasceram? Poderão os membros dessas gerações ser discriminados em consequência dessas nossas opções?

2. **O Conceito de Gerações Futuras**

Vários sentidos têm sido atribuídos à expressão "gerações futuras", quer abrangendo as crianças já nascidas, quer abrangendo apenas os indivíduos que nascerão num futuro mais ou menos remoto.

Se partirmos do conceito de geração como "o conjunto dos indivíduos nascidos mais ou menos ao mesmo tempo"[255], cobrindo cada geração um período de aproximadamente vinte e cinco anos, concluímos não existir uma clara demarcação entre uma geração e a geração imediatamente anterior ou seguinte. Há, pelo contrário, um *continuum* de gerações, que se sucedem no tempo e são portadoras de interesses comuns.

As gerações futuras são, assim, constituídas pelos indivíduos que existirão num determinado período da história da humanidade, pelos indivíduos futuros. Entendemos por "indivíduos futuros", na

---

[255] MALHOTRA, Ajai (1998), "Commentary on the Status of Future Generations as a Subject of International Law", *in Future Generations and International Law* (coord.: Emmanuel Agius e Tae-Chang Kim), London: Earthscan Publications, p. 41. *Vid.*, também, FIGUEIREDO, Helena Maria Vieira de Sá (2005), *A Procriação Medicamente Assistida e as Gerações Futuras*, Porto: Serviço de Bioética e Ética Médica da Faculdade de Medicina do Porto, pp. 99 e ss.

esteira de GIULIANO PONTARA "todos aqueles indivíduos que relativamente aos indivíduos existentes num determinado período de tempo *t*, existirão de facto depois de *t*"[256]. De acordo com esta acepção, os indivíduos futuros são indivíduos que ainda não existem, sendo impossível determinar com exactidão quem e quantos serão. Juridicamente são concepturos *i.e.*, nascituros ainda não concebidos cujo nascimento futuro se prevê como possível.

Estes indivíduos farão parte da colectividade *ad infinitum* de todos os seres humanos que sucederão à presente geração que se encontra viva num determinado momento considerado. Cada geração é, deste modo, um elo numa cadeia sem fim de gerações que colectivamente formam uma comunidade, a "família" da humanidade.

Aparece, deste modo, o conceito de humanidade como uma comunidade intergeracional, que inclui as gerações passadas, presentes e futuras, como "uma comunidade de seres que olham para trás e para a frente, que interpreta o passado à luz do presente, que vê o futuro como nascido do passado"[257]. Como uma comunidade que constitui uma unidade uma vez que toda a pessoa, quer viva hoje ou no futuro, se encontra relacionada genética e culturalmente com o resto da raça humana. Humanidade pode assim significar, como refere VÍCTOR MARQUES DOS SANTOS a "totalidade do género humano, o conjunto de todos os seres humanos que habitam o planeta"[258] ao longo de gerações sucessivas.

Cada vez mais os textos jurídicos internacionais reconhecem a humanidade como uma colectividade, como um todo (toda a espécie humana), com uma dimensão transespacial e transtemporal, o que tem levado parte da Doutrina[259] a defender que está a emergir um

---

[256] PONTARA, Giuliano (1996), *Ética e Generaciones Futuras*, (trad. do original italiano de 1995 por Isabel Riera), Barcelona: Editorial Ariel, p. 112.

[257] AGIUS, Emmanuel, e KIM, Tae-Chang (1998), "Introduction", *in Future Generations and International Law* (coord.: Emmanuel Agius e Tae-Chang Kim), London: Earthscan Publications, p. xiv.

[258] SANTOS, Victor Marques dos (2001), *A Humanidade e o Seu Património, Reflexões Contextuais sobre Conceptualidade Evolutiva e Dinâmica Operatória em Teoria das Relações Internacionais*, Lisboa: Instituto Superior de Ciências Sociais e Políticas, p. 68.

[259] *Vid.*, por todos, AGIUS, Emmanuel (1998), "Obligations of Justice Towards Future Generations: A Revolution in Social and Legal Thought", *in Future Generations and International Law* (coord.: Emmanuel Agius e Tae-Chang Kim), London: Earthscan

novo sujeito de direito na lei internacional, a humanidade. Já se encontra, aliás, com uma certa frequência, a utilização em textos jurídicos internacionais, da palavra "humanidade" de forma a abranger não apenas as gerações presentes, mas também as futuras. Põe-se, assim, a questão de saber se há lugar para o reconhecimento das gerações futuras como titulares de direitos nomeadamente sobre o seu património genético.

3. A Responsabilidade perante as Gerações Futuras

Embora as gerações futuras não sejam ainda reconhecias como sujeitos de Direito Internacional, vários instrumentos jurídicos internacionais, elaborados sobretudo sob a égide da ONU, exprimem preocupação com o futuro da humanidade.

O primeiro texto de natureza convencional a exprimir essa preocupação foi a Carta das Nações Unidas, em 1945, na qual os Povos das Nações Unidas, saídos da Segunda Guerra Mundial, se declaram "resolvidos a preservar as gerações vindouras do flagelo da guerra"[260].

Ao objectivo de preservar a paz, de geração em geração, veio associar-se um outro: o de assegurar um ambiente de qualidade que permita às gerações futuras ter uma vida com dignidade e bem-estar. Este objectivo encontra-se presente, nomeadamente, na Convenção sobre a Diversidade Biológica, aberta à assinatura na Conferência das Nações Unidas sobre o Ambiente e Desenvolvimento, em Junho de 1992, em cujo preâmbulo as Partes Contratantes se declaram determinadas "em conservar e utilizar de maneira sustentável a diversidade biológica em benefício das gerações actuais e futuras"[261]. De igual modo, na Convenção Quadro das Nações Unidas sobre Alterações Climáticas, aberta à assinatura na mesma cimeira, as respectivas

---

Publications, p. 8, e MALHOTRA, Ajai (1998), p. 40, e GOUVEIA, Jorge Bacelar (2005), *Manual de Direito Internacional Público, Introdução, Fontes, Relevância, Sujeitos, Domínio, Garantia*, 2.ª ed. rev., reimp. da ed. de 2004, Coimbra: Almedina, p. 428.

[260] Cf. o Preâmbulo da Carta das Nações Unidas, assinada em São Francisco a 26 de Junho de 1945. Cf., na matéria, MIRANDA, Jorge (2006), *Escritos sobre Direitos Fundamentais*, Estoril: Principia, pp. 227 e ss.

[261] Esta convenção foi aprovada, para ratificação, pelo Decreto n.º 21/93, de 21 de Junho.

Partes Contratantes assumem o dever de "proteger o sistema climático para benefício das gerações presentes e futuras da humanidade, com base na equidade e de acordo com as suas responsabilidades comuns mas diferenciadas e com as respectivas capacidades"[262].

No entanto, para além da necessidade de se assegurar um desenvolvimento económico e social sustentável (um desenvolvimento que respeite os limites ecológicos do Planeta) surge a consciência, na comunidade internacional, de que com os progressos da ciência não apenas a biosfera, mas também a própria espécie humana podem estar em perigo, sendo necessário salvaguardar o necessário respeito pelo ser humano enquanto indivíduo e enquanto membro de uma espécie. Neste sentido se afirma, na Convenção sobre os Direitos do Homem e a Biomedicina, que os progressos da Biologia e da Medicina "devem ser utilizados em benefício das gerações presentes e futuras"[263]. De igual modo, a Carta dos Direitos Fundamentais da União

---

[262] Cf. o art. 3.º da Convenção Quadro das Nações Unidas sobre Alterações Climáticas, adoptada em 9 de Maio de 1992 pelo Comité Intergovernamental de Negociação instituído pela Assembleia Geral das Nações Unidas e aberta à assinatura em 4 de Junho de 1992 na Conferência das Nações Unidas sobre o Ambiente e Desenvolvimento. Esta convenção foi aprovada, para ratificação, pelo Decreto n.º 20/93, de 21 de Junho e o seu texto foi rectificado pelo Decreto n.º 14/2003, de 4 de Abril.

[263] Cf. o Preâmbulo da CDHB. A preocupação com as gerações futuras encontra-se também presente na Convenção para a Protecção do Património Mundial, Cultural e Natural, aberta à assinatura em Paris, em 23 de Novembro de 1972, e aprovada pelo Decreto n.º 49/79, de 6 de Junho; no Acordo que Rege as Actividades dos Estados na Lua e nos Outros Corpos Celestes, publicado em anexo à Resolução da Assembleia-Geral das Nações Unidas de 5 de Dezembro de 1979; na Declaração Universal sobre a Diversidade Cultural adoptada pela Conferência Geral da UNESCO em 2 de Novembro de 2001; na Carta sobre a Preservação da Herança Digital, adoptada pela Conferência Geral da UNESCO em 15 de Outubro de 2003; na Declaração sobre a Destruição Intencional da Herança Cultural, adoptada pela Conferência Geral da UNESCO em 17 de Outubro de 2003; na Resolução sobre a Protecção do Clima para as Gerações Presentes e Futuras da Humanidade, adoptada pela Assembleia-Geral das Nações Unidas em 22 de Dezembro de 2004; na Convenção-quadro do Conselho da Europa sobre o Valor do Património Cultural para a Sociedade, adoptada em Faro, em 27 de Outubro de 2005, e assinada por Portugal nessa data; na Convenção sobre a Protecção e Promoção da Diversidade das Expressões Culturais, adoptada pela Conferência Geral da UNESCO em 20 de Outubro de 2005, e na Declaração Universal sobre a Bioética e os Direitos Humanos, adoptada pela Conferência Geral da UNESCO, em 19 de Outubro de 2005. *Vid.*, nomeadamente, na matéria, NABAIS, José Casalta (2004), *Introdução ao Direito do Património Cultural*, Coimbra: Almedina, pp. 29 e ss.

Europeia sublinha que o gozo dos direitos fundamentais nela consagrados, implica responsabilidades para com "a comunidade humana e as gerações futuras"[264].

Subjacente a estas normas encontra-se um conceito de solidariedade, de Justiça intergeracional. Mas, podemos perguntar, porque se afirma existir responsabilidade das gerações presentes perante as gerações futuras?

De entre as várias respostas existentes na Doutrina para esta pergunta seleccionámos apenas duas, pela importância que a obra dos seus autores teve na filosofia jurídica da segunda metade do século vinte: a de HANS JONAS e a de JOHN RAWLS.

3.1. *A Responsabilidade segundo Hans Jonas*

Segundo HANS JONAS, certos desenvolvimentos da técnica moderna "fizeram com que mudasse a natureza da acção humana". Com efeito, a acção humana, que mudou toda a bioesfera do planeta estendeu-se "à própria natureza do homem". Deste modo, foi o próprio homem que se acrescentou aos objectos da tecnologia, estando o *homo faber* "em vias de se voltar para si próprio e apresta-se a recriar o criador de tudo o resto".

O ser humano transformou-se, deste modo, "em objecto directo, tanto como em sujeito da mestria da engenharia", engenharia essa que, no caso da engenharia biológica, tem por objectivo "o controlo genético dos homens que hão-de vir" e, para "ser válida, tem de operar sobre o próprio original, sobre a verdadeira coisa no sentido mais estrito". Isto porque tem de operar sobre "as vidas reais dos indivíduos e até de populações inteiras, facto que anula a distinção global entre a mera experimentação e a acção definitiva". Acresce serem os resultados da engenharia biológica irrevogáveis porque "quando os resultados ficam à vista, é demasiado tarde para se fazer o que quer que seja".

Como neste tipo de engenharia, "a produção é indirecta, através do injectar do novo determinante na sequência genética, onde os

---

[264] Cf. o Preâmbulo da CDFUE.

seus efeitos começarão por evidenciar-se, na geração seguinte, auto-propagando-se depois através das gerações", para o engenheiro biológico o número de incógnitas co-presentes à planificação é imenso. A previsão da experiência fica assim reduzida "ao lançar dos dados", e o resultado obtido "fica normalmente além do que alcança o olhar do próprio experimentador", dado que os efeitos da experiência "vão-se somando uns aos outros, o que torna a situação para se agir e se ser crescentemente diferente daquilo que era para o agente inicial". O poder tecnológico, em "virtude dos seus efeitos do tipo e envergadura de bola de neve", impele-nos portanto para objectivos "de uma espécie que outrora eram prerrogativa das utopias".

Possibilita, pois, o "controlo genético das gerações futuras", o qual configura, nas palavras de Hans Jonas, "o mais ambicioso sonho do *Homo faber*, sintetizado pela ideia de que o homem faz tenção de tomar a sua evolução nas próprias mãos, com o objectivo não apenas de preservar a integridade da espécie mas de a modificar através de melhoramentos da sua própria lavra". Pergunta, aliás, este Autor, se temos o direito de o fazer, quem definirá a imagem ideal de homem e com base em que critérios e se temos "o direito moral de experimentar em seres humanos futuros". Com efeito, os recentes progressos biomédicos possibilitam a decisão sobre "quais" os indivíduos que irão existir no futuro – porque ao optarmos pela existência de seres humanos portadores de um determinado tipo de genes e não de outro, estamos a decidir "que tipo de criaturas hão-de povoar ou não" a Terra.

A natureza qualitativamente nova de algumas das nossas acções abriu, nas palavras de Hans Jonas, "uma dimensão inteiramente nova de significado ético, para a qual não existe precedente nos modelos e cânones da ética tradicional", que pressupunha, nomeadamente, a "inamovibilidade das características humanas".

Dizendo a ética respeito à acção, a "mudança de natureza da acção humana exige uma igual mudança na ética". Afigura-se portanto necessária uma ética que tome em consideração "a condição global da vida humana e o futuro distante ou até mesmo a existência da espécie", uma "ética da responsabilidade pelo futuro distante" que "nos assegure uma bússola para o futuro". Ética do futuro, que constitui "uma ética de hoje que se ocupa do futuro e entende protegê-lo para os nossos descendentes das consequências da nossa acção presente", e que parte do seguinte axioma geral: "que deveria haver por todo o futuro fora um mundo adequado à habitação humana, e que em todos os tempos ele deveria ser habitado por uma humanidade digna desse nome". Deduz-se, deste axioma, que em relação à humanidade futura existe uma "obrigação de existência" dessa humanidade e uma "obrigação de que seja uma humanidade verdadeira", capaz de responsabilidade. Em questão encontra-se, deste modo, "não apenas o destino do homem, mas também a sua imagem, não apenas a sua sobrevivência física, mas também a integridade da sua essência", devendo uma ética que assuma a responsabilidade pelo futuro humano, proteger ambas. Sugere, aliás, que se repense a imagem que temos do ser humano, "à luz das coisas que lhe podemos fazer hoje e que nunca antes pudemos fazer".

Devemos pois tomar em conta, nas nossas decisões quotidianas, "o bem daqueles que serão ulteriormente afectados por elas sem terem sido consultados", o que implica que "se maximize o conhecimento das consequências do nosso agir, na medida em que elas podem determinar e pôr em perigo o futuro destino do homem". À luz deste saber, deve determinar-se aquilo que convem admitir e o que se deve evitar, aquilo que "o homem deve ser" e aquilo que "ele não tem o direito de ser porque o diminui e desfigura". A prudência torna-se, deste modo, no "nosso primeiro dever ético", porque o que está em causa "é a própria natureza e imagem do homem" e porque "em face das potencialidades para-escatológicas dos nossos processos tecnológicos, a ignorância das implicações últimas torna-se ela própria numa razão para que se faça uso de comedimento responsável".

Define, assim, um novo imperativo pelo qual procura dar resposta a este novo tipo de acção humana: "Age de tal maneira que os efeitos da tua acção sejam compatíveis com a preservação da vida humana genuína", o qual se pode também exprimir negativamente por "não comprometas as condições de uma continuação indefinida da humanidade sobre a terra", ou ainda, por "nas tuas opções presentes, inclui a futura integridade do Homem entre os objectos da tua vontade". Reconhece aliás, aos seres humanos que existirão no futuro, "o direito de nos acusar a nós – seus antecessores – enquanto autores da sua infelicidade, se através do nosso agir que poderia ter sido evitado, lhe tivermos deteriorado o mundo ou a sua constituição humana"[265].

3.2. A Responsabilidade segundo John Rawls

Também JOHN RAWLS defende que embora as gerações não se encontrem subordinadas umas às outras e "nenhuma geração tenha exigências mais fortes do que outra", os membros das diferentes gerações têm deveres e obrigações uns para com os outros.

A questão da Justiça entre gerações – a questão de saber até que ponto a geração actual está vinculada a respeitar as exigências das gerações seguintes, é analisada pela teoria contratualista formulada por este Autor no âmbito da posição original. RAWLS parte, como referimos, do princípio de cariz individualista de que "uma sociedade é uma associação de pessoas, mais ou menos auto-suficiente, as quais, nas suas relações, reconhecem certas regras de conduta como sendo vinculativas e, na sua maioria, agem de acordo com elas", e de que "estas regras especificam um sistema de cooperação concebido para fomentar o bem dos que nele participam". Pergunta, assim, que tipo de estrutura sociopolítica essas pessoas escolheriam se estivessem

---

[265] Cf. JONAS, Hans (1994), *Ética, Medicina e Técnica* (trad. da ed. inglesa por António Fernando Cascais), Lisboa: Vega, pp. 16, 27-28, 38-39, 44-48, 52, 54-57, 63, 66-69, e JONAS, Hans (2000), *Le Principe Responsabilité, Une Éthique pour la Civilisation Technologique* (trad. do original alemão de 1979 por Jean Greisch), reimpressão, Paris: Flammarion, pp. 15, 56, 89-91 e 93. *Vid.*, igualmente, sobre este ponto, JONAS, Hans (1998) *Pour Une Éthique du Futur* (trad. do original alemão de 1993, por Sabine Cornille e Philippe Ivernel), Paris: Éditions Payot et Rivages, pp. 69-70, 82-86, 88, e 93-94. Entre nós e referindo-se aos riscos que dizem respeito a danos possíveis, mas ainda não concretizados, PAULO SILVA FERNANDES salienta que "basta termos em conta que ainda nem sequer nasceram todos os seres humanos afectados por Chernobyl, para surpreendermos a incapacidade operativa, ante tais dimensões de incerteza, do alcance, limites (tanto temporais como espaciais: quando, como e onde acaba um acidente deste tipo?) e mesmo da utilidade de um conceito como o de acidente, bem como da falácia dos princípios industriais de cálculo de riscos e de compensação de perdas e danos". Cf. FERNANDES, Paulo Silva (2001), *Globalização, "Sociedade de Risco" e o Futuro do Direito Penal Panorâmica de Alguns Problemas Comuns*, Coimbra: Almedina, p. 58. *Vid.*, também, ANDREWS, Lori B. (2001), *Future Perfect – Confronting Decisions About Genetics*, New York: Columbia University Press, pp. 2, 54-56.

devidamente posicionadas para fazer uma escolha, se se encontrassem naquilo a que chama a "posição original" do contrato social.

Nesta posição original, o que é escolhido é a estrutura básica da sociedade e para que esta escolha possa ser feita de forma imparcial e assim permitir a selecção unânime de uma estrutura sociopolítica justa, RAWLS preconiza encontrarem-se as partes situadas ao abrigo de um véu de ignorância que as impede de ver os seus próprios interesses. Quem são as partes na posição original?

As partes na posição original são, como também dissemos, sujeitos racionais, contemporâneos, que representam linhagens familiares e se preocupam, pelo menos, com a sua sucessão mais imediata. Pertencem, pois, todos à mesma geração, mas "não sabem a que geração pertencem ou, o que é o mesmo, qual o nível de civilização da sociedade respectiva". Pelo que lhes é dado saber podem, portanto, pertencer todos à primeira ou à última geração da humanidade ou a qualquer das outras. Desconhecem não apenas a situação política, económica, e o nível civilizacional da sociedade a que pertencem, mas também qual será o seu lugar nessa sociedade, a sua fortuna, talentos, capacidades, concepção do bem, projecto de vida...

As partes, na posição original encontram-se, portanto, sob um véu de ignorância que lhes esconde a maior parte dos factos específicos que lhes dizem respeito, bem como à sociedade a que pertencem. Apenas lhes é dado a conhecer "os factos gerais da sociedade humana" que afectam a escolha dos princípios de Justiça, tal como eles são descritos pelas Ciências Sociais.

Como referimos, RAWLS aceita o pressuposto de que as partes se preocupam efectivamente com o bem-estar dos seus filhos ou netos ou, pelo menos, com o bem-estar de um dos membros da geração seguinte. Considera igualmente ser a vida de um povo concebida como um esquema de cooperação que se espraia no tempo histórico, devendo "ser governada pela mesma concepção de justiça que regula a cooperação das pessoas que vivem contemporaneamente".

Do afirmado resulta que a geração actual "não pode fazer o que bem deseja, estando limitada aos princípios que seriam escolhidos na posição original para definir a justiça entre pessoas que vivam em diferentes épocas". Um desses princípios, que segundo este Autor seria adoptado pelas partes na posição original, é o princípio da Justiça intergeracional da poupança justa. Como as gerações se estendem ao longo do tempo e "os benefícios económicos se orientam apenas num único sentido", e o objectivo do processo de acumulação é o de "atingir uma sociedade com uma base material suficiente para estabelecer instituições justas e efectivas, dentro das quais as liberdades básicas possam ser realizadas", o aludido princípio constitui "um acordo entre gerações, de modo a que cada uma delas cumpra a parte que equitativamente lhe cabe na realização e preservação de uma sociedade justa". Assim sendo, enquanto não for alcançada a situação justa para além da qual nenhuma mais poupança é exigida, cada geração deve "não apenas salvaguardar os ganhos de cultura e civilização e manter intactas as instituições justas que forem estabelecidas mas também pôr de lado uma quantidade adequada de capital acumulado efectivo", entendendo-se por capital "não só as fábricas e as máquinas mas também o conhecimento e a cultura, bem como as técnicas e capacidades que tornam possíveis as instituições justas e a afirmação do justo valor da liberdade".

A aplicação do princípio da poupança justa é susceptível de facilitar a partilha entre as gerações do encargo da acumulação do capital, na medida em que garante "que cada geração recebe o quinhão que lhe cabe da geração anterior e contribui com a sua parte para as gerações vindouras".

Para além de impor a manutenção de um determinado nível de poupança para o futuro, a exigência de justiça intergeracional impõe igualmente a prossecução de políticas razoáveis no domínio da Genética. RAWLS refere, quanto a estas políticas que, como na posição original as partes "desejam assegurar para os seus descendentes o melhor património genético", a sociedade deve, para o efeito, adoptar ao longo do tempo medidas "guiadas pelos princípios aos quais as partes voluntariamente dão o seu consentimento, para bem dos seus sucessores", para "pelo menos, preservar o nível geral das capacidades naturais e evitar a difusão de anomalias graves"[266].

Este Autor não aprofunda as afirmações que faz em matéria de Genética. Parece-nos no entanto inegável que aceita formas de eugenismo, pelo menos negativo.

---

[266] RAWLS, John (1993), *Uma Teoria da Justiça* (trad. do original inglês de 1971 por Carlos Pinto Correia), Lisboa: Editorial Presença, pp. 28, 100, 121, 228, e 230-233.

3.3. A Solidariedade Intergeracional

Se aceitarmos na esteira por exemplo, dos Autores acima referidos, a tese segundo a qual as gerações presentes têm responsabilidades para com as gerações futuras, *i.e.*, podem ser responsabilizadas pelas consequências que as suas acções previsivelmente terão na vida das gerações futuras, ainda que longínquas, poderemos perguntar: Porque podem ser responsabilizadas? Existem várias respostas possíveis a esta pergunta. Optamos pela que funda esta responsabilidade numa ideia de solidariedade entre gerações que defrontam problemas comuns aos quais se encontram subjacentes interesses comuns a toda a espécie humana.

Na realidade, quer a humanidade que hoje vive, quer a que viverá no futuro, depara-se com problemas como o risco de um inverno nuclear, de uma estufa planetária ou da transformação dos oceanos e do espaço exterior numa coutada fechada, existindo, pois e como escreve JOSÉ PUREZA, "globalismos naturais, porque atinentes à globalidade da espécie humana, tomada esta num sentido não só trans-espacial como também trans-temporal"[267].

Para além da crescente consciência da finitude dos recursos naturais do Planeta, o progresso científico, nomeadamente na área biomédica, deu-nos o poder de influir na vida dos que viverão num futuro longínquo, podendo as consequências das nossas acções estender-se no tempo até gerações distantes.

Os aludidos problemas, que começaram por se colocar num contexto ambiental, colocam-se agora também num contexto bioético e biojurídico, e têm subjacente o reconhecimento de interesses que são comuns a toda a humanidade.

Na verdade, embora não seja possível identificar com rigor quais serão os interesses dos indivíduos que habitarão o Planeta num futuro remoto, é possível proceder à identificação de interesses colectivos alargados ao conjunto os seres humanos considerados ao longo das gerações, como seja o da manutenção das condições indispensáveis à sobrevivência da espécie e a uma vida condigna. Nesta

---

[267] PUREZA, José Manuel (1998), *O Património Comum da Humanidade: Rumo a Um Direito Internacional da Solidariedade?*, Porto: Edições Afrontamento, p. 49.

linha de ideias GIULIANO PONTARA afirma, com base no facto de as necessidades humanas básicas "nos mais de três mil anos de história humana que conhecemos bem terem sido sempre substancialmente as mesmas, o que leva a prever que o continuarão a ser nos próximos trezentos ou três mil anos", que as gerações futuras carecerão de "bens primários semelhantes aos de que nós hoje necessitamos: um ambiente não radioactivo, alimentos em quantidade suficiente..."[268]

A atmosfera, os oceanos, o espaço exterior e, como veremos, o próprio genoma humano, podem assim ser considerados como bens comuns e indivisíveis de toda a humanidade e como tais pertencentes a todas as gerações. É, deste modo, defensável a existência de um dever de equidade das gerações presentes para com as gerações futuras, um dever de aquelas partilharem estes bens com as gerações que virão, de os utilizarem tendo em consideração o interesse da espécie humana como um todo, como o conjunto dos indivíduos que existem não apenas num determinado momento, mas ao longo de futuras gerações.

Surge assim o conceito de justiça intergeracional, que se define, nas palavras de EMMANUEL AGIUS como "o princípio ordenador da comunidade humana que tornará possível a cada geração, em virtude do seu próprio esforço e responsabilidade, beneficiar de uma quota parte proporcionada do bem comum da espécie humana"[269]. Colocam-se problemas de Justiça distributiva intergeracional quer entre as duas ou três gerações que coexistem num determinado período considerado, quer entre as gerações hoje vivas e as que viverão num futuro longínquo. Este dever de equidade entre gerações constitui, pois, uma concretização do princípio de igualdade de tratamento entre as pessoas, onde quer que elas se situem no tempo, recusando-se uma preferência temporal a favor do presente.

---

[268] PONTARA, Giuliano (1996), p. 54. *Vid.* ainda, CHANGEUX, Jean-Pierre, e RICOEUR, Paul (1998), *Ce qui Nous Fait Penser, La Nature et La Règle*, Paris: Éditions Odile Jacob, pp. 247 e ss.

[269] AGIUS, Emmanuel (1998), pp. 9 - 10. Neste sentido pode salientar-se, como o faz JORGE MIRANDA, que a solidariedade entre gerações no que concerne ao aproveitamento dos recursos naturais "assenta no valor da dignidade". Cf. MIRANDA, Jorge (2005), "Artigo 1.º" in *Constituição Portuguesa Anotada*, t. I (coord.: Jorge Miranda e Rui Medeiros), Coimbra: Coimbra Editora, p. 56.

Aceitamos, nesta nossa análise, na esteira de RAWLS, o princípio de que "de um ponto de vista moral, não há fundamento para descontar o bem-estar futuro com base na pura preferência temporal"[270], pelo que não consideramos relevante o factor tempo na avaliação comparativa de um dano ilícito causado hoje, ou, por hipótese, no ano dois mil e cinquenta.

Aceite o princípio de que a satisfação das necessidades básicas dos nossos descendentes é tão importante como a das nossas, torna-se necessário satisfazer as necessidades do presente sem com isso comprometer a possibilidade de as gerações futuras satisfazerem as suas. O cumprimento deste dever de atender equitativamente aos interesses das várias gerações, de Justiça distributiva no plano temporal, supõe que o leque de oportunidades das gerações futuras no que concerne ao acesso e uso dos aludidos bens comuns fundamentais não seja estreitado em consequência das nossas acções actuais.

Esta responsabilidade de cada uma das gerações pelas sucessivas gerações seguintes exprime a consciência crescente do "destino planetário do género humano", de que a crise planetária que marca o século vigésimo primeiro, "revela que todos os humanos, confrontados com os mesmos problemas de vida e de morte, vivem uma mesma comunidade de destino"[271].

Impõe-se, deste modo, uma solidariedade mundial de alcance trans-temporal, que tem implícito o reconhecimento da natureza unitária do género humano, bem como o reconhecimento de que existe uma interdependência entre as diferentes gerações, de que "tudo, desde a cultura aos genes, será transmitido à posteridade"[272]. A consciência da existência desta solidariedade constitui aliás o fundamento do dever de transmitir às gerações vindouras uma terra sem poluição, com cultura e valores, e da admissão gradual do conceito de humanidade no Direito Internacional, abrangendo o conjunto de todos os indivíduos, à escala planetária e em todos os tempos.

---

[270] RAWLS, John (1993), p. 229.
[271] MORIN, Edgar (1999), MORIN, Edgar (1999), *La Tête Bien Faite – Repenser la Réforme, Réformer la Pensée,* Paris: Éditions du Seuil, p. 13.
[272] AGIUS, Emmanuel (1998), p. 7.

A partir desta definição ampla de humanidade, em termos de abranger as gerações presentes e futuras, parte da Doutrina[273] defende a emergência, no Direito Internacional, de direitos de solidariedade, pertencentes à espécie humana enquanto tal. É também esta a posição que defendemos.

O eventual reconhecimento destes direitos leva-nos a formular as seguintes perguntas: Faz sentido reconhecer direitos às gerações futuras? Em caso afirmativo, os titulares desses direitos são as gerações entendidas como grupos ou cada um dos indivíduos que as compõem?

4. O Reconhecimento de Direitos às Gerações Futuras

Como dissemos, as gerações futuras são compostas por indivíduos futuros, isto é, por indivíduos que ainda não existem, que não se sabe quando existirão nem mesmo se existirão, uma vez que a sua existência depende de múltiplos factores. São, pois, compostas pelos indivíduos possíveis, muitos dos quais permanecerão meramente possíveis e alguns dos quais virão, de facto, a existir num tempo futuro. Em causa estão portanto, indivíduos que, *a priori*, não são identificáveis, dado que não nos é possível saber, com antecedência, quem ou quantos serão.

Do ponto de vista jurídico são, como referimos, concepturos. Não são sujeitos de direito, porque ainda não nasceram nem sequer foram concebidos, mas apenas entes puramente ideais, a quem a lei civil dos vários países dispensa, no entanto, alguma tutela jurídica.

Por exemplo, o Código Civil português reconhece aos concepturos os direitos de adquirir por doação e por sucessão[274]. O facto de a lei atribuir estes direitos de índole patrimonial ao concepturo, tem suscitado na Doutrina, as questões de se saber se a protecção legal do nascituro tem subjacente a sua personificação e qual o enquadra-

---

[273] *Vid.*, por exemplo, AGIUS, Emmanuel (1998), pp. 7-8, e DRISS, Rachid (1998), "The Responsibility of the State Towards Future Generations", in *Future Generations and International Law* (coord.: Emmanuel Agius e Tae-Chang Kim), London: Earthscan Publications, p. 24.

[274] Cf. os arts. 952.º e 2033.º do Código Civil Português.

mento conceptual da situação em que se encontram os bens deixados ao nascituro enquanto este não nasce. Encontramos, deste modo, várias posições na matéria: a que consubstancia a teoria da personalidade reduzida do nascituro, ou a teoria da ficção jurídica, a que recorre à figura dos direitos sem sujeito, ou à dos meros estados de vinculação de certos bens...

Parece-nos no entanto, que mais importante do que proceder a um estudo detalhado destas posições[275], é realçar o facto de o legislador civil ter limitado a capacidade dos concepturos para adquirir por doação ou por sucessão àqueles que satisfaçam um requisito por ele enunciado: o serem filhos de pessoa determinada, viva ao tempo da declaração de vontade do doador ou ao tempo de abertura da sucessão. Esta solução legislativa, que visa impedir a manutenção por um período muito longo de uma situação de incerteza quanto à titularidade dos bens deixados ou doados, limita temporalmente a protecção dispensada pela lei ao concepturo a uma única geração – à imediatamente seguinte à da pessoa já viva ao tempo da declaração de vontade do doador ou da abertura da sucessão. Parece-nos portanto constituir uma solução inadequada para o problema do reconhecimento de direitos às gerações futuras, sobretudo se atendermos ao carácter essencial do acesso aos aludidos bens fundamentais comuns a toda a espécie humana, para a sobrevivência desta.

Outra posição doutrinal possível na matéria[276], que se nos afigura preferível, defende que se deve reconhecer a titularidade de direitos às gerações futuras, sendo entendida cada geração como um grupo.

No entanto e como dissemos, as gerações futuras não são ainda reconhecidas como sujeitos de Direito Internacional, pelo que não gozam de personalidade jurídica. Porém e como acima também referimos, tem-se assistido à emergência, no plano do Direito Internacional, de um novo sujeito de direito, a humanidade, a qual "congrega todos os povos contemporâneos, organizados ou não em Estados, mas abarca igualmente os vindouros, as gerações futuras".

---

[275] Ao qual procedemos em MELO, Helena Pereira de (1996), *Alguns Aspectos do Estatuto Jurídico do Embrião no Ordenamento Jurídico Português*, Lisboa: ed. policopiada, pp. 124 e ss.

[276] Posição que é defendida, nomeadamente, por MALHOTRA, Ajai (1998), p. 42.

Com efeito, a inequívoca necessidade de cooperação entre os estados traduz-se pela adopção progressiva de soluções de compromisso, para problemas comuns, pelo que o Direito Internacional do nosso tempo "não se remete ao somatório de ajustamentos da 'soberania externa' dos Estados, antes se constitui em direito da comunidade universal, ordenado à prossecução de um interesse público universal". Assume, pois, a "condição planetária da pessoa e dos povos"[277], concebendo a sociedade internacional como uma comunidade dos povos e identificando esta comunidade com a humanidade.

É possível assim antever um "Direito comum para a humanidade"[278], um Direito que se torna mundial em certos sectores, nomeadamente no do direitos humanos e no do direitos dos povos.

Esta planetarização da sociedade internacional, concebida como uma comunidade de pessoas que abrange as gerações presentes e as futuras, indefinidamente, implica uma mudança qualitativa profunda do paradigma das relações internacionais e conduz, segundo parte da Doutrina[279], ao gradual reconhecimento da humanidade no seu conjunto como titular de direitos, como um centro de imputação de normas jurídicas diferente das diversas pessoas singulares presentes e futuras que, porventura, lhe estejam subjacentes. É esta também a posição que defendemos.

4.1. Os Direitos das Gerações Futuras como Direitos Colectivos

Como acima referimos, a análise das fontes normativas da personalidade internacional (o Direito Internacional geral ou comum e o Direito Internacional convencional) não permite afirmar que a humanidade, no Direito que está, seja sujeito de Direito Internacional[280].

---

[277] PUREZA, José Manuel (1998), pp. 175 e 284.

[278] DELMAS-MARTY, Mireille (1998), Trois Défis pour Un Droit Mondial, Paris: Éditions du Seuil, p. 9.

[279] Vid., por exemplo, AGIUS, Emmanuel, e KIM, Tae-Chang (1998), p. xv; PUREZA, José Manuel (1998), p. 24, e KISS, Alexandre-Charles (1982), "La Notion de Patrimoine Comum de L'Humanité", Recueil des Cours de L'Academie de Droit International de La Haye, t. 175 (1982), The Hague: Martinus Nijhoff Publishers, p. 235.

[280] Vid., neste sentido, PEREIRA, André Gonçalves, e QUADROS, Fausto de (2007), Manual de Direito Internacional Público, 3.ª ed. rev., 7.ª reimp. da ed. de 1993, Coimbra: Almedina, pp. 301 e ss.

No entanto, embora a humanidade não seja susceptível de direitos e deveres, há uma corrente doutrinal na qual nos inserimos que defende que o Direito a fazer deveria atribuir personalidade jurídica internacional à humanidade.

Expressiva na matéria é a posição assumida por NICOLÁS LÓPEZ CALERA, que afirma que, "no início de um novo milénio a humanidade está a assistir à crescente afirmação de uma nova categoria de pessoas colectivas", como sejam "os povos, as nações, as regiões, as organizações políticas e económicas supra-estatais, as organizações não governamentais que, embora não beneficiem do estatuto jurídico de sujeito, reclamam a titularidade de direitos". Direitos esses que por vezes já lhe são atribuídos por regras do Direito das Gentes.

Para esta realidade contribuíram, segundo este Autor, "os processos de universalização dos valores, princípios e interesses, que permitem um maior entendimento na sociedade da espécie humana e tornam-na cada vez mais interactiva e interdependente"[281]. Também JÜRGEN HABERMAS sublinha, no mesmo sentido, que "os sistemas de comunicação e de mercados criaram um laço planetário", bem como que "a globalização dos riscos que há muito tempo une objectivamente o mundo para o tornar numa comunidade involuntária fundada nos riscos corridos por todos" – comunidade essa que tem de empreender "uma acção coordenada à escala do planeta e fundada na percepção dos riscos planetários". A prossecução desta acção coordenada requer "a criação urgente e necessária de um espaço público planetário", no qual se possa formar uma opinião pública mundial no que concerne aos problemas relacionados com a sobrevivência.

Encontra-se deste modo a nascer, segundo HABERMAS, uma ordem cosmopolita, à qual corresponde um *ius cosmopoliticum*, um "direito dos cidadãos do mundo"[282], um Direito Público dos seres humanos em geral, por força do qual o cidadão de um estado e o cidadão do mundo constituem um *continuum* cujo perfil começa a desenhar-se.

---

[281] CALERA, Nicolás López (2000), *Hay Derechos Colectivos? Individualidad y Socialidad en la Teoría de los Derechos*, Barcelona: Editorial Ariel, pp. 21, 27 e 44.

[282] Cf. HABERMAS, Jürgen (1997a), *La Paix Perpétuelle, Le Bicentenaire d'une Idée Kantienne* (trad. do original alemão de 1996 por Rainer Rochlitz), Paris: Les Éditions du Cerf, pp. 44, 67 e 73-74.

Esta passagem do Direito Internacional hoje existente para um Direito cosmopolita, a preparação do caminho para a atribuição do *status* de cidadão do mundo ou de uma cosmocidadania, implicará, segundo parte da Doutrina[283], a atribuição da qualidade que é a personalidade jurídica a certos entes, como sejam o estado mundial ou a própria humanidade.

Aliás, a inclusão da humanidade (como colectividade abrangendo as gerações presentes e futuras) no quadro dos sujeitos do Direito Internacional permitirá criar, nas palavras de EMMANUEL AGIUS "uma comunidade intergeracional justa", dado que quer as gerações presentes quer as ainda não nascidas "são titulares dos mesmos direitos uma vez que todas as pessoas existentes e potenciais são membros de uma colectividade, a humanidade, cujos direitos são comuns a todas as gerações"[284].

Deste modo os direitos das gerações futuras integram os direitos colectivos da humanidade, *i.e.*, os direitos da espécie humana enquanto tal. São direitos de solidariedade (porque a solidariedade entre os seres humanos constitui um pré-requisito para o sua conceitualização) e de fruição colectiva (porque são direitos cuja titularidade pertence a toda a humanidade). São portanto, direitos de que é titular uma colectividade enquanto tal e que constituem formas de assegurar protecção jurídica a bens de natureza universal, como a paz, a liberdade e o equilíbrio ecológico. Constituem exemplo de direitos deste tipo que já encontraram consagração em textos de Direito Internacional[285], o direito à paz, o direito à autodeterminação dos povos e das nações, o direito a beneficiar do património comum da humanidade.

Admitindo que *de iure condendo*, a humanidade poderá ser destinatária directa de normas jurídicas, e que como qualquer outra entidade colectiva, só poderá agir através de órgãos, suscita-se a

---

[283] *Vid.*, na matéria, CALERA, Nicolás López (2000), p. 33.

[284] AGIUS, Emmanuel, e KIM, Tae-Chang (1998), p. xiv.

[285] Cf. o art. 1.º do Pacto Internacional sobre os Direitos Civis e Políticos adoptado e aberto à assinatura, ratificação e adesão pela Resolução 2200A (XXI) da Assembleia Geral das Nações Unidas, de 16 de Dezembro de 1966 (adiante designado por "PIDCP"; o art. 1.º do Pacto Internacional sobre Direitos Económicos, Sociais e Culturais, adoptado e aberto à assinatura, ratificação e adesão pela Resolução 2200A (XXI) da Assembleia Geral das Nações Unidas, de 16 de Dezembro de 1966 (adiante designado por "PIDESC") e o art. 1.º da Carta das Nações Unidas.

questão de saber quem serão os titulares desses órgãos. Dito de outro modo: quem exercitará os aludidos direitos em nome da humanidade?

4.2. A Representação das Gerações Futuras

Como é conhecido o futuro é, em grande medida, incerteza. No entanto, são muitos os estudos de natureza científica que alertam para o previsível impacte negativo das nossas opções presentes sobre a vida e a integridade das gerações futuras. Aliás, desde sempre as acções realizadas num determinado momento histórico tiveram consequências na vida das gerações seguintes. Por exemplo, a deslocação de negros de África para o Brasil, promovida pelo nosso país a partir do século XVI, teve inegáveis consequências no *status* de múltiplas pessoas, que nasceram escravas. Outro exemplo ulterior e também significativo: o rebentar das bombas atómicas no Japão, em meados do século passado.

Todas estas acções tiveram ou têm consequências no tipo de vida ou mesmo na constituição genética das gerações que se lhe seguiram. Como as gerações futuras (não imediatamente seguintes à geração actual) nunca entrarão em contacto directo com as gerações presentes, apesar de se encontrarem sujeitas às consequências das acções destas, estas encontram-se completamente à mercê das pessoas que vivem no presente.

Não é pois possível o estabelecimento de qualquer tipo de relação jurídica entre os indivíduos pertencentes às gerações futuras distantes e os pertencentes às gerações actualmente vivas. Não é aliás possível aos primeiros ameaçar com a produção de danos ou prometer benefícios a indivíduos pertencentes às gerações não imediatamente precedentes. Esta constatação conduz a que se afirme que os indivíduos pertencentes às futuras gerações são "vítimas potenciais", constituindo os "novos excluídos"[286].

---

[286] PUREZA, José Manuel (1998), p. 174. *Vid.*, ainda, HOOFT, Visser't (1991), "Développment Technologique et Responsabilité Envers les Générations Futures", *Archives de Philosophie du Droit*, t. 36, Paris: Sirey, p. 40, e MELO, Helena Pereira de (2002), "O Diagnóstico Pré-implantação e os Direitos das Gerações Futuras" *in Genoma e Dignidade Humana* (coord.: Rui Nunes, Helena Melo e Cristina Nunes), Porto: Serviço de Bioética e Ética Médica da Faculdade de Medicina da Universidade do Porto e Gráfica de Coimbra, pp. 155 e ss.

Acresce ainda o facto de cada geração tender a preocupar-se mais com o seu próprio bem-estar e com o das gerações imediatamente seguintes, no que concerne à utilização de recursos biológicos não renováveis, do que com o das gerações longínquas com as quais dificilmente se identifica. Neste sentido GIULIANO PONTARA refere que "tendemos a identificar-nos com os que se encontram próximos de nós, por força de vínculos afectivos ou culturais, ou com os que nos são mais próximos no espaço e no tempo", mas não com "os que viverão no Planeta dentro de cem, trezentos ou três mil anos"[287].

De igual modo e também com o intuito de diminuir a responsabilidade das gerações presentes perante as futuras, é frequente aludir à inexistência de um nexo de correspectividade entre as vantagens recebidas pelas gerações futuras e os sacrifícios feitos pelas gerações presentes. Na verdade, estas últimas podem fazer atribuições patrimoniais ou sofrer sacrifícios que não serão contrabalançados por atribuições das gerações futuras.

Recusamos, como referimos, esta tese da inexistência de responsabilidade no plano moral, para com as gerações futuras, com base no reconhecimento da existência de um dever de equidade face às gerações futuras, concretização de uma Justiça distributiva no plano intra-temporal no que se refere à liberdade de acesso e de utilização dos recursos naturais, que deve ser exercitada tendo em consideração o interesse da espécie humana como um todo.

Se aceitarmos que é importante prover à protecção jurídica dos interesses das gerações futuras, põe-se a questão levantada por HANS JONAS: "Que força há-de representar o futuro no presente?"

Isto porque de acordo com os princípios e os mecanismos que são normalmente os do governo representativo "só os interesses presentes se fazem ouvir e sentir e forçam a que se lhes preste atenção", uma vez que "é perante eles que as iniciativas públicas são responsáveis e é por esta via que se concretiza na prática o respeito de direitos". Pelo contrário "o futuro não se encontra representado, não é força que faça sentir o seu peso nas escalas de valores (...) não tem *lobby*". Deste modo, a responsabilidade perante os que ainda não nasceram "não tem por detrás dela a realidade política na presente

---

[287] PONTARA, Giuliano (1996), p. 47.

tomada de decisões e quando eles puderem fazer valer as suas razões, então nós, os arguidos, já cá não estaremos"[288].

Para obviar a este estado de coisas, diversos Autores[289] entre os quais nos incluímos, têm proposto que o quadro das incapacidades legalmente fixado inclua um novo caso: o das gerações futuras.

Sugerem igualmente que a incapacidade da humanidade para actuar pessoal e autonomamente seja suprida pelo instituto da representação legal, sendo portanto admitida a agir em nome e no interesse das gerações futuras um representante legal. Esse representante legal, que desempenharia funções semelhantes às de um *ombudsman* ou às de um tutor, contribuiria para a defesa, aqui e agora, dos direitos das gerações futuras, no âmbito da ONU e doutras organizações internacionais, cujas decisões fossem susceptíveis de afectar significativamente o futuro da espécie humana. Competir-lhe-ia pois a defesa das gerações futuras quer chamando a atenção para as consequências, a longo prazo, das acções hoje propostas naqueles *fora* internacionais, quer sugerindo alternativas menos gravosas para aquelas gerações.

Surge assim a ideia de "um tutor para a posteridade" que agiria no interesse das gerações futuras. Um dos direitos cuja promoção e defesa lhe competiria assegurar seria o direito a beneficiar do património comum da humanidade, no qual num sentido simbólico, se insere o genoma humano[290]. Direito este que é colectivo, uma vez que o seu titular é a humanidade, o seu objecto a protecção do genoma humano (que, no aludido sentido não pode pertencer a nenhum indivíduo), destinando-se a servir os interesses da espécie humana considerada como um todo, não podendo, portanto ser exercido individualmente.

Pode assim colocar-se a seguinte questão: contribuem o diagnóstico genético pré-implantação e o diagnóstico pré-natal para a redução da diversidade genética da espécie humana e assim ofendem o referido direito?

---

[288] JONAS, Hans (1994), p. 57.

[289] *Vid.*, por exemplo, PONTARA, Giuliano (1996), p. 111; AGIUS, Emmanuel (1998), pp. 11-12, e MALHOTRA, Ajai (1998), pp. 41-42.

[290] Analisámos o conteúdo deste direito em MELO, Helena Pereira de (2007), *Implicações Jurídicas do Projecto do Genoma Humano: Constituirá a Discriminação Genética Uma Nova Forma de Apartheid?*, Porto: Serviço de Bioética e Ética Médica da Faculdade de Medicina do Porto, pp. 594 e ss.

Com efeito, o diagnóstico pré-implantação ao permitir identificar os embriões portadores de mutações genéticas e a subsequente selecção para transferência no útero materno apenas dos embriões com as características genéticas desejadas[291], bem como o aborto eugénico[292] subsequente ao diagnóstico pré-natal, abrem a porta para a escolha do tipo de genes que herdarão as nossas futuras crianças, o que poderá permitir no longo prazo, se forem efectuados de forma sistemática e planificada, segundo parte da Doutrina, alterar a herança genética das gerações futuras.

5. O Direito das Gerações Futuras a Beneficiar do Genoma humano

Não é chamado à colação, na resposta a dar a esta pergunta, o direito, reconhecido em diversos textos jurídicos internacionais[293], a beneficiar de uma património genético não artificialmente modificado, uma vez que a realização do diagnóstico pré-implantação ou do diagnóstico pré-natal não introduz qualquer modificação no património genético do embrião sobre o qual incide. A constatação deste facto leva-nos, aliás, a dar uma resposta negativa à pergunta formulada. Com efeito, o cerne do problema parece-nos residir não na realização do diagnóstico pré-implantação, que em si mesmo é uma análise genética, mas na ulterior utilização dos seus resultados.

---

[291] É permitida a aplicação deste diagnóstico, entre nós, pelos arts. 28.º e 29.º da Lei n.º 32/2006, de 26 de Julho, que regula a Procriação Medicamente Assistida. Sobre o "controlo de qualidade" tornado possível por este diagnóstico, cf. HABERMAS, Jürgen (2002), *L'Avenir de la Nature Humaine Vers un Eugénisme Liberal?* (trad. da ed. alemã de 2001 por Christian Bouchindhomme), Paris: Gallimard, pp. 49 e ss.

[292] Declarado não punível, em Portugal, pela alínea c) do art. 142.º do Código Penal, aprovado pelo Decreto-Lei n.º 400/82, de 3 de Setembro.

[293] *Vid.*, por exemplo, o Ponto 4.º, al. i) da Recomendação 934 (1982) sobre Engenharia Genética, adoptada pela Assembleia Parlamentar do Conselho da Europa em 26 de Janeiro de 1982; o Ponto 12.º, al. b) da Resolução do Parlamento Europeu sobre os Problemas Éticos e Jurídicos da Manipulação Genética, de 16 de Março de 1989, e o Ponto D. da Resolução do Parlamento Europeu sobre Fecundação Artificial *in Vivo* e *in Vitro*, de 16 de Março de 1989.

Na verdade, estes resultados (de portador ou de não portador da mutação genética em questão) vão servir de fundamento à decisão de proceder ou não à implantação do embrião no útero materno ou de prosseguir a gestação já iniciada. Estes diagnósticos constituem assim, actos prévios e preparatórios da aludida selecção embrionária e fetal.

É esta selecção, na medida em que se torne numa prática reiterada, pode conduzir, no longo prazo, a uma alteração na actual constituição do património genético da humanidade, porque visa a erradicação de doenças associadas a determinados genes. Se conduzir à produção deste resultado, a selecção embrionária e fetal podem ser lesivas da integridade do genoma característico da espécie humana.

Será, assim, esta selecção embrionária ofensiva do direito da humanidade a beneficiar do genoma humano enquanto património comum da humanidade? Dizendo de outro modo: implicará, esta selecção, uma destruição parcial da espécie humana?

5.1. *A Selecção Embrionária e Fetal e os Crimes Contra a Humanidade*

Como se sabe, a destruição total ou parcial da espécie humana constitui um crime contra a humanidade, o qual, nas palavras de ANDRÉ FROSSARD, se verifica "quando se mata alguém sob o pretexto de ele ter nascido". Com efeito, realça este Autor relativamente aos crimes cometidos pelo regime nazi, os Judeus foram mortos em virtude de uma doutrina, foram "excluídos da natureza humana, pelo que não pertenciam à espécie", e a "única peça constante do seu processo foi a que atestava o facto do seu nascimento". Não havia qualquer outra acusação contra cada judeu, afirma, e "ele não podia obter o perdão senão morrendo"[294].

---

[294] FROSSARD, André (1997), *Le Crime Contre L'Humanité*, Paris: Éditions Robert Laffont, pp. 9, 55 e 70. Também SARTRE sublinha que o antisemitismo tinha por fim o extermínio dos Judeus, salientando que "o Judeu, objecto de tanto ódio, é perfeitamente inocente, direi mesmo inofensivo", um "ser fraco que, mal preparado para a violência, não chega mesmo a defender-se". Cf. SARTRE, Jean-Paul (1995), *Réflexions sur la Question Juive*, reimpressão da ed. de 1954, Paris: Éditions Gallimard, pp. 10 e 54.

A expressão "crimes contra a humanidade" foi pela primeira vez utilizada no Direito Penal, nos Julgamentos de Nuremberga[295] e abrange crimes perfeitamente tipificados, como o genocídio[296] e a proibição de discriminação racial e outros que ainda não foram objecto de tipificação. Constitui posição unânime na Doutrina a defesa de que o conceito de crime contra a humanidade tem vindo, ao longo dos últimos cinquenta anos, a abranger novas situações em função dos "medos" do momento, que apresentam como denominador comum o crime ter por vítima a humanidade.

Existe, assim, um crime contra a humanidade quando a humanidade da vítima é negada completamente e sem apelo, quando se ignora que "o ser humano, ainda que profundamente inserido na sua comunidade familiar, cultural, religiosa, não deverá jamais perder a sua individualidade e ser reduzido a um elemento fungível da mesma e como tal passível de rejeição"[297]. Há um crime contra a humanidade quando existe desprezo pelo ser humano, quando determinados seres humanos são considerados "inferiores e negligenciáveis"[298].

Ora alguns autores[299] entendem que este desprezo pelos seres humanos encontra-se subjacente às práticas que visam proceder à

---

[295] *Vid.*, na matéria, DRINAN, Robert F. (1995), "The Nuremberg Principles in International Law", in *The Nazi Doctors and the Nuremberg Code, Human Rights in Human Experimentation* (coord.: George J. Annas e Michel A. Grodin), Oxford: Oxford University Press, pp. 177 e 181, e RICOT, Jacques (1998), *Étude sur L'Humain et L'Inhumain*, Saint-Sébastien-sur-Loire: Éditions Pleins Feux, pp. 10 - 11.

[296] Punido, por exemplo, pelo art. art. 3.º da Convenção para a Prevenção e Repressão do Crime de Genocídio, aprovada pela Resolução 260 A (III) da Assembleia Geral das Nações Unidas, de 9 de Dezembro de 1948, aprovada para ratificação pela Resolução da Assembleia da República n.º 37/98, de 14 de Julho, e no art. 8.º da Lei n.º 31/2004, de 22 de Julho, que adapta a legislação portuguesa ao Estatuto do Tribunal Penal Internacional, tipificando as condutas que constituem crimes de violação do Direito Internacional Humanitário. Cf., na matéria, GOUVEIA, Jorge Bacelar (2006), *Direito Internacional Humanitário, Introdução, Textos Fundamentais*, Coimbra: Almedina, pp. 13 e ss., e MAGALHÃES, João Fernando Fernandes de (1993), *Dos Crimes Contra as Pessoas e Contra a Paz e a Humanidade no Novo Código Penal*, Braga: Barbosa & Xavier Editores, p. 27.

[297] DELMAS-MARTY, Mireille (1998), pp. 191-192. *Vid.*, igualmente, na matéria, RICOT, Jacques (1998), pp. 88-90.

[298] FROSSARD, André (1997), p. 89.

[299] Por exemplo GERARD HUBER partindo da ideia de que existe crime contra a humanidade não apenas quando "se extermina um ser humano sob pretexto de ele ter nascido, mas também quando ele é criado para que nele sejam realizadas experiências que envolvam o

selecção genética de embriões e fetos. Esta selecção na medida em que tenha por objectivo a eliminação sistemática dos seres humanos portadores de uma determinada anomalia genética pode, portanto, constituir um crime contra a humanidade. Na realidade, tal como "o judeu não podia deixar de ser judeu"[300], também em regra o embrião portador de uma anomalia genética não poderá deixar de ser portador dessa anomalia. Ambos são fisicamente eliminados não por aquilo que fizeram, mas por aquilo que são.

As práticas definidas como crime contra a humanidade ofendem, pois, o "irredutível humano", o respeito pela igual dignidade dos seres humanos. Mas, podemos perguntar, tem essa dignidade um fundamento apenas biológico?

5.2. *Os Difíceis Conceitos de "Gene" e "Genoma"*

Apesar de quase todos os meses reputadas revistas científicas como a *Nature* ou a *Science* publicarem artigos sobre a identificação de genes responsáveis pelo aparecimento de características ou comportamentos como a inteligência, a homossexualidade, o alcoolismo, a agressividade, não existe uma definição que recolha a unanimidade dos autores do que seja um "gene".

Apenas em 1909 se começou a utilizar a palavra "gene" não existindo, como refere MICHEL MORANGE, uma "definição universalmente válida do que é um gene", mas apenas "diversas definições, nenhuma delas abrangendo todos os casos conhecidos"[301].

---

risco de o exterminar" defende ser este crime praticado no âmbito do diagnóstico de pré-implantação, dado que "um dos embriões é concebido para ser posteriormente morto". Cf. HUBER, Gérard (2003), "Le Clonage Humain Est-il un Crime Contre L'Humanité?" *in Bioéthique, Bioéthiques* (coord.: Laurence Azoux-Bacrie), Bruxelles: Etablissements Emile Bruylant, pp. 226 e 228. *Vid.*, no mesmo sentido, FROSSARD, André (1997), p. 90, e DELMAS-MARTY, Mireille (1998), p. 192.

[300] FROSSARD, André (1997), p. 69.

[301] MORANGE, Michel (1998), *La Part des Gènes*, Paris: Éditions Odile Jacob, p. 39. *Vid.*, também, MORANGE, Michel (2004), "Déconstruction de la Notion de Gene" *in La Génétique, Science Humaine* (coord.: Muriel Fabre-Magnan e Philippe Moullier), Paris: Éditions Belin, pp. 104 e ss., e RIDLEY, Matt (2004), *The Agile Gene, How Nature Turns on Nurture*, New York: Harper Collins Publishers, pp. 231 e ss.

Se não é possível encontrar uma definição de gene então também talvez não seja possível definir "característica genética" dado que, como refere outro Autor, SAHOTRA SARKAR, para determinar se uma característica é genética é necessário obter um acordo prévio sobre "o que significa a afirmação de que algo é 'genético'"[302].

Perante esta dificuldade, parte da Doutrina tem proposto o abandono do conceito de gene no estudo das características e comportamentos humanos, atenta a sua inoperacionalidade[303]. Ou seja, se não é possível definir o que se entende por gene então também não se pode afirmar a existência de genes para a inteligência ou para a obesidade.

Porém e como sublinha o primeiro dos referidos Autores, a impossibilidade de se construir uma definição genérica de gene não implica que se deixe de colocar o problema do determinismo genético. Com efeito, independentemente da definição de gene dada, subsiste o problema de saber o que nas características ou comportamento das pessoas é determinado pelo seu substracto biológico. É, pois, de rejeitar a ideia de que a ameaça que o determinismo genético fazia pairar sobre a humanidade desaparecerá com o abandono do conceito de gene.

Não obstante o seu conteúdo fluido o conceito de gene formulado pelos Biólogos na década de cinquenta do século XX continua válido na maior parte dos casos sendo possível nas situações particulares em que deixou de o ser "propor definições locais, contextuais"[304] que também são válidas. O aludido conceito de gene embora exprima a constante inadaptação dos nossos conceitos à descrição do mundo continua portanto a ser operacional.

Na esteira de FERNANDO REGATEIRO vamos entender por gene, a "sequência da cadeia nucleotídica de DNA capaz de transmitir informação genética e de expressar essa informação por codificação de uma cadeia polipetídica" e por genético "uma situação ou traço que depende da expressão de um gene ou genes para se manifestar".

---

[302] SARKAR, Sahotra (1998), *Genetics and Reductionism*, Cambridge: Cambridge University Press, p. 4.

[303] *Vid.*, na matéria, SARKAR, Sahotra, pp. 4-5.

[304] MORANGE, Michel (1998), p. 39.

Entenderemos, ainda, por genoma "todo o componente genético de um vírus ou de um procariota ou, nos seres eucariotas, o componente genético haplóide ou diplóide"[305].

O genoma humano tem, em particular, sido objecto de diversas leituras simbólicas às quais não são alheios os receios que os indivíduos e a sociedade sentem face às eventuais consequências da sua decifração. Não têm assim faltado, como realça GREGORY STOCK, "metáforas extravagantes" na matéria: estaremos a "decifrar o 'código dos códigos', a ler o 'livro da vida', a olhar para o 'santo graal da biologia humana'"[306].

A primeira destas metáforas, a da leitura do "Livro da Vida", explica-se, segundo MICHEL MORANGE, por a nossa civilização se fundar "na tradição judaico-cristã que funda a relação de Deus com os homens no Livro" e na "tradição grega segundo a qual a ordem da natureza resulta da palavra, do *logos*"[307].

Porém, a metáfora mais frequente é a proveniente da informática: a que concebe o genoma humano como o "mais incrível programa de *software* alguma vez escrito", como um programa que foi "elaborado ao longo de 3.7 biliões de anos de evolução e que rege o mais fascinante de todos os processos biológicos, o do desenvolvimento humano"[308]. À elaboração desta metáfora não foram alheios os factos de terem sido paralelos, na segunda metade do século XX, o desenvolvimento da Informática e da Biologia Molecular, e de aquela parecer aplicar-se particularmente bem ao desenvolvimento progressivo, regular, da embriogénese. No entanto e segundo o acima aludido Autor, a sua utilização pode conduzir a "uma visão errada do funcionamento dos seres vivos", na medida em que, por um lado, "pode induzir na crença de que o desenvolvimento embrionário pode

---

[305] REGATEIRO, Fernando J. (2003), *Manual de Genética Médica*, Coimbra: Imprensa da Universidade, pp. 466-467.

[306] STOCK, Gregory (2002), *Redesigning Humans, Choosing Our Children's Genes*, London: Profile Books, p. 4. *Vid.*, no mesmo sentido, GUILLEBAUD, Jean-Claude (2001), *Le Principe D'Humanité*, Paris: Seuil, pp. 226 e ss.

[307] MORANGE, Michel (1998), p. 34.

[308] HOOD, Leroy (2000), "The Human Genome Project – Launch Pad for Human Genetic Engineering" in *Engineering the Human Germline, An Exploration of the Science and Ethics of Altering the Genes We Pass to Our Children* (coord.: Gregory Stock e John Campbell), Oxford: Oxford University Press, p. 18.

explicar-se directamente a partir dos genes". Ora, o máximo que é possível extrair-se do conhecimento destes, é "a estrutura das proteínas, cuja acção complexa nas células, tecidos e órgãos, possibilita a construção progressiva do organismo".

Por outro lado, a referida metáfora induz também no erro de que é possível distinguir entre um *software* (composto pelos genes) e um *hardware* (as proteínas) ou seja, entre o "DNA, o programa que parece comandar as proteínas, as processadas". Porém, tal constatação não é, nas palavras do mesmo Autor, verdadeira uma vez que ambos se encontram no mesmo nível de abstracção, ambos constituem macro--moléculas químicas que se encontram em "estreita interacção"[309].

A ideia de que há um programa genético que funciona à semelhança de um programa informático, encontra-se também associada, como realça HENRI ATLAN, à ideia de que *tout est génétique*, de que "tudo se encontra escrito no programa genético bastando decifrá-lo para se compreender a totalidade da natureza de um organismo, seja ele a *Escherichia coli*, o Homem ou qualquer outro ser vivo". Daí o interesse na sequenciação do genoma humano para se "descobrir, como num programa de computador, a lógica da natureza da organização humana"[310].

5.3. *O Reducionismo e Determinismo Genéticos*

Como refere JEAN-FRANÇOIS SKRZYPCZAC o reducionismo, a redução do todo às suas partes integrantes, constitui um "método científico que pode transformar-se em ideologia, quando se pretende explicar a totalidade de um fenómeno complexo, reduzindo-o, apenas, ao seu nível inferior"[311]. Nas últimas décadas diversos autores têm utilizado o reducionismo para explicar a totalidade dos fenómenos sociais a partir da Genética. Surge, assim, o chamado "reducionismo genético"

---

[309] MORANGE, Michel (1998), p. 34.

[310] ATLAN, Henri (1999), *La Fin du "Tout Génétique"? Vers de Nouveaux Paradigmes en Biologie*, Paris: Institut National de la Recherche Agronomique, p. 16.

[311] SKRZYPCZAC, Jean-François (1996), *O Inato e o Adquirido, Desigualdades 'Naturais' Desigualdades Sociais* (trad. do original francês por Omar Matias), Lisboa: Edições Piaget, p. 47.

i.e., a tese segundo a qual todos os fenómenos fenotípicos podem ser sempre reduzidos a factos que ocorrem a nível do genótipo.

Um dos seus defensores é RICHARD DAWKINS que elaborou uma teoria social baseada na selecção natural encarada sob o ângulo do gene. Os seres humanos, defende, "evoluíram por selecção natural" sendo a unidade fundamental dessa selecção o gene, a "unidade da hereditariedade". Somos, portanto, "máquinas criadas pelos nossos genes" os quais "tal como os *gangsters* de Chicago" sobreviveram "em alguns casos durante milhões de anos, num mundo altamente competitivo". Para o efeito, a qualidade fundamental de "um gene bem sucedido" é "o egoísmo implacável". Na sua longa viagem através das gerações, estima este Autor, "um gene médio gastará aproximadamente metade do seu tempo em corpos de machos e outra metade em corpos de fêmeas". Seja qual for o sexo do corpo em que se encontre, podemos esperar, preconiza, que "um gene aproveite o melhor possível as oportunidades que lhe são oferecidas por este tipo de corpo". Logo, cada corpo individual pode ser entendido como "uma máquina egoísta, tentando fazer o melhor de todos os seus genes", como "uma máquina programada cegamente pelos seus genes egoístas"[312].

Este entendimento da evolução vista a partir dos genes, esta "teoria do gene egoísta" constitui pois uma concretização da ideia do "tudo genético", da ideia de que a totalidade ou o essencial do desenvolvimento e do funcionamento dos organismos vivos é determinada por um programa genético.

Afirmar que tudo é determinado pelos genes significa afirmar que os genes constituem a causa de tudo – o reducionismo genético está assim associado ao determinismo genético, à crença em que os genes constituem causa suficiente e autónoma de características ou comportamentos. Esta crença parte, como refere SAHOTRA SARKAR, da observação de que há situações em que "o facto de se ser portador de determinada forma alélica parece determinar a presença de um certo traço (por exemplo, de determinada cor dos olhos, ou dos sintomas da Doença de Huntington)". A partir desta constatação for-

---

[312] DAWKINS, Richard (1999), *O Gene Egoísta*, 2.ª ed. rev. (trad. do original inglês de 1989 por Ana Paula Oliveira e Miguel Abreu), Lisboa: Gradiva, pp. 33, 35, 44 e 216.

mula-se a regra segundo a qual "para qualquer *locus* considerado, dois indivíduos que possuam as mesmas formas alélicas, apresentarão sempre o traço que lhes corresponde"[313] a nível do fenótipo.

A defesa de que os genes são a causa determinante da generalidade dos traços fenotípicos pode conduzir à *gene-mania*, à elaboração de listas de características que seriam transmitidas por via hereditária. Constitui exemplo destas listas a elaborada por DAVENPORT que nela inclui desde o gene para o pauperismo até ao para a *thallasophilia*, o amor pelo mar, que considera encontrar-se associado ao sexo, uma vez que os capitães sempre foram homens[314].

Esta defesa acérrima do determinismo genético não é, porém, ideologicamente descomprometida. Se admitirmos que o nosso destino se encontra escrito nos nossos genes então é, como refere ALLEN BUCHANAN, "na análise destes que pode ser encontrada a origem dos nossos problemas e na Biologia Molecular a das suas soluções"[315]. Não mais poderemos ser responsabilizados pelas consequências dos nossos comportamentos: se o insucesso escolar, a agressividade, a depressão, o comportamento criminal, são determinados pelos nossos genes então serão eles e não nós quem deverá ser considerado responsável pelo nosso agir. Assim, se nos situarmos no plano do Direito Penal e, em particular, no da inimputabilidade, podemos considerar que se aceitamos que a incapacidade mental pode constituir causa de exclusão da responsabilidade de uma pessoa no plano jurídico, então não existe qualquer motivo para que a incapacidade genética não a possa constituir[316].

---

[313] SARKAR, Sahotra (1998), p. 10. Sobre as diferentes correntes do determinismo *vid.*, por todos, STROLL, Avrum (2004), *Did My Genes Make Me Do It? And Other Philosophical Dilemmas*, Oxford: Oneworld Publications, pp. 129 e ss.

[314] *Vid.*, na matéria, BUCHANAN, Allan (2000), "Introduction" in *From Chance to Choice, Genetics and Justice*, Cambridge: Cambridge University Press, p. 41.

[315] BUCHANAN, Allan (2000), p. 24.

[316] Neste sentido CELIA WELLS afirma que "a aceitação da ideia de que os genes influenciam muitas das características humanas suscita ao legislador não a questão de saber se existe uma propensão genética para a criminalidade, mas a de saber a influência dessa predisposição na prática de crimes". Cf., na matéria, WELLS, Celia (1999), "'I Blame the Parents': Fitting New Genes in Old Criminal Laws" in *Law and Human Genetics, Regulating a Revolution* (coord.: Roger Brownsword, W. R. Cornish, e Margaret Llewelyn), reimp. da ed. de 1998, Oxford: Hart Publishing, p. 147; KOCH, Hans-Georg (1994) "Análisis del Genoma Humano y Cuestiones sobre la Responsabilidad Penal" in

Deixando o indivíduo de ser encarado como o autor livre e responsável dos seus actos então também a sociedade deixará de sentir a necessidade de proceder à avaliação crítica das suas instituições, leis e práticas dominantes com vista à sua eventual reforma para assegurar uma maior igualdade de oportunidades entre os seus cidadãos. Residindo o problema nos genes destes então a solução não passa por alterações nos estritos planos económicos social ou jurídico, mas sim pela terapia génica ou pela engenharia genética de melhoramento. O determinismo genético pode deste modo encontrar-se ao serviço quer do interesse de assegurar a protecção da ordem social e política existente perante qualquer crítica que lhe seja dirigida, quer o de justificar as desigualdades sociais existentes e fundamentar as futuras práticas discriminatórias.

São no entanto diversas as críticas que têm sido dirigidas ao reducionismo e ao determinismo genéticos.

O paradigma do *tout génétique* segundo o qual tudo pode ser reduzido aos genes começou a ser abandonado a partir do momento em que, como refere MICHEL MORANGE, e se reconheceu que "os genes só são importantes porque contêm a necessária informação para tornar possível, no tempo e local desejados, o fabrico de proteínas". Estas apenas desempenham "as suas funções se se encontrarem integradas na estrutura hierárquica da vida, composta por complexos macromoleculares, organitos, células, órgãos e organismos". Todos estes níveis de organização "assentam sobre as propriedades das proteínas, mas fornecem a estas o enquadramento no qual elas podem desempenhar as suas funções"[317].

Contribui ainda para o abandono do aludido paradigma o ter deixado de ser considerado válido para as células eucariotas[318], como salienta HENRI ATLAN, o dogma "um gene, uma enzima, uma função ou característica". Com efeito nestas células "vários genes podem

---

El Derecho ante el Proyecto Genoma Humano, vol. II, Bilbao: Fundación Banco Bilbao Vizcaya, pp. 11 e ss., e MIRALLES, Angela Aparisi (1997), *El Proyecto Genoma Humano: Algumas Reflexiones sobre sus Relaciones con el Derecho*, Valencia: Tirant lo Blanch, pp. 81 e ss.

[317] MORANGE, Michel (1998), p. 13.

[318] Por "eucariota" entende-se "qualquer célula ou organismo em que o núcleo está envolvido por membrana nuclear". Cf. REGATEIRO, Fernando J. (2003), p. 464.

contribuir para a expressão de uma característica e um mesmo gene pode contribuir para a expressão de várias características"[319]. Um mesmo gene é pois susceptível de desempenhar diferentes funções em diferentes organismos e em diversos estádios de desenvolvimento. Por exemplo, os genes "associados ao desenvolvimento intervêm em diferentes fases da embriogénese para desempenhar funções semelhantes, mas em contextos diferentes"[320].

Surge assim o conceito de efeito epigenético que se refere "às alterações num fenótipo que não resultam de uma modificação na sequência de DNA do genoma da célula"[321]. A hereditariedade epigenética designa pois "a transmissão durante a divisão celular não apenas da estrutura dos genes, mas também do estado de actividade destes", dado que "as diferentes partes de um mesmo genoma podem revelar num mesmo momento diferentes estados de actividade e estes podem evoluir com o decurso do tempo". Este conceito encontra aplicação no *imprinting* genómico. A interacção genética ao evidenciar que a expressão de um gene depende de outros genes, por vezes sob a forma de uma cascata de acções, leva à concepção do genoma como uma rede evolutiva, como uma "rede cuja estrutura muda no decurso do seu funcionamento"[322].

O princípio do determinismo genético de que a um gene corresponde uma doença, traço ou comportamento não é portanto válido na generalidade dos casos. Constitui pois um erro de linguagem a prática denunciada por ANDRÉ PICHOT de os genes "suspeitos" de intervirem numa doença serem "baptizados com o nome desta". Com efeito e como salienta o mesmo Autor o mais que pode ser afirmado na matéria é que "existe um gene responsável pela síntese de determinada proteína, e que a alteração do gene, ao alterar essa síntese,

---

[319] ATLAN, Henri (1999), p. 18.
[320] MORANGE, Michel (1998), p. 181.
[321] REGATEIRO, Fernando J. (2003), p. 464.
[322] ATLAN, Henri (1999), pp. 37 - 38. Como salientam LEONOR GRILO e ARNALDO VIDEIRA numa célula não são expressos "todos os genes ao mesmo tempo, pois isso implicaria gastos de energia insustentáveis". São, sim, "expressos apenas aqueles que codificam as proteínas necessárias, o que é determinado, principalmente, pelo tipo ou estádio de desenvolvimento da célula". Cf. GRILO, Leonor Teles e VIDEIRA, Arnaldo (2001), "Do DNA à Proteína" in *Engenharia Genética, Princípios e Aplicações* (coord.: Arnaldo Videira), Lisboa: Lidel Edições Técnicas, p. 23.

provoca uma doença que se manifesta nos órgãos que têm necessidade da proteína para o seu funcionamento normal"³²³.

Apenas em relação a determinadas doenças monogénicas de transmissão mendeliana (como a mucoviscidose e a miopatia de *Duchenne*) e a alguns traços físicos o determinismo genético é conhecido e pode ser afirmado³²⁴. Como salienta JEAN-FRANÇOIS SKRZYPCZAC "ao facto de se ter recebido uma herança de genes, constituídos pelo acaso da meiose, vem juntar-se a manifestação de caracteres, como a cor dos olhos, a pertença a um grupo sanguíneo, etc., sobre os quais a acção e a vontade não têm influência"³²⁵. Salvo em relação a estes caracteres que obedecem a uma transmissão genética e hereditária simples, na generalidade dos casos não é ainda possível correlacionar sequências de genes com a susceptibilidade para a doença ou para a presença de determinados traços intelectuais ou físicos.

A maioria das características fenotípicas de um indivíduo bem como a generalidade das situações de doença em que este se pode vir a encontrar são devidas a hereditariedade poligénica ou multifactorial e, como tal, resultam da interacção entre os genes e o meio ambiente. Na verdade e como escreve FERNANDO REGATEIRO, entre o meio ambiente e os genes "implicados na formação do fenótipo de um indivíduo adulto estabelece-se um 'diálogo' que pode influenciar, por vezes de um modo muito significativo, o resultado da codificação génica"³²⁶. E, como sublinham GILBERT HOTTOIS e CHARLES SUSANNE, "não se sabe quase nada acerca das relações entre os indivíduos e os seus genes" sendo essa ignorância mesmo "total a propósito da importância e da forma da determinação genética dos traços fenotípicos, já não físicos, mas psicológicos e morais, que definem o ser humano enquanto ser humano"³²⁷.

---

[323] PICHOT, André (1997), *O Eugenismo, Geneticistas Apanhados pela Filantropia* (trad. do original francês de 1995 por Francisco Manso), Lisboa: Instituto Piaget, p. 121.

[324] *Vid.*, na matéria, JACQUARD, Albert, e KAHN, Axel (2001), *L'Avenir N'est Pas Écrit*, Paris: Bayard Éditions, pp. 70 e ss.

[325] SKRZYPCZAC, Jean-François (1996), p. 57.

[326] REGATEIRO, Fernando J. (1996), "Eugenia – Passado, Presente e Futuro", *Brotéria Genética*, n.ᵒˢ 1-2, vol. XVII (XCII), 1996, Lisboa, p. 10. *Vid.*, ainda, na matéria, CARVALHO, Neto de (1992), *Direito, Biologia e Sociedades em Rápida Transformação*, Coimbra: Livraria Almedina, pp. 74 e ss.

[327] HOTTOIS, Gilbert e SUSANNE, Charles (2003), "Eugenia", *in Nova Enciclopédia da Bioética* (coord.: Gilbert Hottois e Jean-Noël Missa) (trad. do original francês de 2001 por Maria de Carvalho), Lisboa: Instituto Piaget, p. 344.

O conhecimento dos genes apenas nos revela a estrutura das proteínas cuja acção complexa nas células, nos tecidos e nos órgãos possibilita a progressiva construção do organismo.

5.4. A Dignidade Humana e o Genoma Humano

O artigo 1.º da Declaração Universal sobre o Genoma Humano e os Direitos do Homem, ao proclamar que o genoma humano serve de suporte ao reconhecimento da dignidade intrínseca de todos os membros da família humana, parece indicar que a dignidade humana se fundamenta no património genético característico da espécie humana, o que traria o risco de um reducionismo genético e da própria "biologização" do Direito. No entanto, a leitura atenta do restante articulado contraria tal ideia, uma vez que nele se sugere, reiteradamente e como referimos, que os seres humanos não devem poder ser reduzidos à soma dos seus genes.

A ONU, já na Declaração Universal dos Direitos do Homem, havia proclamado que "todos os seres humanos nascem livres e iguais em dignidade e em direitos"[328], podendo invocar os direitos nela contidos sem distinção de raça, cor, sexo, língua, religião, opinião política ou outra, origem nacional ou social, riqueza, ou nascimento. Cerca de cinquenta anos depois, face aos perigos inerentes aos progressos entretanto ocorridos no domínio da Genética, a mesma organização vem acrescentar, na aludida Declaração sobre o genoma humano, um critério adicional, com base no qual também não pode ser justificado um tratamento discriminatório: as características genéticas de cada indivíduo[329].

No ano anterior à adopção desta declaração, também o CONSELHO DA EUROPA havia proibido toda a forma de discriminação contra uma pessoa com base no seu património genético[330].

---

[328] Cf. art. 1.º da Declaração Universal dos Direitos Humanos, adoptada e proclamada pela Assembleia Geral na sua Resolução 217A (III) de 10 de Dezembro de 1948, adiante designada por "DUDH". Vid., sobre este artigo, MATAS, Manuel Cuyàs i (1998), *Cuestiones de Bioética*, Barcelona: Institut Borja de Bioètica, pp. 32-33.

[329] Cf. os arts. 2.º e 6.º da DUGH.

[330] Cf. o art. 11.º da CDHB.

O reducionismo genético é, pois, recusado nos dois mais importantes textos de Direito Internacional adoptados até à data em matéria de genoma humano. Recusa-se, deste modo, que o ser humano, ser "dotado de razão e de consciência"[331], seja encarado como o sujeito de um destino apenas biológico.

É inegável que a pertença à espécie humana constitui uma condição necessária para o reconhecimento a um ser humano, da qualidade que é a dignidade, dado que o Direito não a reconhece aos membros das outras espécies. Mas constituirá também condição suficiente para esse reconhecimento?

A resposta a esta interrogação parece-nos depender do conceito de dignidade humana de que se parta.

Se, por hipótese, se partir de um conceito de dignidade humana segundo o qual o ser humano é igualmente digno em todas as fases do seu desenvolvimento biológico (que é a posição que defendemos), a pertença à espécie humana constitui condição necessária e suficiente para o reconhecimento da qualidade que é a dignidade. Essa pertença será, no entanto, condição necessária mas não suficiente para o efeito se, para o reconhecimento da eminente dignidade da pessoa humana se exigir a verificação de um *quid* adicional: por exemplo, que o ser humano seja dotado de capacidade de autodeterminação e de racionalidade.

O mesmo acontecerá se a atribuição da dignidade a um ser humano depender do seu prévio reconhecimento por outro ser humano – caso em que, como afirma THIERRY PECH, "não possuímos a dignidade, ela é-nos dada". O fundamento último da dignidade humana é assim função do próprio conceito de dignidade humana em causa. Como salienta o referido Autor, é-se "sempre digno de algo que é invisível e que nos engloba: o Reino de Deus, a linhagem, a República, a Humanidade", pelo que "perguntar o que significa a dignidade é partir à procura dos sinais que descrevem esta ordem invisível"[332].

O conceito de dignidade é, deste modo, um conceito indeterminado, cujo sentido tem vindo a ser determinado ao longo da História,

---

[331] Cf. art. 1.º da DUDH.
[332] PECH, Thierry (2001), "La Dignité Humaine, du Droit à L'Éthique de la Relation", *Le Recueil Dalloz*, Maio de 2001, pp. 92 e 108.

e tem variado nos diversos períodos históricos, e mesmo dentro de cada período considerado. Ou seja, nem sempre se encontrou ligado ao conceito de dignidade o carácter absoluto e invariável que hoje lhe associamos. Face à natureza vaga e indeterminada do conceito dignidade humana, parte da Doutrina[333] sugere que se proceda ao seu preenchimento por aproximações sucessivas, resultantes da realização de debates nas actuais sociedades plurais e democráticas. Isto, na linha do defendido por Jürgen Habermas, que "o coração da sociedade civil é constituído por um tecido associativo que institucionaliza, no quadro de espaços públicos organizados, as discussões que se propõem resolver os problemas que se colocam em relação a temas de interesse geral"[334]. Nestes espaços públicos estabelece-se pois a comunicação entre os cidadãos, que trocam ideias sobre temas que são importantes para eles.

No entanto, a heterogeneidade das sociedades actuais não permite que se alcance uma unanimidade quanto ao modelo de vida em sociedade a adoptar, pelo que os princípios e valores sobre os quais se ordena a vida colectiva não são partilhados por todos os membros do grupo, nem lhes é atribuído o mesmo sentido pelos diversos grupos que coexistem na sociedade.

Este pluralismo ético presente nas sociedades multiculturais de hoje, implica que quando se procede à concretização do sentido do conceito de dignidade humana, se definam "os limites, as fronteiras que não devem ser ultrapassadas, porque ultrapassá-las significaria destruir a própria ideia de humanidade"[335]. Limites que se encontram expressos, por exemplo, no reconhecimento quer de um núcleo de direitos fundamentais inderrogáveis, quer da existência de crimes contra a humanidade.

---

[333] *Vid.*, por todos, Pech, Thierry (2001), pp. 92 e ss., e Delmas-Marty, Mireille (1998), pp. 85 e ss.

[334] Habermas, Jürgen (1997), *Droit et Démocratie, Entre Faits et Normes* (trad. do original alemão de 1992 por Rainer Rochlitz e por Christian Bouchindhomme), Paris: Éditions Gallimard, p. 394. A necessidade de abertura da dignidade da pessoa humana "(...) às novas exigências da própria pessoa humana" é, entre nós, defendida por Canotilho, J. J. Gomes, e Moreira, Vital (2007), *Constituição da República Portuguesa Anotada*, vol. 1, 4.ª ed. rev., Coimbra: Coimbra Editora, p. 199, e por Amaral, Maria Lúcia (2005), *A Forma da República, Uma Introdução ao Estudo do Direito Constitucional*, Coimbra: Coimbra Editora, pp. 162 e ss.

[335] Delmas-Marty, Mireille (1998), p. 173.

5.5. A Dignidade Humana e os Direitos Intangíveis

Se procedermos à análise do regime normativo de protecção internacional dos direitos fundamentais contido em instrumentos jurídicos de alcance mundial e regional, verificamos existir um núcleo duro de direitos humanos que são inderrogáveis em quaisquer circunstâncias, não podendo sequer ser afectados em caso de declaração do estado de emergência. Integra este núcleo mínimo e irredutível de direitos para os quais vale uma cláusula de intangibilidade, o direito à vida, o direito à integridade pessoal e o direito ao reconhecimento da personalidade jurídica[336].

O critério de selecção destes direitos, cujo exercício se encontra garantido mesmo contra o estado de emergência, parece-nos ser o tratar-se de direitos inerentes à dignidade da pessoa, que protegem bens jurídicos pessoais fundamentais, como são a vida e a integridade moral e física.

O reconhecimento, no plano do Direito Internacional, deste elenco básico de direitos, que constituem uma projecção normativa da dignidade da pessoa, permite assegurar a cada ser humano um nível mínimo de protecção, para além dos vínculos de nacionalidade ou da matriz cultural. Este *status mundialis hominis* assenta portanto, no reconhecimento planetário da dignidade humana, da dignidade absoluta e irredutível de cada membro da família humana.

Encontra-se deste modo em curso, um processo de universalização dos direitos humanos, que em certa medida se iniciou com a aprovação, em 1948, da Declaração Universal dos Direitos do Homem, que tem por destinatários os seres humanos e já não o cidadão, o membro de uma comunidade política constituída. Este processo de internacionalização progressiva do regime normativo dos direitos humanos prosseguiu com a aprovação dos dois pactos internacionais, em 1966 que dão concretização ao disposto na Declaração Universal.

---

[336] Cf. os arts. 3.º, 5.º e 6.º da DUDH; os arts. 6.º, 7.º, e 16.º do PIDCP; os arts. 2.º e 3.º da Convenção Europeia dos Direitos do Homem e das Liberdades Fundamentais, adoptada em Roma, a 4 de Novembro de 1950; os art.s 4.º e 5.º da Carta Africana dos Direitos do Homem e dos Povos, adoptada no seio da Organização da Unidade Africana, em 27 de Junho de 1981, e os art.s 3.º, 4.º e 5.º da Convenção Americana sobre os Direitos do Homem, aberta à assinatura em San José de Costa Rica, em 22 de Novembro de 1969.

Para a dignificação jurídica internacional dos direitos humanos têm igualmente contribuído diversos instrumentos jurídicos sectoriais, elaborados no âmbito da Organização das Nações Unidas.

Para além do regime onusiano de protecção dos direitos humanos contribuem também para esta protecção, instrumentos convencionais de alcance regional, como seja a Convenção Europeia dos Direitos do Homem.

Pode-se dizer, porém, que o pilar fundamental do regime de protecção internacional dos direitos humanos continua a ser constituído pela Declaração Universal dos Direitos do Homem, para a qual remete, aliás, a generalidade dos textos internacionais adoptados na matéria, salientando a importância de se assegurar o reconhecimento e a aplicação universais dos direitos e liberdades nela enunciados.

Esta universalização progressiva dos direitos humanos exprime o interesse da comunidade internacional no seu conjunto em que sejam reconhecidos, a todos os seres humanos, independentemente de quaisquer factores de ordem política, cultural, religiosa, económica e social, um núcleo mínimo irredutível de direitos, que são expressão da eminente dignidade do ser humano. Pretende-se, assim, assegurar um nível mínimo de protecção jurídica que é indispensável para a própria sobrevivência do ser humano. Neste sentido se pode afirmar que "o Direito dos direitos humanos se destina a fixar as fronteiras que não podem ser transpostas se se quiser assegurar a protecção do 'irredutível humano'"[337]. Irredutível humano este que a tipificação dos crimes contra a humanidade visou proteger, após ter sido posto em causa durante a Segunda Guerra Mundial.

---

[337] DELMAS-MARTY, Mireille (1998), p. 77. *Vid.*, ainda, DELMAS-MARTY, Mireille (1999), "Humanité et Crime contre L'Humanité" *in Du Corps Humain à la Dignité de la Personne Humaine, Genèse, Débats et Enjeux des Lois D'Éthique Biomédicale* (coord.: Claire Ambroselli e Gérard Wormser), Paris: Centre National de Documentation Pédagogique, pp. 32 e ss., e MARTINS, Ana Maria Guerra (2006), *Direito Internacional dos Direitos Humanos*, Coimbra: Almedina, pp. 121 e ss.

5.6. A Dignidade Humana e o "Irredutível Humano"

Aliás, como sublinhou ANDRÉ FROSSARD, o século vinte, que foi "o mais inventivo de todos os séculos, o século de todos os progressos, que dominou o impossível e foi de estrela em estrela à procura dos começos do universo, ultrapassou todos os outros séculos em mortes", dado que "nunca o ser humano foi tão bem estudado, nem tão bem curado, nem tão bem morto"[338]. Urge, assim na opinião deste Autor, protegê-lo dele próprio.

Exactamente para proteger o ser humano contra ele mesmo têm vindo a ser qualificadas crime contra a humanidade, certas práticas que violam direitos cujo respeito é essencial para a sua protecção. Práticas que não se limitam "à destruição de seres humanos, podendo ser práticas deliberadas, de natureza política, jurídica, médica ou científica que respeitando aparentemente a vida, põem em causa a humanidade", uma vez que implicam "uma destruição metafísica, *i.e.*, a negação do esforço pelo qual o homem constrói a sua própria humanidade".

Subjacente à incriminação destas práticas encontra-se, como referimos, o princípio do respeito pela dignidade humana, enquanto dignidade não apenas de cada pessoa humana singular, mas também da humanidade, da família humana presente e futura. Tal explica que os crimes contra a humanidade constituam "a fronteira comum a todas as culturas, aquela que marca, apesar do pluralismo e da tolerância, mas também em seu nome, o ponto a não ultrapassar"[339], e que estes crimes sejam imprescritíveis[340].

Explica também que na concretização do conceito de dignidade não se apele apenas ao reconhecimento de um valor absoluto, invariável, incomensurável, da pessoa humana, que a torna única e insubstituível, mas que se apele igualmente a sentimentos de solidariedade, de reconhecimento, ou de indignação colectiva, suscitados por situações "onde a humanidade se descobre pela evidência da desumanidade".

---

[338] FROSSARD, André (1997), pp. 11 e 12.
[339] DELMAS-MARTY, Mireille (1998), pp. 192-193.
[340] Cf. o art. I, al. b) da Convenção sobre a Imprescritibilidade dos Crimes de Guerra e dos Crimes contra a Humanidade, adoptada pela Assembleia Geral das Nações Unidas em 26 de Novembro de 1968.

Deste modo e segundo THIERRY PECH falar hoje em dignidade, no plano ético-jurídico, é também "manifestar uma emoção suscitada pelo espectáculo de um sofrimento, de um mal ou de uma fraqueza particular", estando em causa "não tanto a grandeza do homem" como a "experiência de vulnerabilidades contra as quais é necessário protegê-lo".

Tende, assim, a acentuar-se uma dimensão profundamente dimensional da dignidade, considerando-se que a dignidade é ofendida quando a reciprocidade do reconhecimento é negada, como sucedeu, por exemplo, no Holocausto. O princípio do respeito pela dignidade implica, pois, uma injunção de reconhecimento, sendo o homem digno "aquele que tem o seu lugar entre os homens, ou seja, em relação com eles e sob o seu olhar"[341].

Expressivas na matéria, são as palavras de EMMANUEL LEVINAS, que refere a existência de "um olhar voltado para o rosto, porque o olhar é conhecimento, percepção". Deste modo, na relação interpessoal "não se trata de pensar conjuntamente o eu e o outro, mas de estar diante". Estar diante um rosto que fala, porque "é ele que torna possível e começa todo o discurso", sendo a sua primeira palavra o "Tu não matarás". É, portanto "o rosto o que nos proíbe de matar" e desde que "o outro me olha sou por ele responsável, (...) a sua responsabilidade incumbe-me". Sou responsável por ele sem esperar recíproca, sendo esta responsabilidade "o que exclusivamente me incumbe e que, humanamente, não posso recusar". E, afirma, que "na responsabilidade por outrem se é, em última análise, responsável pela morte do outro". Reconhece-se, deste modo, a própria identidade do eu humano a partir da responsabilidade, uma vez que eu "sou

---

[341] PECH, Thierry (2001), pp. 92, 94 e 100. Também PRIMO LEVI refere a importância do olhar para o reconhecimento da dignidade do outro, escrevendo, relativamente ao Holocausto, que: "Porque aquele olhar não aconteceu entre dois homens; e, se soubesse explicar a fundo a natureza daquele olhar, trocado como através da parede de vidro de um aquário entre dois seres que habitam meios diferentes, também saberia explicar a essência da grande loucura da terceira Alemanha". Um pouco mais adiante afirma: "Uma parte da nossa existência reside nas almas de quem entra em contacto connosco: eis porque é-não-humana a experiência de quem viveu dias em que o homem foi uma coisa aos olhos do homem". Cf. LEVI, Primo (2001), *Se Isto é Um Homem* (trad. do original italiano de 1958 por Simonetta Cabrito Neto), Lisboa: Editorial Teorema, pp. 108 e 175.

eu apenas na medida em que sou responsável"[342]. Esta responsabilidade pelo outro implica o reconhecimento do outro, reconhecimento esse que "abre as portas da pátria humana aos mais estrangeiros, aos mais diminuídos"[343]. Em que medida a selecção embrionária e fetal subsequente aos aludidos diagnósticos afecta esse reconhecimento do outro e nessa medida a sua dignidade?

6. Considerações Finais

As Ciências Biomédicas têm hoje o poder de criar vida humana em laboratório, de determinar o momento em que o embrião deixará de poder originar dois ou mais indivíduos, de conhecer com rigor a sua constituição genética. Este domínio crescente sobre a vida humana traz consigo o risco de se tentar remeter para aquelas ciências a definição do conceito de dignidade humana. No entanto e como concluímos pela referência feita aos crimes contra a humanidade, a dignidade tem um significado ético e jurídico que não se limita aos dados biológicos disponíveis sobre a espécie humana.

Não é, deste modo, possível concretizar apenas com base nos dados fornecidos pelas Ciências Biomédicas, a dignidade absoluta e irredutível da pessoa humana, em qualquer das fases do seu desenvolvimento biológico.

Não é portanto possível demonstrar que o ser biológico humano possui, desde o seu início, dignidade pessoa, nem tão pouco é possível demonstrar que não a possui.

E, caso se admita que o embrião tem a dignidade inerente ao seu estatuto de ser humano (*i.e.*, de ente pertencente à espécie humana), a concretização dessa sua dignidade terá que passar, em grande medida, pelo olhar que se tenha sobre ele, pelo olhar que o reconhece ou não como membro da comunidade política. Isto porque, segundo

---

[342] LEVINAS, Emmanuel (1988), *Ética e Infinito* (trad. do original francês de 1982 por João Gama), Lisboa: Edições 70, pp. 69, 77 a 80, 88, 93, e 112. *Vid.*, sobre este ponto, SIQUEIRA, José Eduardo, e DINIZ, Nilza (2003), "Ética e Responsabilidade em Genética" *in Bioética: Poder e Injustiça* (coord.: Volnei Garrafa e Leo Pessini), São Paulo: Sociedade Brasileira de Bioética, Centro Universitário São Camilo e Edições Loyola, p. 229.

[343] PECH, Thierry (2001), p. 91.

MICHAEL WALZER, a sociedade humana é uma comunidade distributiva e o "bem primário que distribuímos uns aos outros é a qualidade de membro de uma comunidade humana", e o que "fizermos com respeito à qualidade de membro irá determinar todas as nossas opções distributivas", irá determinar "com quem faremos essas opções, a quem exigiremos obediência e cobraremos impostos e a quem atribuiremos bens ou serviços". A que seres humanos iremos distribuir a qualidade de membros?

Segundo este Autor, "nós, que já somos membros, fazemos a selecção de acordo com a nossa própria concepção do significado que para a nossa comunidade tem a qualidade de membro e da espécie de comunidade que queremos formar". Assim sendo, a "qualidade de membro como bem social é constituída pela nossa concepção, o seu valor é fixado pelo nosso trabalho e pelas nossas conversas e, a seguir, encarregamo-nos (...) da sua distribuição". Somos, portanto, iguais uns aos outros por "nos reconhecermos uns aos outros como seres humanos e membros da mesma espécie e aquilo que reconhecemos são corpos e espíritos, sentimentos e esperanças e até, talvez, almas"[344].

No entanto, ainda reconhecendo-se, como propõe parte da Doutrina nacional e estrangeira, ao embrião humano a dignidade que é inerente a todos os membros da família humana, o conteúdo vago e indeterminado do conceito de dignidade torna difícil a exacta demarcação da linha entre as práticas biomédicas que a ofendem e as que não a ofendem. O critério a que com frequência se apela para se proceder a essa demarcação, é o da não instrumentalização do ser humano, que obriga a que cada ser humano seja sempre considerado como um fim em si mesmo e não como um meio para atingir um determinado objectivo. Outro critério possível é o da não reificação do ser humano, que impede que o ser humano seja tratado como uma coisa e não como uma pessoa.

---

[344] WALZER, Michael (1999), *As Esferas da Justiça, Em Defesa do Pluralismo e da Igualdade* (trad. do original inglês de 1983 por Nuno Valadas), Lisboa: Editorial Presença, pp. 14 e 46-47.

Ora a realização do diagnóstico pré-implantação, na medida em que vise satisfazer o objectivo dos progenitores em ter um filho com uma qualidade genética garantida, não representará uma instrumentalização do ser humano embrionário? Na medida em que conduza ao reduzir-se o embrião à doença / deficiência que se pretende evitar, não se estará a reificá-lo? Na medida em que facilita a ulterior supressão dos embriões em função apenas do seu património genético, não estará a pôr em causa os fundamentos da civilização contemporânea e os valores nucleares sobre que ela repousa, os que presidem à definição do "irredutível humano"?

Parece-nos que a resposta a estas perguntas não poderá deixar de ser afirmativa – a utilização dos resultados emergentes do diagnóstico pré-implantação para implantar apenas os embriões que não sejam portadores da anomalia genética em causa, com o consequente abandono dos restantes configura uma prática ofensiva da dignidade humana, dado que um ser pertencente à espécie humana é suprimido apenas porque é portador do gene associado a uma doença ou deficiência. É suprimido apenas porque se encontra ou pode vir a encontrar-se doente ou é portador de uma deficiência.

Subjacente a toda esta discussão encontra-se uma vez mais e sempre o conceito de normalidade, que varia em função da mundividência do intérprete e o conceito de filho perfeito. Ora um filho "não é simplesmente obra minha, como um poema ou um objecto fabricado, nunca é minha propriedade", um filho "é ainda eu e, contudo, absolutamente outro"[345], um outro cuja dignidade de pessoa devo respeitar.

Parece-nos assim que há uma discriminação em relação ao embrião quando não se lhe reconhece o direito a nascer porque, muito provavelmente, virá a estar doente daí a alguns anos[346], porque, no

---

[345] Levinas, Emmanuel (1988), pp. 54 e 63. *Vid.*, ainda, Abel, Françesc (1995), "Diagnóstico Prenatal y Aborto Selectivo: La Decisión Ética", *in Consejo Genético: Aspectos Biomédicos e Implicaciones Éticas* (coord: Javier Gafo), Madrid: Publicaciones de la Universidad Pontificia Comillas, p. 156.

[346] François Jacob refere, a este propósito, que: "as pessoas vão tornar-se doentes antes do tempo. O seu estado, o seu futuro, serão discutidos em termos médicos ainda que eles se sintam em boa forma e assim continuarão durante anos". Cf. Jacob, François (1997), *La Souris, La Mouche et L'Homme*, Paris: Éditions Odile Jacob, p. 161.

fundo, apresenta uma colecção de genes diferente da considerada "normal"³⁴⁷. Suscitam-se assim algumas questões:

- O objectivo da Medicina é evitar que uma vida sobreviva, ainda que essa vida possa ser saudável durante, apenas, alguns anos, ou é curar?
- Uma vida só vale a pena ser vivida se se encontrar geneticamente programada para durar, por exemplo, mais de quarenta anos³⁴⁸?
- Os pais têm o direito de escolher as características sanitárias dos filhos que irão ter?
- Poderão os pais ser responsabilizados se não o fizerem³⁴⁹, por não haverem recorrido ao diagnóstico pré-implantação ou pré-natal e terem assumindo dar à luz uma criança que talvez venha a ser doente, um dia?

Parece-nos que o cerne do problema se situa nos conceitos de dignidade, liberdade e responsabilidade.

Dignidade, porque é imperioso assegurar o respeito pela eminente dignidade de todo o ser humano, enquanto expressiva do valor

---

³⁴⁷ Cf. TESTARD, Jacques (1993), *La Procréation Médicalisée*, Paris: Flammarion, p. 83: "o risco de alterar de forma imprevisível a qualidade da existência das gerações futuras (...) é particularmente importante no que concerne às pesquisas relativas à identificação genética de embriões com vista a identificar aqueles que serão dignos de serem transformados em crianças".

³⁴⁸ Expressivas, na matéria, são as palavras de JEAN BERNARD, que passamos a citar: "Esta criança, morta *in utero*, é talvez Pascal, Mozart, Géricault, Évariste Galois, que compuseram a totalidade da sua obra bem antes dos quarenta anos de idade. E, com os progressos das ciências do sistema nervoso, pode-se razoavelmente esperar em 2035 uma situação diferente e a existência de tratamentos eficazes". Cf. BERNARD, Jean (1994), *La Bioéthique*, Paris: Flammarion, p. 50. Analisámos este problema em MELO, Helena Pereira de (1998), "Aspectos Éticos e Jurídicos do Diagnóstico Pré-Natal de Doenças de Manifestação Tardia" in *Poderes e Limites da Genética*, Actas do IV Seminário do Conselho Nacional de Ética para as Ciências da Vida, Lisboa: Presidência do Conselho de Ministros, pp. 159 e ss.

³⁴⁹ BONNIE STEINBOCK salienta, a este propósito que "A culpa começa a insinuar-se. O nascimento de uma criança gravemente deficiente, quando a deficiência podia ser diagnosticada antes do nascimento e a gravidez interrompida, começa a ser encarado como um acto de irresponsabilidade. Os critérios de produção aumentam e nós somos considerados responsáveis perante esses critérios". Cf. STEINBOCK, Bonnie (1992), *Life Before Birth, The Moral and Legal Status of Embryos and Fetuses*, New York: Oxford University Press, pp. 205-206.

absoluto que é inerente à pessoa pelo simples facto de ser pessoa, de ser um ser livre, único e irrepetível.

Liberdade dos pais em optarem por ter ou por não ter filhos e respeito pela liberdade dos filhos enquanto sujeitos autónomos e não simples objectos passíveis de um direito de propriedade de outrem. Ver no embrião apenas um ou mais genes (de entre os trinta mil genes que ele tem) é reificá-lo, é não assumir a criança que ele será, como um ser imprevisível, como a "criança que amamos tal como é, por aquilo que ela é e não porque ela se parece com aquilo que quisemos que fosse"[350].

Responsabilidade, perante as gerações de hoje e sobretudo perante as de amanhã – porque neste "decidir deixar viver ou morrer", está implícito um controlo da evolução do próprio ser humano, cujas consequências, a longo prazo, são imprevisíveis. Responsabilidade porque, como diz a referida Declaração sobre a Responsabilidade das Gerações Presentes perante as Futuras, as gerações presentes têm a responsabilidade de assegurar que "as necessidades e os interesses das gerações presentes e futuras serão plenamente salvaguardadas" e que a humanidade se perpetuará "no devido respeito pela dignidade da pessoa humana", o que implica que "a natureza e a forma da vida humana não devam, por qualquer forma, ser desvirtuadas"[351]. Responsabilidade porque, como referiu SAINT-EXUPÉRY, *"(...) ser homem é precisamente ser-se responsável"*[352].

---

[350] KAHN, Axel (1996), *Société et Révolution Biologique, Pour une Éthique de la Responsabilité*, Paris: Institut National de la Recherche Agronomique, p. 77.

[351] Cf. os art. 1.º e 3.º da Declaração sobre a Responsabilidade das Gerações Presentes em Relação às Gerações Futuras, adoptada pela Conferência Geral da UNESCO em 12 de Novembro de 1997. Vid., sobre este ponto, POULIQUEN, Patrícia (1994), "Informe Explicativo de la Declaración Universal de los Derechos Humanos de las Generaciones Futuras" in *Los Derechos Humanos para las Generaciones Futuras* (coord.: Francisco Aznar), Tenerife: Universidad de La Laguna, p. 37.

[352] Prossegue afirmando que cada homem "é um pouco responsável pelo destino dos homens, na medida do seu trabalho", até porque "somos solidários, transportados pelo mesmo planeta, somos equipagem do mesmo navio". E "cada sentinela é responsável por todo o Império" sendo urgente "lançarmos pontes através da noite", porque "o que aqui é ferido, lesado, não é o indivíduo, é qualquer coisa como a espécie humana". SAINT-EXUPÉRY, Antoine de (1979), *Terre des Hommes*, reimpressão da ed. de 1939), Paris: Éditions Gallimard, pp. 41, 151, 154 e 156.

7. Bibliografia

1. AA. VV. (1994), *El Derecho ante el Proyecto Genoma Humano*, vol. II, Bilbao: Fundación Banco Bilbao Vizcaya.
2. AA. VV. (2000), *From Chance to Choice, Genetics and Justice*, Cambridge: Cambridge University Press.
3. AGIUS, Emmanuel, e KIM, Tae-Chang (1998) (coord.), *Future Generations and International Law*, London: Earthscan Publications.
4. AMARAL, Maria Lúcia (2005), *A Forma da República, Uma Introdução ao Estudo do Direito Constitucional*, Coimbra: Coimbra Editora.
5. AMBROSELLI, Claire, e WORMSER, Gérard (1999) (coord.), *Du Corps Humain à la Dignité de la Personne Humaine, Genèse, Débats et Enjeux des Lois D'Éthique Biomédicale*, Paris: Centre National de Documentation Pédagogique.
6. ANDREWS, Lori B. (2001), *Future Perfect – Confronting Decisions About Genetics*, New York: Columbia University Press.
7. ANNAS, J., e GRODIN, Michel A. (1995) (coord.), *The Nazi Doctors and the Nuremberg Code, Human Rights in Human Experimentation*, Oxford: Oxford University Press,
8. ATLAN, Henri (1999), *La Fin du "Tout Génétique"? Vers de Nouveaux Paradigmes en Biologie*, Paris: Institut National de la Recherche Agronomique.
9. AZNAR, Francisco (1994) (coord.) *Los Derechos Humanos para las Generaciones Futuras*, Tenerife: Universidad de La Laguna.
10. AZOUX-BACRIE, Laurence (2003) (coord.), *Bioéthique, Bioéthiques*, Bruxelles: Etablissements Emile Bruylant.
11. BERNARD, Jean (1994), *La Bioéthique*, Paris: Flammarion.
12. BROWNSWORD, Roger, e CORNISH, W. R. (1999) (coord.), *Law and Human Genetics, Regulating a Revolution*, reimp. da ed. de 1998, Oxford: Hart Publishing.
13. CALERA, Nicolás López (2000), *Hay Derechos Colectivos? Individualidad y Socialidad en la Teoría de los Derechos*, Barcelona: Editorial Ariel.
14. CANOTILHO, J. J. Gomes, e MOREIRA, Vital (2007), *Constituição da República Portuguesa Anotada*, vol. 1, 4.ª ed. rev., Coimbra: Coimbra Editora.
15. CARVALHO, Neto de (1992), *Direito, Biologia e Sociedades em Rápida Transformação*, Coimbra: Livraria Almedina.
16. CHANGEUX, Jean-Pierre, e RICOEUR, Paul (1998), *Ce qui Nous Fait Penser, La Nature et La Règle*, Paris: Éditions Odile Jacob.
17. CONSELHO NACIONAL DE ÉTICA PARA AS CIÊNCIAS DA VIDA (1998) (coord.), *Poderes e Limites da Genética, Actas do IV Seminário do Conselho Nacional de Ética para as Ciências da Vida*, Lisboa: Presidência do Conselho de Ministros.

18. DELMAS-MARTY, Mireille (1998), *Trois Défis pour Un Droit Mondial*, Paris: Éditions du Seuil.
19. DAWKINS, Richard (1999), *O Gene Egoísta*, 2.ª ed. rev. (trad. do original inglês de 1989 por Ana Paula Oliveira e Miguel Abreu), Lisboa: Gradiva.
20. FABRE-MAGNAN, Muriel, e MOULLIER, Philippe (2004) (coord.), *La Génétique, Science Humaine*, Paris: Éditions Belin.
21. FERNANDES, Paulo Silva (2001), *Globalização, "Sociedade de Risco" e o Futuro do Direito Penal Panorâmica de Alguns Problemas Comuns*, Coimbra: Almedina.
22. FIGUEIREDO, Helena Maria Vieira de Sá (2005), *A Procriação Medicamente Assistida e as Gerações Futuras*, Porto: Serviço de Bioética e Ética Médica da Faculdade de Medicina do Porto.
23. FROSSARD, André (1997), *Le Crime Contre L'Humanité*, Paris: Éditions Robert Laffont.
24. GAFO, Javier (1995) (coord.), *Consejo Genético: Aspectos Biomédicos e Implicaciones Éticas*, Madrid: Publicaciones de la Universidad Pontificia Comillas.
25. GARRAFA, Volnei, e PESSINI, Leo (2003) (coord.), *Bioética: Poder e Injustiça*, São Paulo: Sociedade Brasileira de Bioética, Centro Universitário São Camilo e Edições Loyola.
26. GOUVEIA, Jorge Bacelar (2005), *Manual de Direito Internacional Público, Introdução, Fontes, Relevância, Sujeitos, Domínio, Garantia*, 2.ª ed. rev., reimp. da ed. de 2004, Coimbra: Almedina.
27. GOUVEIA, Jorge Bacelar (2006), *Direito Internacional Humanitário, Introdução, Textos Fundamentais*, Coimbra: Almedina.
28. GUILLEBAUD, Jean-Claude (2001), *Le Principe D'Humanité*, Paris: Seuil.
29. HABERMAS, Jürgen (1997), *Droit et Démocratie, Entre Faits et Normes* (trad. do original alemão de 1992 por Rainer Rochlitz e por Christian Bouchindhomme), Paris: Éditions Gallimard.
30. HABERMAS, Jürgen (1997a), *La Paix Perpétuelle, Le Bicentenaire d'une Idée Kantienne* (trad. do original alemão de 1996 por Rainer Rochlitz), Paris: Les Éditions du Cerf.
31. HABERMAS, Jürgen (2002), *L'Avenir de la Nature Humaine Vers un Eugénisme Liberal?* (trad. da ed. alemã de 2001 por Christian Bouchindhomme), Paris: Gallimard.
32. HOOFT, Visser't (1991), "Développment Technologique et Responsabilité Envers les Générations Futures", *Archives de Philosophie du Droit*, t. 36, Paris: Sirey.
33. HOTTOIS, Gilbert e MISSA, Jean-Noël (2003) (coord.), *Nova Enciclopédia da Bioética* (trad. do original francês de 2001 por Maria de Carvalho), Lisboa: Instituto Piaget.

34. JACQUARD, Albert, e KAHN, Axel (2001), *L'Avenir N'est Pas Écrit*, Paris: Bayard Éditions.
35. JACOB, François (1997), *La Souris, La Mouche et L'Homme*, Paris: Éditions Odile Jacob.
36. JONAS, Hans (1994), *Ética, Medicina e Técnica* (trad. da ed. inglesa por António Fernando Cascais), Lisboa: Veja.
37. JONAS, Hans (1998) *Pour Une Éthique du Futur* (trad. do original alemão de 1993, por Sabine Cornille e Philippe Ivernel), Paris: Éditions Payot et Rivages.
38. JONAS, Hans (2000), *Le Principe Responsabilité, Une Éthique pour la Civilisation Technologique* (trad. do original alemão de 1979 por Jean Greisch), reimp., Paris: Flammarion.
39. KAHN, Axel (1996), *Société et Révolution Biologique, Pour une Éthique de la Responsabilité*, Paris: Institut National de la Recherche Agronomique.
40. KISS, Alexandre-Charles (1982), "La Notion de Patrimoine Comum de L'Humanité", *Recueil des Cours de L'Academie de Droit International de La Haye*, t. 175 (1982), The Hague: Martinus Nijhoff Publishers.
41. LEVI, Primo (2001), *Se Isto é Um Homem* (trad. do original italiano de 1958 por Simonetta Cabrito Neto), Lisboa: Editorial Teorema.
42. LEVINAS, Emmanuel (1988), *Ética e Infinito* (trad. do original francês de 1982 por João Gama), Lisboa: Edições 70.
43. MAGALHÃES, João Fernando Fernandes de (1993), *Dos Crimes Contra as Pessoas e Contra a Paz e a Humanidade no Novo Código Penal*, Braga: Barbosa & Xavier Editores.
44. MARTINS, Ana Maria Guerra (2006), *Direito Internacional dos Direitos Humanos*, Coimbra: Almedina.
45. MATAS, Manuel Cuyàs i (1998), *Cuestiones de Bioética*, Barcelona: Institut Borja de Bioética.
46. MELO, Helena Pereira de (1996), *Alguns Aspectos do Estatuto Jurídico do Embrião no Ordenamento Jurídico Português*, Lisboa: ed. policopiada.
47. MELO, Helena Pereira de (2007), *Implicações Jurídicas do Projecto do Genoma Humano: Constituirá a Discriminação Genética Uma Nova Forma de Apartheid?*, Porto: Serviço de Bioética e Ética Médica da Faculdade de Medicina do Porto.
48. MIRALLES, Angela Aparisi (1997), *El Proyecto Genoma Humano: Algumas Reflexiones sobre sus Relaciones con el Derecho*, Valencia: Tirant lo Blanch.
49. MIRANDA, Jorge (2006), *Escritos sobre Direitos Fundamentais*, Estoril: Principia.
50. MORIN, Edgar (1999), *La Tête Bien Faite – Repenser la Réforme, Réformer la Pensée,* Paris: Éditions du Seuil.
51. MIRANDA, Jorge, e MEDEIROS, Rui (2005) (cood.), *Constituição Portuguesa Anotada*, t. I, Coimbra: Coimbra Editora.

52. MORANGE, Michel (1998), *La Part des Gènes*, Paris: Éditions Odile Jacob.
53. NABAIS, José Casalta (2004), *Introdução ao Direito do Património Cultural*, Coimbra: Almedina.
54. NUNES, Rui, MELO, Helena, e NUNES, Cristina (2002) (coord.), *Genoma e Dignidade Humana*, Porto: Serviço de Bioética e Ética Médica da Faculdade de Medicina da Universidade do Porto e Gráfica de Coimbra.
55. PECH, Thierry (2001), "La Dignité Humaine, du Droit à L'Éthique de la Relation", *Le Recueil Dalloz*, Maio de 2001.
56. PEREIRA, André Gonçalves, e QUADROS, Fausto de (2007), *Manual de Direito Internacional Público*, 3.ª ed. rev., 7.ª reimp. da ed. de 1993, Coimbra: Almedina.
57. PICHOT, André (1997), *O Eugenismo, Geneticistas Apanhados pela Filantropia* (trad. do original francês de 1995 por Francisco Manso), Lisboa: Instituto Piaget.
58. PONTARA, Giuliano (1996), *Ética e Generaciones Futuras* (trad. do original italiano de 1995 por Isabel Riera), Barcelona: Editorial Ariel.
59. PUREZA, José Manuel (1998), *O Património Comum da Humanidade: Rumo a Um Direito Internacional da Solidariedade?*, Porto: Edições Afrontamento.
60. RAWLS, John (1993), *Uma Teoria da Justiça* (trad. do original inglês de 1971 por Carlos Pinto Correia), Lisboa: Editorial Presença.
61. REGATEIRO, Fernando J. (1996), "Eugenia – Passado, Presente e Futuro", *Brotéria Genética*, n.ᵒˢ 1-2, vol. XVII (XCII), 1996, Lisboa.
62. REGATEIRO, Fernando J. (2003), *Manual de Genética Médica*, Coimbra: Imprensa da Universidade.
63. RICOT, Jacques (1998), *Étude sur L'Humain et L'Inhumain*, Saint-Sébastien-sur-Loire: Éditions Pleins Feux.
64. RIDLEY, Matt (2004), *The Agile Gene, How Nature Turns on Nurture*, New York: HarperCollins Publishers.
65. SAINT-EXUPÉRY, Antoine de (1979), *Terre des Hommes*, reimp. da ed. de 1939), Paris: Éditions Gallimard.
66. SANTOS, Victor Marques dos (2001), *A Humanidade e o Seu Património, Reflexões Contextuais sobre Conceptualidade Evolutiva e Dinâmica Operatória em Teoria das Relações Internacionais*, Lisboa: Instituto Superior de Ciências Sociais e Políticas.
67. SARKAR, Sahotra (1998), *Genetics and Reductionism*, Cambridge: Cambridge University Press.
68. SARTRE, Jean-Paul (1995), *Réflexions sur la Question Juive*, reimp. da ed. de 1954, Paris: Éditions Gallimard.
69. SKRZYPCZAC, Jean-François (1996), *O Inato e o Adquirido, Desigualdades 'Naturais' Desigualdades Sociais* (trad. do original francês por Omar Matias), Lisboa: Edições Piaget.

70. STEINBOCK, Bonnie (1992), *Life Before Birth, The Moral and Legal Status of Embryos and Fetuses*, New York: Oxford University Press.
71. STOCK, Gregory (2002), *Redesigning Humans, Choosing Our Children's Genes*, London: Profile Books.
72. STOCK, Gregory, e CAMPBELL, John (2000) (coord.), *Engineering the Human Germline, An Exploration of the Science and Ethics of Altering the Genes We Pass to Our Children*, Oxford: Oxford University Press.
73. STROLL, Avrum (2004), *Did My Genes Make Me Do It? And Other Philosophical Dilemmas*, Oxford: Oneworld Publications.
74. TESTARD, Jacques (1993), *La Procréation Médicalisée*, Paris: Flammarion.
75. VIDEIRA, Arnaldo (2001) (coord.), *Engenharia Genética, Princípios e Aplicações*, Lisboa: Lidel Edições Técnicas.
76. WALZER, Michael (1999), *As Esferas da Justiça, Em Defesa do Pluralismo e da Igualdade* (trad. do original inglês de 1983 por Nuno Valadas), Lisboa: Editorial Presença.

IV.

CASOS DE BIODIREITO

SUMÁRIO

1. A.
2. Animal Liberation Front
3. Baby Fae
4. Baby Grace
5. BX
6. BPCG
7. Investigação de Paternidade
8. Jerry Wilson
9. João
10. Karen Quilan
11. Louis Washkansky
12. Nancy Cruzan
13. Nathallie Evans
14. Nicolas Perruche
15. Patrick
16. Tuskegee Study
17. Selecção de Embriões
18. Sociedade A.
19. YP.
20. Bibliografia

1. A.[353]

1. A., nascida a 10 de Outubro de 1942, casada, residente em Lisboa, exerce a profissão de enfermeira parteira (actualmente no Centro de Saúde da Lapa), desde 1968, data em que se graduou pela Universidade de Coimbra.
2. D. nasceu em 15 de Agosto de 1961 é solteira e reside em Lisboa.
3. No dia 5 de Julho de 1990, A. recebe, após contacto telefónico, na sua casa em Lisboa, D., que se encontra grávida de seis meses e lhe pede que "lhe faça um aborto".
4. A. examina-a e acede a provocar-lhe a interrupção da gravidez, mediante morte e expulsão do feto.
5. Para o efeito D. deita-se numa marquesa e A. coloca-lhe o espéculo vaginal, faz-lhe a dilatação do colo do útero com sondas de Hegar, e rompe a bolsa de águas com um histerómetro.
6. A. entrega a D. umas cápsulas de Britacil para tomar.
7. D. paga a A. 40000 escudos pela execução das manobras abortivas.
8. Na madrugada de 7 de Julho de 1990 D. sente dores e febre e, entre as 6 e as 7 horas desse dia dirige-se à casa de A. acompanhada de E, seu irmão.
9. A. recebe-a entrando D. sozinha.
10. D. está muito debilitada, sem forças, com febre e com contracções, e daí a algum tempo morre.
11. A. telefona a B., sua empregada doméstica, para que venha auxiliá-la.
12. B. chega pelas oito horas, encontra D. moribunda, e ajuda A. a vesti-la e a colocá-la num sofá da sala contígua ao local onde A. tinha examinado D.

---

[353] Este caso prático foi redigido a partir do Acórdão do Supremo Tribunal de Justiça de 20 de Outubro de 1993 (processo n.º 046199, relator: Ferreira da Rocha). Encontra-se disponível em: http://www.dgsi.pt//jstj

13. O agente F., da Polícia Judiciária, encontra D. naquele local e circunstâncias.
14. A. confessa a F. ter sido abordada pela D. para lhe fazer um aborto e esta tê-la procurado no dia em que faleceu.
15. A morte de D. é devida a sépsis-infecção generalizada em resultado das intervenções realizadas por A.
16. A autópsia feita a D. revela que esta apresenta:
    a) laceração do colo do útero, hemorragias das cápsulas suprarenais, e o feto macerado, com o peso de 700 gramas e cerca de 29 centímetros de comprimento, sem órgãos abdominais e com feridas na região dorsal esquerda;
    b) hemorragias na parede ventricular esquerda.
17. A. alega, em Tribunal, que D. poderia ter evitado a morte se tivesse pedido ajuda atempada aos serviços médicos.

Quid iuris?

Considere, em particular, as seguintes questões:
a) Pode B. ser incriminada pela prática do crime de favorecimento pessoal previsto e puindo pelo artigo 367.º, n.º 1 do Código Penal?
b) Deve o facto de D. ter consentido na interrupção da gravidez excluir a ilicitude da conduta de A.?
c) Considera que A. agiu com desprezo pela dignidade humana de D.?

2. ANIMAL LIBERATION FRONT[354]

1. No *Memorial Day*, em 1984, cinco membros da *Animal Liberation Front* (ALF) entraram num edifício da *University of Pennsylvania Medical School* em Filadélfia, que estava deserto por ser feriado.
2. Dirigiram-se à cave e arrombaram a porta de um laboratório, onde encontraram – e furtaram – cinco cassetes de vídeo onde se encontravam filmados cinco anos de experiências com primatas.
3. O autor dessas cassetes era o neurologista THOMAS GENNARELLI, que dirigia um projecto de investigação no âmbito do qual se causavam lesões cerebrais a primatas – a macacos e chimpanzés adultos.
4. Era colocado um capacete no primata e submetia-se a cabeça do animal a uma pressão forte, dada de lado (num ângulo de 45 graus).
5. O projecto havia sido iniciado em 1970, tendo até 1980 sido apenas utilizados macacos. Como os resultados obtidos a partir destes não eram transponíveis para o modelo humano, a partir de 1980 os investigadores passaram utilizar chimpanzés.
6. Das cerca de 60 a 80 horas realizadas de filmagem os membros da ALF seleccionaram 25 minutos que apenas continham maus-tratos. Chamaram a esta síntese "Protesto Desnecessário" (citando um dos defensores do projecto quando aludiu aos protestos da ALF) e divulgaram-no nas diferentes estações de televisão.
7. As imagens mostravam os cientistas:
   a) a gozar os animais e a tratá-los de forma desrespeitosa;
   b) a não anestesiar os animais antes da realização das experiências, que assim sofriam dores violentas;
   c) a manter os animais em condições não higiénicas;
   d) a realizar intervenções cirúrgicas com material não esterilizado.
8. Em 1985, uma organização chamada *People for Ethical Treatment of Animals,* entregou as cassetes ao NIH, entidade responsável, nos EUA, pelo financiamento de grande parte da investigação médica.

---

[354] Vid., sobre este caso, PENCE, Gregory E. (2004), *Classic Cases in Medical Ethics, Accounts of Cases that Have Shapped Medical Ethics, with Philosophical, Legal, and Historical Backgrounds*, 4.ª ed. (1.ª ed.: 1990), Boston: McGraw Hill, pp. 250 e ss.

9. Nesse ano o NIH apresentou um relatório em que concluía que:
   a) não há nada de intrinsecamente errado no ferir chimpanzés se o objectivo é estudar lesões cerebrais nos seres humanos;
   b) o laboratório de GENNARELLI tinha ignorado todas as regras existentes de protecção dos animais (falta de anestesia, supervisão inadequada, formação deficiente dos investigadores, tratamento veterinário de má qualidade, lesões desnecessárias causadas aos animais, investigadores a fumarem no laboratório e indevidamente equipados e "afirmações de mau gosto");
   c) a universidade não havia accionado qualquer mecanismo para assegurar que essas regras eram cumpridas.
10. MARGARETH HECKLER, Secretária da Saúde e dos Serviços Humanos, na sequência deste relatório, mandou suspender a execução do projecto de investigação de GENNARELLI.
11. CAROLYN COMPTON, investigadora e porta-voz dos cientistas que utilizavam para fins experimentais animais não humanos, considerou que a aludida ordem constituía "uma tragédia".
12. Por sua vez LAUREN, porta-voz da ALF, afirmou:

"Podemos parecer, para algumas pessoas, radicais. Mas somos como os Abolicionistas, que também foram considerados radicais. Espero que daqui a cem anos as pessoas considerem a forma como hoje são tratados os animais tão horrível como nós hoje consideramos ter sido o tráfico de escravos".

Quid juris?

Considere, em particular, as seguintes questões:
a) É lícita a utilização de animais não humanos para fins experimentais?
b) Em caso afirmativo, a que regras jurídicas obedece essa investigação?
c) Parece-lhe que devem ser aprovados os projectos de investigação que utilizam modelos animais quando os resultados previsivelmente não serão válidos para o ser humano?

3. BABY FAE[355]

1. Baby FAE nasceu em 14 de Outubro de 1984 no *Barstow Memorial Hospital*, em Barstow, Califórnia.
2. Nasceu três semanas antes do tempo previsto e pesava 1, 250 kg.
3. Ao notar a sua palidez o pediatra que lhe prestava assistência transferiu-a, no dia seguinte ao do seu nascimento, para o *Loma Linda Hospital*, em Riverside, Califórnia.
4. Os médicos deste hospital confirmaram que a criança sofria de uma doença cardíaca que afecta 1 em cada 10 000 recem-nascidos e é quase sempre fatal em duas semanas.
5. A mãe de Baby FAE tinha 23 anos, era católica, desempregada e não havia celebrado qualquer seguro de saúde.
6. O pai era um operário de 35 anos.
7. Os pais tinham vivido juntos durante cinco anos, tinham um filho de dois anos e meio e estavam separados quando a bebé nasceu.
8. Foi dito à mãe no hospital que a FAE tinha uma doença fatal e que a podia levar para casa.
9. A mãe baptizou a FAE, foi para uma pensão próxima do hospital e ficou, juntamente com a sua mãe, avó de FAE, a aguardar que esta morresse.
10. A 16 de Outubro a mãe de FAE recebe um telefonema de um médico do *Loma Linda*, LEONARD BAILEY, a propor-lhe um xenotransplante: que fosse transplantado para FAE o coração de um chimpanzé.
11. A 19 de Outubro FAE deu novamente entrada no *Loma Linda* e foi ligada a um ventilador.
12. A 20 de Outubro o Dr. BAILEY discutiu, durante várias horas, a operação com os pais e a avó de FAE que deram o seu consentimento escrito para a realização do xenotransplante.
13. O *Loma Linda's Institutional Rewiew Board* deu parecer favorável à realização da operação.
14. Nos seis dias seguintes foram realizados testes para verificar qual dos chimpanzés disponíveis se apresentava como o mais compatível, do ponto de vista imunológico, com FAE.

---

[355] *Vid.*, sobre este caso, PENCE, Gregory E. (2004), pp. 340 e ss.

15. Enquanto se aguardavam os resultados destes testes o coração de FAE começou a deixar de funcionar.
16. Obtidos os resultados dos testes iniciou-se a operação.
17. A dadora foi uma chimpanzé, chamada Goobers, com dez meses de idade, adquirida pelo hospital à *Foundation for Biomedical Research*, em St. António, Texas.
18. A Goobers foi anestesiada, o seu coração extraído por BAILEY, colocado num *tupperware* e arrumado numa "mala frigorífico" das que são usadas para piqueniques.
19. Na sala de operações Bailey colheu o coração de FAE e implantou no seu lugar o coração saudável de Goobers, ligando-o às artérias de FAE.
20. A 29 de Outubro FAE já respirava sem auxílio de um ventilador.
21. A 10 de Novembro começou a dar os primeiros sinais de rejeição do coração que lhe fora transplantado e, em 15 de Novembro, morreu.
22. TOM REGAN, defensor dos direitos dos animais, escreveu, a própósito do xenotransplante realizado em FAE:

"As pessoas que colheram o coração da Goobers, ainda que motivadas pela sua preocupação pela Fae, ofenderam gravemente o direito de Goobers a ser tratada com respeito. O facto de ela não ser capaz de protestar e de muitos de nós não vermos no transplante uma injustiça, não diminui o mal que lhe foi feito, mal que foi praticado antes de a morte de Fae ocorrer."[356]

23. O Dr. BAILEY, retorquiu:

"As pessoas no Sul da Califórnia vivem tão bem que se podem dar ao luxo de se preocupar com questões deste tipo (...) Quando está em causa a vida ou a morte de um ser humano não deveria ser posta em causa a utilização de um animal para o salvar"[357].

---

[356] REGAN, Tom (1995), "The Other Victim", *The Hastings Center Report*, vol. 15, n.º 1, February 1985, New York, pp. 9-10.

[357] Cf. BREO, Denise (1984), "Interview with 'Baby Fae's' Surgeon", *American Medical News*, 16 de Novembro, p. 18.

Quid juris?

Considere, em particular, as seguintes questões:
a) Ofende a dignidade de pessoa humana de F<small>AE</small> a realização do xenotransplante?
b) É lícito utilizar animais não humanos apenas como produtores de órgãos para os animais humanos?
c) É lícito utilizar outros primatas superiores além do homem como dadores de órgãos e tecidos para transplantação?
d) Segundo o Direito Português vigente os pais de F<small>AE</small> poderiam consentir na realização do xenotransplante?

4. BABY GRACE

1. GRACE JOHNSON nasceu em 2002 com um batimento cardíaco mais lento do que o normal, sem fazer qualquer esforço para respirar e sem apresentar qualquer capacidade de mover os braços e as pernas.
2. Foi rapidamente ligada a um ventilador.
3. Exames médicos revelaram que tinha sofrido uma grande hemorragia na espinal medula.
4. Na semana seguinte o médico assistente de GRACE consultou a literatura existente na matéria e procurou especialistas no tipo de lesão sofrido por GRACE.
5. De acordo com um médico que havia tratado vinte doentes com lesões deste tipo:
   a) em cerca de 50% dos casos a decisão de interromper a ventilação ou de não ligar o bebé ao ventilador tinha sido tomada no dia do nascimento;
   b) cerca de 25% dos bebés que foram ligados a um ventilador morreram antes de perfazer um ano;
   c) o prognóstico quanto à possibilidade de respiração não mecanicamente assistida e de movimentar os membros poderia ser feito com relativa segurança seis semanas após o nascimento.
6. O Sr. e a Sr.ª JOHNSON:
   a) consideravam não ser no "melhor interesse" da GRACE uma vida em que sofresse de paralisia e dependesse de um ventilador;
   b) desejavam aguardar e dar a GRACE uma oportunidade de demonstrar a sua capacidade de recuperação antes de decidirem retirar o suporte médico de assistência vital.
7. A equipa médica que prestava assistência à GRACE considerou que:
   a) era eticamente aceitável desligar o ventilador;
   b) a decisão de o fazer deveria ser tomada pelos pais.
8. Nas semanas seguintes:
   a) a mãe de GRACE cuidou do bebé grande parte do dia e o pai visitou-a ao fim do dia e durante os fins de semana;
   b) os pais participaram na rotina diária do bebé, mas não quiseram aprender a utilizar o ventilador, porque não queriam que ela vivesse a sua vida ligada a um ventilador;

c) a GRACE reagiu a estímulos ambientais com expressões faciais e não houve qualquer sinal de que viesse a sofrer de limitações a nível cognitivo;
d) as tentativas de parar com a ventilação não tiveram qualquer êxito e foi claro não haver recuperação na espinal medula.

9. Os pais de GRACE:
   a) obtiveram uma segunda opinião quanto ao prognóstico de GRACE;
   b) discutiram o problema com os restantes membros da família e com dois padres;
   c) contactaram a *National Spinal Cord Association* que os informou sobre os serviços e assistência financeira disponíveis no curto e no longo prazo;
   d) concluiram que, mesmo atendendo ao que de melhor a tecnologia oferecia, a qualidade de vida da GRACE seria sempre "má", uma vez que as doenças de que padecia teriam sérias implicações na sua vida pessoal e profissional;
   e) falavam eloquentemente de uma criança que não poderia praticar desportos, desenhar, que viveria no receio do ventilador se desligar, que seria sujeita a múltiplas hospitalizações, que poderia morrer de um vírus que entrasse no sistema respiratório, e que teria consciência daquilo que estava a perder porque era normal do ponto de vista cognitivo;
   f) ao fim de 3 meses solicitaram aos médicos que desligassem o ventilador, sabendo que isso implicaria a morte quase imediata de GRACE;
   g) não aceitaram dá-la em adopção porque a sua preocupação era não consigo mesmos, mas com o "melhor interesse" de GRACE.

10. O médico assistente de GRACE recusou desligar o ventilador porque:
    a) a situação clínica de GRACE tinha estabilizado;
    b) daí a alguns anos a GRACE poderia receber um *pacemaker* do diafragma e apenas necessitar do ventilador enquanto dormisse;
    c) com canadianas e uma mesa de apoio ela poderia um dia vir a levantar-se e, através de computadores, movimentar uma cadeira de rodas e outro equipamento;

d) toda a gente conhecia alguém tão portador de deficiência como GRACE, que tivesse tido uma vida feliz e mesmo sido excepcional em algo.

11. LAUREN MCALILEY, professora de ética, pergunta:

"Quais são as reais motivações dos Johnson quando solicitam que se desligue o ventilador? Estarão a pensar no melhor interesse da sua filha quando aludem à taxa de divórcio dos pais de crianças com doença, aos sacrifícios em termos de carreira e de nível de vida dos pais, e ao impacto que a existência de Grace pode ter nos outros filhos que venham a nascer? (...) Não terão os Johnson concepções erradas quanto ao prognóstico e ao potencial de Grace? Parecem centrar-se apenas nas limitações de Grace"[358].

Quid juris?

Considere, em particular, as seguintes questões:

a) A quem incumbe a decisão de desligar o ventilador?
b) É "aceitável" uma vida em que se sofra de paralisia e se necessite do apoio permanente de um ventilador?
c) A quem compete definir o "melhor interesse" da criança?

---

[358] MCALILEY, Lauren G. (2002), "Commentary", *The Hastings Center Report*, vol. 32, n.º 1, January – February 2002, p. 13.

5. BX[359]

1. BX lê no jornal da sua faculdade um anúncio que diz:
   "Ganhe dinheiro e ajude os casais inférteis tornando-se dadora de ovócitos. Completamente anónimo e confidencial."
2. Como necessita de dinheiro e quer ajudar pessoas que sofram de infertilidade, BX liga para o número que consta do anúncio.
3. Informam-na de que pode ganhar $5000 e ajudar mulheres cujos ovários não funcionem, a engravidar.
4. BX pensa no assunto e decide tornar-se dadora de ovócitos, preenchendo, para o efeito, um questionário relativo aos seus dados pessoais e à sua história clínica.
5. A Dr.ª MARGARET BROWN, médica responsável pela colheita dos ovócitos, analisa a história clínica de BX e realiza-lhe um exame físico completo. Conclui que BX é uma candidata "perfeita" porque saudável, nova e inteligente.
6. A Dr.ª MARGARET informa BX sobre quais os tratamentos a que vai ser sujeita e os riscos a eles inerentes.
7. BX compreende a informação que lhe é dada e assina um documento de consentimento informado.
8. BX começa a receber injecções diárias de hormonas para induzir a maturação de múltiplos folículos.
9. A Dr.ª MARGARET:
   a) acompanha essa maturação medindo os níveis de estrogénio no sangue de BX;
   b) para induzir a maturação final dos ovócitos dá a BX uma injecção de gonadotropina humana coriónica;
   c) colhe setenta óvulos maduros dos ovários de BX.
10. BX depois da colheita sente-se bem e regressa a casa. Dois dias depois, porém, começa a ter dores, a sofrer de fadiga, a vomitar e a ter suores no abdómen, pelo que consulta a Dr.ª MARGARET.
11. A Dr.ª MARGARET:
    a) conclui que BX apresenta uma pulsação rápida, o abdómen distendido e baixos níveis de sódio no sangue;

---

[359] Este caso foi feito a partir de s.a. (2001), "Seventy Ova", *The Hastings Center Report*, vol. 31, n.º 4, July – August 2001, New York, p. 12.

b) diagnostica-lhe um síndroma de hiperestimulação ovárica e trata-a, em regime ambulatório, durante dois dias;
c) quando constata que BX não está a melhorar decide hospitalizá-la.
12. No hospital, os médicos confirmam que BX está a acumular fluidos no estômago e, como o seu nível de sódio no sangue está perigosamente baixo, decidem transferi-la para os cuidados intensivos.
13. BX melhora e tem alta seis dias depois.

Quid juris?

Considere, em particular, as seguintes questões:
a) Deve um médico propor a uma pessoa saudável a realização de uma intervenção que não trará qualquer benefício para a sua saúde?
b) É lícita, na ordem jurídica portuguesa, a venda de ovócitos?
c) Como qualifica, do ponto jurídico, os ovócitos, uma vez colhidos?

6. BPCG[360]

1. BPCG nasceu em 17 de Janeiro de 1986 e é filha de LMGG e de CMRC.
2. AMSG e os pais de BPCG conheceram-se há cerca de seis anos, tendo-se estabelecido entre todos uma relação de amizade e de confiança, sedimentada com o decurso do tempo.
3. Nessa altura, AMSG assumia o comando do Posto Territorial da Guarda Nacional Republicana em Abrantes.
4. AMSG passou a ser visita dos pais de BPCG quando estes moravam na casa da Atalaia, sita na Quinta Casal da Ribeira, onde viviam em 2000 e viveram até Janeiro de 2005.
5. BPCG foi viver a partir de Junho de 2000 para casa da então companheira de AMSG, MICS, residente no Entroncamento, ajudando-a na lida da casa e no estabelecimento de café "Lago Amarelo" que explorava na mesma cidade.
6. BPCG passou então a viver com AMSG e a companheira deste sendo por ela sustentada, estando de facto ao seu cuidado, apenas indo a casa dos pais aos fins-de-semana.
7. A situação manteve-se, pelo menos, até Outubro do mesmo ano.
8. Nesse período, na casa de MICS, AMSG manteve, várias vezes, relações sexuais com a BPCG (dizendo-lhe para não dizer nada nem gritar), então com catorze anos de idade.
9. Para o efeito, aproveitava a noite quando a companheira já se encontrava a dormir, ou as ocasiões em que a mesma não se encontrava em casa, para abordar a BPCG, o que geralmente sucedia no quarto desta, onde o mesmo se dirigia.
10. Desde a data em que BPCG regressou à Atalaia até meados de Julho de 2001, AMSG, conhecedor do horário dos pais daquela, deslocou-se várias vezes a casa dos mesmos, geralmente após estes se terem ausentado para o trabalho, procurando-a para aí manter relações sexuais com ela.
11. Em consequência das relações sexuais acima descritas BPCG engravidou.

---

[360] Este caso prático foi elaborado com base no Acórdão do Supremo Tribunal de Justiça de 17 de Março de 2005 (Processo n.º 05P645, relator: Simas Santos).

12. No dia 15 de Julho de 2001, AMSG logrou convencer o pai de BPCG a deixá-la acompanhá-lo sob pretexto de irem os dois jantar fora.
13. Nesse mesmo dia a BPCG deu a conhecer a AMSG a ausência da sua menstruação há 4 meses, tendo o mesmo diligenciado pela obtenção de um teste de gravidez, que a BPCG veio a realizar e cujo resultado foi positivo, facto que lhe deu a saber.
14. Visando impedir que aquela gravidez fosse por diante, dirigiram-se a Abrantes, no seu Audi cinzento e aí à casa de MTSP, depois de com ela AMSG ter previamente estabelecido contacto telefónico.
15. Uma vez em casa de MTSP, AMSG transmitiu àquela que a BPCG era filha de um amigo dele, que engravidara do namorado e que precisava de abortar.
16. MTSP, enfermeira reformada, que havia prestado serviço em obstetrícia no Hospital de Abrantes, durante cerca de 16 anos, acordou proceder à interrupção da gravidez desta, a realizar no dia seguinte.
17. Todavia, MTSP deu logo um supositório a BPCG, de especialidade farmacêutica não apurada, para a mesma colocar nessa noite.
18. Assim, no dia 16 de Julho, AMSG, depois de ter de novo convencido o pai da BPCG a deixá-la acompanhá-lo sob o pretexto de irem a Santarém, levou a BPCG a Abrantes à casa de MTSP, onde a deixou sozinha.
19. Aí foi conduzida por esta a um compartimento que fica do lado direito de quem entra, onde a mandou deitar sobre uma marquesa que tinha oculta por uma estrutura de madeira, como se uma cómoda se tratasse, à qual fixou duas peças onde a BPCG colocou os pés.
20. De seguida, MTSP desinfectou com algodão embebido em álcool, um espéculo vaginal.
21. Depois, MTSP deu à BPCG uma máscara, que se encontrava ligada a uma botija de gás, tendo a BPCG colocado a máscara sobre a boca e o nariz, segura por um elástico.
22. Após, a BPCG começou a inalar o gás que saía da máscara.
23. Pouco tempo depois, MTSP, sabedora que a BPCG se encontrava grávida de quatro meses, facto que constatou, introduziu-lhe o espéculo na vagina e com ele procedeu a uma raspagem, provocando-lhe em consequência fortes dores e incómodos, fazendo-a vomitar.
24. Com esse comportamento, MTSP logrou a morte do feto.

25. Passado algum tempo, já depois da MTSP ter feito abortar a BPCG, AMSG foi buscá-la e, para pagamento do serviço por aquela efectuado emitiu, com a data de 16 de Julho de 2001, e entregou a MTSP, um cheque no montante de oitenta mil escudos, da conta n.º 7742300, da agência de Abrantes, da Caixa Geral de Depósitos, de que é titular.
26. No dia 16 de Julho de 2001, AMSG dirigiu-se ao seu médico, e obteve uma receita médica onde o clínico exarou o seguinte:

"AMSG, ADMG n.º 1771927000, *Bactrim Forte* – 1 embalagem, 20 comprimidos, Alferrarede, 01/07/16".

27. No dia 17 de Julho, AMSG dirigiu-se à Atalaia, a casa de BPCG, quando os seus pais já haviam saído, na posse da receita daquele medicamento emitida em seu nome pelo referido médico.
28. Aviado o medicamento, a BPCG tomou parte, tendo sido recuperados nove comprimidos embalados.
29. O *Bactrim Forte* é indicado para o tratamento, entre outras, de infecções dos órgãos genitais.
30. O referido cheque foi creditado por MTSP na sua conta n.º 003035231-900, da agência de Abrantes da Caixa Geral de Depósitos, no dia 17 de Julho de 2001.
31. No dia 9 de Julho de 2002, no compartimento onde realizou o aborto, guardados num armário-estante embutido na parede, MTSP tinha as seguintes embalagens de especialidades farmacêuticas e material de enfermagem:
    a) doze ampolas de Oxitocina;
    b) um dispositivo utilizável para cálculo do tempo da gravidez;
    c) um pedaço de cartão parte da embalagem de um aparelho de anestesia.
32. Tal material foi apreendido na sequência de busca domiciliária autorizada à residência de MTSP e levada a cabo no dia 9 de Julho de 2002.
33. A especialidade farmacêutica Oxitocina pode ser usada em manobras abortivas.
34. Nessa data, no aludido compartimento, encontrava-se uma marquesa em ferro, do tipo usado em obstetrícia e ginecologia, pintada de branco, coberta por uma estrutura de madeira, em forma de cómoda, com uma toalha de renda branca por cima.

35. As manobras abortivas provocaram à BPCG dores e mal-estar que perduraram durante cerca de uma semana, tendo sido para ela fonte de perturbações psicológicas que perdurarão por toda a vida.

Quid iuris?

Considere, em particular, as seguintes questões:
b) Deve AMSG ser punido como co-autor de um crime de aborto nos termos dos artigos 140.º e 141.º do Código Penal?
c) Deve MTSP ser punida como co-autora de um crime de aborto nos termos dos artigos 140.º e 141.º do Código Penal?
d) Quais os argumentos que podem ser aduzidos, em termos de política criminal, a favor da penalização da interrupção da gravidez?
e) Quais os argumentos que podem ser aduzidos, em termos de política criminal, a favor da despenalização da interrupção voluntária da gravidez?

7. INVESTIGAÇÃO DE PATERNIDADE[361]

1. Em Novembro de 1992, A. e C. iniciaram uma relação de namoro que se prolongou até Junho de 1993.
2. Durante tal período mantiveram entre si, repetida e assiduamente, relações de cópula, relações estas que a C. manteve em exclusivo com A.
3. Em 20 de Outubro de 1993 nasceu, na freguesia de S. Pedro, Figueira da Foz, B., que foi registado como filho de C. e sem menção de paternidade.
4. O Ministério Público propôs contra A. acção de investigação de paternidade, a fim de B ser reconhecido como seu filho.
5. Provou-se, segundo o exame hematológico (teste de DNA) realizado no Instituto de Medicina Legal de Coimbra um grau de probabilidade de paternidade de 99,999987%.
6. Contestando, A. impugnou os factos, excepcionando a impossibilidade de procriar, por sofrer de azoospermia, na modalidade de ausência total de espermatozóides e deduziu incidente de falsidade do relatório do exame hematológico.
7. Não tendo sido admitido o incidente o processo prosseguiu.
8. O Instituto de Medicina Legal refere, no espermograma realizado a A.:
   a) a ausência de espermatozóides e a existência de células germinais imaturas precursoras dos aspermatozóides em número inferior a 1 milhão/ml.;
   b) não serem conhecidas nem a causa nem a data da deficiência observada no espermograma.

---

[361] Este caso prático foi elaborado a partir do Acórdão do Supremo Tribunal de Justiça de 30 de Outubro de 2001 (processo n.º 02A709, relator: Lopes Pinto).

Quid iuris?

Considere, em particular, as seguintes questões:
a) Qual o valor probatório dos resultados destes exames laboratoriais na procura da "verdade judiciária"?
b) Deve a certeza científica dos exames laboratoriais sobrepor-se ao princípio da livre apreciação da prova consagrado no artigo 655.º, n.º 1, do Código de Processo Civil?
c) No regime jurídico vigente em matéria do estabelecimento da filiação o legislador português atribuiu maior relevo à "verdade biológica" ou à verdade jurídica"?

8. JERRY WILSON[362]

1. JERRY e SANDY WILSON têm trinta e cinco anos e estão casados há dez.
2. JERRY quando casou já era HIV positivo e tem feito, desde que tomou conhecimento do seu estado de portador, a adequada terapia medicamentosa.
3. Os seus testes actuais não revelam quaisquer sinais de vírus.
4. JERRY e SANDY embora não tenham relações sexuais não protegidas para proteger SANDY da infecção, desejam ter um filho que seja biologicamente "seu".
5. Para avaliarem qual o risco para SANDY de terem relações sexuais não protegidas e saberem como aumentar a probabilidade de terem um filho, consultaram um especialista em medicina materno-fetal.
6. Este desaconselha-os de terem relações sexuais não protegidas, dado que apesar do aparente bom estado sanitário de JERRY existe o risco (de cerca de 15%) de o seu sémen transportar uma carga viral alta e infectar a SANDY e o potencial bebé (o risco seria de 25% se SANDY ficasse infectada).
7. JERRY e SANDY não estão interessados em recorrer à Inseminação Artificial com Sémen de Dador nem em adoptar uma criança.
8. O especialista aconselha-os a recorrer à Injecção Intracitoplasmática de Espermatozóides (ISCI), uma vez que tal reduz o risco de transmissão do HIV para SANDY.
9. Como a ISCI é realizada a partir de um único espermatozóide, colhido após "lavagem" do sémen de JERRY, SANDY apenas ficará exposta aos vírus que se encontrem associados a esse espermatozóide.
10. O especialista contacta vários centros de procriação medicamente assistida (PMA), perguntando-lhes se aceitam praticar esta técnica neste casal.
11. Todos os centros contactados recusam por recearem vir a ser responsabilizados por danos eventualmente causados à saúde de SANDY e do bebé que nasça.

---

[362] Este caso prático foi elaborado com base em s.a. (2000), "A Request for ISCI", *The Hastings Center Report*, vol. 30, n.º 2, March-April 2000, New York, p. 23.

Quid juris?

Considere, em particular, as seguintes questões:

a) A liberdade de procriar de JERRY e SANDY inclui no seu conteúdo, a possibilidade de acederem a qualquer técnica de PMA disponível, ainda que tal implique riscos para a saúde de SANDY e da criança que eventualmente nasça?

b) Ao ser recusado o acesso à ISCI a JERRY, estará este a ser negativamente discriminado em razão do seu estado de saúde?

c) Tem a sociedade o direito de prevenir o nascimento de crianças que poderão vir a ser doentes?

9. JOÃO[363]

1. JOÃO:
   a) tem 45 anos, é homossexual, solteiro, sem filhos;
   b) é um advogado de sucesso;
   c) é o único parente vivo da sua mãe;
   d) é católico praticante.
2. MARIA:
   a) tem 22 anos;
   b) vive em Lisboa, longe dos seus pais, que residem no Porto;
   c) é mãe solteira de dois gémeos de dois anos de idade;
   d) tem um nível educacional baixo e está desempregada.
3. No passado mês de Novembro o JOÃO foi a um restaurante local e contraiu hepatite B, tendo hoje uma cirrose hepática.
4. A MARIA é desde há muito uma alcoólica com doença hepática crónica. Encontra-se actualmente em insuficiência hepática.
5. Ambos necessitam de um transplante de fígado e estão nas mesmas circunstâncias clínicas, nomeadamente no que concerne a histocompatibilidade.
6. De acordo com o sistema jurídico português ambos gozam de plena capacidade para consentir na realização de um alotransplante ou de um xenotransplante.
7. Há um fígado humano disponível proveniente de um prisioneiro falecido que consentiu na dação do órgão.
8. Há um fígado animal disponível, proveniente de um animal transgénico, um porco geneticamente modificado.

---

[363] Este caso foi feito a partir de REGO, Guilhermina, MELO, Helena, DIXON, Earl, e NUNES, Rui (2004), "Xenotransplante de Fígado de Porco Transgénico" in *Bioética para as Ciências Naturais* (coord.: Humberto D. Rosa), Lisboa: Fundação Luso-Americana para o Desenvolvimento, pp. 333-334.

Quid juris?

Considere, em particular, as seguintes questões:

e) Tendo em conta os seus estilos de vida e a escassez de órgãos disponíveis, deveriam tanto João como Maria poder receber um transplante?
f) Qual deveria receber o órgão humano?
g) Será juridicamente aceitável a utilização de um animal não humano, como o porco geneticamente modificado, como dador para transplantes humanos?
h) Há alguma objecção jurídica à investigação médica em porcos?
i) Será o consentimento para receber o xenotransplante válido?

10. KAREN QUILAN[364]

1. KAREN QUILAN nasceu em 1954 e foi adoptada por JOSEPH e JULIA QUILAN.
2. Em 11 de Abril de 1975 mudou-se de casa dos pais adoptivos para um quarto que arrendou com dois amigos do sexo masculino.
3. Alguns dias depois, enquanto participava na festa de aniversário de um deles, num bar, sentiu-se maldisposta.
4. Os amigos com quem compartilhava o quarto levaram-na para casa e deitaram-na.
5. Um quarto de hora mais tarde, quando foram verificar se KAREN estava bem, concluíram que havia deixado de respirar e chamaram uma ambulância.
6. Um dos indivíduos que lhe prestou assistência na ambulância conseguiu que KAREN recomeçasse a respirar.
7. KAREN foi internada na unidade de cuidados intensivos do *Newton Memorial Hospital* em New Yersey.
8. Foi encontrado na sua carteira um frasco de *Valium* ao qual faltavam alguns comprimidos.
9. As análises sanguíneas revelaram que havia ingerido, nessa noite, álcool e barbitúricos.
10. Da acção conjugada destas substâncias resultaram danos a nível do sistema respiratório e nervoso (por falta de oxigénio no cérebro).
11. Nove dias depois do seu internamento, como o seu estado clínico permanecia inalterado, KAREN foi transferida para o *St. Clare's Hospital*, pertencente à Igreja Católica e que dispunha de um serviço de neurologia (inexistente no *Newton Memorial Hospital*).
12. Para que pudesse ser assistida por um ventilador que lhe facultasse todo o ar de que necessitava foi realizada uma traqueotomia.
13. KAREN segundo a lei vigente no Estado de New Jersey não se encontrava morta uma vez que os electroencefalogramas que lhe eram realizados revelavam actividade cerebral.
14. Clinicamente encontrava-se em "estado vegetativo permanente", que abrange os diferentes tipos de inconsciência profunda e é quase sempre irreversível.

---

[364] *Vid.*, sobre este caso, PENCE, Gregory E. (2004), pp. 29 e ss.

15. Nos cinco meses seguintes KAREN perdeu muito peso e adquiriu rigidez muscular tornando-se impossível continuar a alimentá-la por via intra-venosa e passando-se a recorrer, para o efeito, a um tubo de alimentação naso-gástrico.
16. Enquanto consciente KAREN por diversas vezes dissera aos pais que se algo de grave lhe acontecesse não desejava ser mantida artificialmente viva.
17. Os QUILAN consultaram o sacerdote da sua paróquia, o Padre THOMAS TRAPASO, segundo o qual o acto de desligar o ventilador significava não que estavam a sobrepor-se à vontade de Deus, mas sim a cumpri-la. Manter o ventilador ligado – salientou – significaria utilizar meios extraordinários de tratamento, não exigíveis à luz da declaração feita por S.S. PIO XII aos anestesistas em 1957.
18. JOSEPH e JULIA decidiram, juntamente com os seus outros dois filhos adolescentes, por unanimidade, que o ventilador deveria ser desligado e KAREN deixada morrer. Fundaram a sua decisão nos seguintes argumentos:
    a) não havia esperança de que KAREN recuperasse;
    b) KAREN podia ser considerada morta, porque inconsciente;
    c) KAREN nunca teria consentido que o seu corpo fosse artificialmente mantido vivo;
    d) a decisão de desligar o ventilador era apoiada pelo Padre THOMAS.
19. Os QUILAN solicitaram aos médicos assistentes de KAREN em *Ste Claire's* (ROBERT MORSE e ASHAD JAVED) que desligassem o ventilador.
20. O Dr. MORSE discutiu o pedido que lhe foi feito com o advogado que representava o Hospital, o Dr. THEODORE EINHORN.
21. Este último informou o Sr. QUILAN de que seria necessária a sua nomeação pelo tribunal como representante da sua filha, uma vez que esta já havia completado os vinte e um anos de idade.
22. Mr. QUILAN contactou, no *Legal Aid Office* local, PAUL AMSTRONG, para que representasse a título oficioso, a sua filha indigente, KAREN.
23. AMSTRONG intentou uma acção no Tribunal de 1.ª Instância de New Jersey em que solicitava não que o Sr. QUILAN fosse nomeado representante de KAREN, mas sim que o ventilador que a mantinha viva fosse desligado.

24. Face à anunciada intenção de solicitar a morte da sua filha, o juiz a quem foi distribuído o processo, o Juiz MUIR, designou representante legal desta um advogado de Morristown, DANIEL COBURN.
25. No decurso do julgamento, na primeira instância:
    25.1. Os médicos assistentes de KAREN disseram:
        a) afigurar-se-lhes irreversível o estado neurológico desta e mínima a probabilidade de recuperar a consciência;
        b) não poderem desligar o ventilador porque KAREN não satisfazia os Critérios de Harvard[365], segundo os quais era definida, do ponto de vista médico, a morte cerebral.
    25.2. AMSTRONG fundamentou o pedido formulado:
        a) na liberdade religiosa de KAREN que, se conhecesse o seu estado clínico, desejaria morrer segundo as suas crenças;
        b) na proibição de tratamentos cruéis e de encarceramento indevido, comparando o esforço do pessoal clínico no sentido de manter KAREN viva ao comportamento de guardas que sujeitam os prisioneiros a maus-tratos;
        c) no direito à privacidade de KAREN cujo conteúdo seria suficientemente amplo para permitir ao seu pai solicitar que a máquina fosse desligada sem a interferência de terceiros ou do Estado.
    25.3. Os advogados que representavam os médicos assistentes de KAREN alegaram que:
        a) a decisão de desligar o ventilador é uma decisão clínica que compete aos médicos e não ao tribunal;
        b) se fosse judicialmente decidida a interrupção do tratamento a prestar a KAREN, os médicos deveriam ser eximidos de qualquer responsabilidade penal ou civil associada a danos causados por essa interrupção.
    25.4. Um destes advogados, RALPH PORZIO, solicitou ao juiz que "não decretasse uma execução, uma sentença de morte".

---

[365] Os *Harvard Criteria*, formulados em 1968, definiram morte cerebral como a total insensibilidade a estímulos externos, a ausência de movimentos ou de respiração espontâneos, de reflexos, e um electroencefalograma isoeléctrico, realizado duas vezes num espaço de 24 horas.

Perguntou: "Se decidirmos, relativamente a uma pessoa viva do ponto de vista médico e jurídico que ela deve ser morta, onde colocaremos a fronteira? (...) Não estaremos a matá-la de acordo com a concepção que terceiros têm da sua qualidade de vida? (...) Relembre-nos as atrocidades nazis (...) Relembre-nos o Código de Nuremberga". Defendeu ainda constituir o fundamento da cultura e religiões ocidentais a "santidade da vida".

25.5. COBURN, representante de KAREN, pronunciou-se contra tal interrupção afirmando:
   a) "há centenas de Karen Quilans por aí. Recebi telefonemas dos mais variados lugares relativos a pessoas para as quais não existia esperança de recuperação e que recuperaram. Essas pessoas não querem que a Karen morra. Eu não quero a Karen morta.";
   b) "um ser humano, através da sua acção ou omissão, vai causar a morte a outro ser humano".

25.6. O *New Jersey Attorney General* opôs-se à interrupção do tratamento, a qual, salientou, "abriria as portas à eutanásia" e permitiria aos pais cujos filhos se encontrassem na situação da KAREN recorrer "à morte a pedido" dos filhos.

25.7. O Juiz MUIR proferiu a sentença deste caso em 10 de Novembro de 1975. Nela determinou que:
   b) COBURN continuaria a representar KAREN dado desconhecer-se (não havia qualquer prova escrita) qual a sua vontade no que concerne a morrer; não existir um direito constitucionalmente reconhecido a morrer e, ainda que esse direito existisse, não poder ser exercido pelo progenitor de um filho adulto incapaz;
   c) de acordo com a lei em vigor no Estado de New Jersey KAREN estava viva, era uma pessoa em sentido jurídico e gozava, tal como qualquer outra pessoa doente, do direito à assistência médica;
   d) a decisão de interromper o tratamento seria médica e não jurídica;
   e) não era possível fundar na liberdade religiosa de KAREN o pedido formulado, porque o eventual desejo de esta

morrer não encontrava correspondência nas suas alegadas convicções religiosas;

f) não se podia invocar no caso decidendo o encarceramento indevido porque KAREN não tinha sido condenada, nem se encontrava a cumprir uma pena de prisão.

26. O Supremo Tribunal de New Jersey aceitou analisar o caso antes de sobre ele se pronunciarem as instâncias intermédias, por saber que o mesmo criaria precendente. Em Janeiro de 1976 decidiu que:

a) seria designado representante de KAREN o Sr. QUILAN em vez do Sr. COBURN;

b) o direito constitucional à privacidade de KAREN poderia ser exercido pelo seu pai, em ordem a permitir-lhe morrer com dignidade;

c) o pedido de interrupção do tratamento formulado pelo Sr. QUILAN deveria ser atendido;

d) deveria ser assegurada a "não responsabilidade" dos médicos assistentes de KAREN no que concerne à acusação por negligência na prática de actos médicos ou por homicídio;

e) quaisquer dúvidas adicionais que o caso suscitasse poderiam ser esclarecidas por uma comissão de ética hospitalar.

27. Quando os QUILAN solicitaram ao Dr. MORSE que executasse o disposto na sentença e desligasse o ventilador, este retorquiu-lhes que tivessem paciência porque "isso seria uma coisa com que teria de viver o resto da sua vida".

28. Quando formularam idêntico pedido à administradora do hospital, que era freira, obtiveram a resposta: "Têm de entender a nossa posição. Neste hospital não matamos pessoas".

29. Em 22 de Maio de 1976 os Dr.s MORSE e JAVE conseguiram que deixasse de necessitar do ventilador para respirar.

30. Em 9 de Junho de 1976 foi transferida para uma clínica onde permaneceu viva até 13 de Junho de 1986, data em que foi declarada morta, tendo a causa de morte sido pneumonia.

31. Durante os anos em que esteve internada e sempre inconsciente os QUILAN visitaram-na com frequência e, nos últimos cinco dias de vida, revezaram-se para que nunca estivesse só. Morreu acompanhada pela mãe, JULIA.

Quid iuris?

Considere, em particular, as seguintes questões:
a) Deve KAREN considerar-se morta, do ponto de vista jurídico?
b) Implica o respeito pelo seu direito à protecção da saúde que lhe sejam administrados todos os meios tecnicamente disponíveis de tratamento?
c) A quem compete decidir se o tratamento a realizar é indicado atento o seu estado clínico?
d) Deve, nessa decisão, ser tomada em conta a vontade que manifestou enquanto se encontrava consciente?
e) É KAREN titular do direito a morrer em paz e com dignidade?

11. LOUIS WASHKANSKY[366]

1. Em 1967, LOUIS WASHKANSKY tinha 55 anos, era branco e encontrava-se internado no *Hospital Groote Schuur*, na Cidade do Cabo, na África do Sul. Era vendedor, gostava de jogar às cartas, de comer e de fumar. Em novo praticara bastante desporto e participara na II Grande Guerra Mundial. Era um homem alto, inteligente, exuberante e com uma enorme vontade de viver. Era casado.
2. LOUIS sofria de doença cardíaca grave, de diabetes e, em Abril de 1966, foi-lhe dito que não viveria mais de dois meses.
3. No entanto, em Outubro de 1967, continuava vivo. O seu estado clínico era muito grave: tomava 15 comprimidos por dia; tinha graves edemas nas pernas e a sua pele estava quase negra em consequência da má circulação.
4. CHRISTIAN BERNARD era, à data, um cirurgião de 44 anos, que trabalhava no aludido hospital e havia obtido da Chefe do Serviço de Cardiologia (VELVA SHIRE) autorização para realizar um transplante cardíaco, assim que aparecesse um paciente que dele necessitasse.
5. VELVA indicou-lhe um possível candidato: LOUIS.
6. Este sabia que se encontrava a morrer e que a sua qualidade de vida tinha sido péssima nos dois anos precedentes, pelo que quando o Dr. BARNARD lhe propôs a realização do transplante cardíaco, consentiu.
7. Em 2 de Dezembro de 1967, DENISE ANN DARWALL, uma rapariga de 25 anos, saiu de sua casa, no seu carro, com os pais e com o irmão. Parou o carro e foi com a mãe a uma pastelaria. Quando saíram da pastelaria, foram ambas atropeladas por um carro que ia em excesso de velocidade.
8. A mãe de DENISE morreu instantaneamente. DENISE foi levada, de ambulância para o *Groote Schuur Hospital*. Embora estivesse cerebralmente morta, o seu coração ainda batia.
9. Pouco depois de DENISE ter sido internada, o Dr. BERNARD dirigiu-se ao seu pai, EDUARD DARVALL e disse-lhe:

---

[366] Este caso prático foi feito com base em PENCE, Gregory E. (2004), pp. 302 e ss.

"Temos um paciente aqui no hospital cuja vida pode ser salva se autorizar a utilização, para o efeito, do coração da sua filha".

10. EDUARD respondeu-lhe:

"Se não consegue salvar a minha filha, tente salvar esse homem".

11. A 3 de Dezembro de 1967, DENISE foi declarada morta por o seu coração ter deixado de bater.
12. BERNARD colheu o seu coração.
13. Entretanto, na sala do lado, LOUIS havia sido anestesiado, e ligado a uma máquina cardio-respiratória. O seu coração foi extraído e colocado no seu lugar o de DENISE.
14. Após estimulação, o coração começou a funcionar e a referida máquina deixou de ser necessária.
15. No dia seguinte LOUIS recuperou a consciência e começou a falar.
16. Nos dias seguintes, para prevenir a rejeição do coração, deram-lhe injecções de cobalto, que lhe causaram grande mal-estar.
17. Na semana seguinte começou a melhorar e a falar em regressar a casa.
18. Pouco depois o organismo iniciou o processo de rejeição do coração. Começou a ter muitas dores, dificuldade em respirar e perdeu o apetite. Quando o Dr. BARNARD o quis ligar a um ventilador LOUIS disse:

"Não, não quero doutor".

19. O médico respondeu-lhe: "Queres, sim", e ligou-o à máquina.
20. A 20 de Dezembro de 1967, a mulher de LOUIS, ANN, foi autorizada a visitá-lo. A equipa médica não lhe revelou a gravidade do estado de saúde do marido.
21. A 21 de Dezembro de 1967, LOUIS começou a sufocar em consequência da infecção pulmonar que tinha contraído. O coração parou de bater. O Dr. BARNARD quis ligá-lo novamente à máquina cardio-respiratória, mas o resto da equipa foi de opinião contrária.
22. Dezoito dias após ter realizado o transplante, LOUIS morreu.
23. Em 1968, o Dr. BARNARD tornou-se numa das mais famosas pessoas do Mundo, foi capa da *Time*, apareceu em inúmeros programas televisivos e foi recebido pelo Presidente dos EUA, LYNDON JOHNSON.

Quid juris?

Considere, em particular, as seguintes questões:

j) Segundo a lei vigente em Portugal, seria necessário esperar que o coração de Denise deixasse de bater, para que fosse possível colhê-lo?
k) O Dr. BARNARD, se estivesse hoje em Portugal, necessitaria do consentimento do pai de DENISE para o efeito?
l) Parece-lhe que foi respeitado o direito a morrer com dignidade de LOUIS?
m) Considerando que, à data, nunca havia sido realizado um transplante cardíaco, parece-lhe que o consentimento de LOUIS para o efeito foi válido?

12. NANCY CRUZAN[367]

1. NANCY CRUZAN nasceu em 1959.
2. A 11 de Janeiro de 1983, por volta da meia-noite, numa estrada com gelo no Estado do Missouri, perde o controlo do carro que conduz. É projectada para fora do carro e cai com o rosto virado para baixo, num tanque cheio de água.
3. Os paramédicos que a socorrem concluem que o seu coração parou, pelo que lhe injectam um estimulante, e conseguem que torne a bater. Como o seu cérebro ficou em anoxia durante cerca de 15 minutos, NANCY entra em estado vegetativo permanente.
4. Durante sete anos permanece neste estado tornando-se o seu corpo rígido e sendo alimentada através de tubos. De duas em duas horas tem de ser virada para prevenir o aparecimento de úlceras.
5. O seu tratamento custa ao Estado do Missouri $130,000 por ano.
6. Os seus pais, JOE e JOYCE CRUZAN solicitam ao tribunal permissão para deixar de a alimentar artificialmente.
7. O tribunal de 1.ª primeira instância autoriza a interrupção da alimentação por via de tubo de alimentação naso-gástrico.
8. A instância que a seguir analisa o caso, o Supremo Tribunal do Missouri, reverte a decisão por considerar:
    8.1. Não existir uma *"clear and convincing evidence"* quanto aos desejos de NANCY na matéria, porque:
       a) os pais de NANCY não apresentaram uma directiva antecipada de vontade em que esta declarasse não desejar ser artificialmente alimentada caso se encontrasse incapaz;
       b) apenas os pais e a irmã de NANCY testemunharam ser vontade desta não ser artificialmente alimentada se conhecesse as circunstâncias em que se encontra;
       c) como o pai referiu ser NANCY uma pessoa muito determinada e lutadora, é pouco crível que NANCY não quisesse lutar para recuperar a sua saúde.
    8.2. É do interesse do Estado a preservação da vida – independentemente da sua "qualidade" – pelo que, para que um

---

[367] *Vid.*, sobre este caso, PENCE, Gregory E. (2004), pp. 40 e ss.

tratamento médico possa ser retirado a um paciente incapaz é necessário o preenchimento do critério da "prova clara e convincente", quaisquer que sejam os desejos da família na matéria.

9. Em 1990 o Supremo Tribunal dos Estados Unidos da América reverteu a decisão do Supremo Tribunal do Missouri num acórdão em que:
   a) reconheceu o direito de a pessoa em situação de doença e capaz recusar um tratamento médico, ainda que essa recusa lhe causasse directamente a morte;
   b) declarou que retirar um tubo de alimentação não difere de fazer cessar outras formas de tratamento médico de suporte vital, como seja o desligar um ventilador;
   c) declarou que relativamente a pacientes incapazes cada estado poderia, mas não necessitaria, adoptar legislação que exigisse um grau de evidência "claro e convincente" sobre qual seria a vontade dessa pessoa se soubesse que iria ficar incapaz e permanecer nesse estado durante um longo período;
   d) determinou que como os CRUZAN não conseguiram demonstrar de forma clara e convincente a vontade da NANCY em morrer, tal como exigido na lei do Missouri, o tubo de alimentação naso-gástrico da NANCY não poderia ser retirado.

10. JOHN ROBERTSON, professor de Direito na Universidade do Texas, escreve referindo-se a esta sentença:

    "o que está em causa, neste caso, é não o direito de Nancy Cruzan a morrer, mas sim o direito dos seus familiares a libertarem-se do peso emocional que representa manter o seu corpo vivo numa instituição do Estado"[368].

11. A NANCY tinha-se divorciado pouco antes do acidente ocorrer e alguns dos seus amigos apenas a conheciam pelo nome de casada, NANCY DAVIS.

12. Quando o caso foi publicitado a nível nacional alguns deste amigos aperceberam-se que a NANCY CRUZAN era a NANCY DAVIS e quiseram testemunhar que ela desejaria morrer se pudesse expressar a sua vontade de forma consciente.

---

[368] ROBERTSON, John (1992), "Cruzan: No Rights Violated", *The Hastings Center Report*, vol. 20, n.º 5, Setember-October 1992, New York, p. 7.

13. Realizaram-se novas audições no tribunal de 1.ª instância e o juiz decidiu que, desta vez, se encontrava preenchido o requisito de *"clear and convincing evidence"*.
14. Em 14 de Dezembro de 1990 os médicos executaram a sentença, removendo o tubo que permitia alimentar NANCY e esta foi declarada morta.
16. Seis anos depois da morte de NANCY, JOE CRUZAN enforcou-se.

Quid juris?
Considere, em particular, as seguintes questões:
a) Tem NANCY o direito a ser alimentada artificialmente?
b) Constitui a alimentação através de um tubo de alimentação naso-gástrico um meio extraordinário de tratamento?
c) Deve considerar-se, na decisão de interromper um tratamento o custo que a manutenção do mesmo implica para a comunidade?
d) Qual o critério que lhe parece prevalecer quando se toma essa decisão: o da qualidade de vida da pessoa inconsciente; o do interesse de familiares e amigos em não continuarem a sofrer ou a protecção da vida dessa pessoa?

13. NATHALLIE EVANS[369]

1. NATALLIE EVANS nasceu em Outubro de 1971 e reside actualmente em Wiltshire.
2. Em 12 de Julho de 2000, NATALLIE e o seu parceiro, J., iniciam um tratamento numa clínica de procriação medicamente assistida em Bath.
3. Em 10 de Outubro de 2000, durante uma consulta, NATALLIE e J. são informados de que:
   a) NATALLIE apresenta graves tumores pré-cancerosos em ambos os ovários, pelo que lhe deve ser realizada uma ovariotomia bilateral;
   b) desenvolvendo-se os tumores lentamente é possível colher alguns óvulos antes da ablação, com vista à sua fertilização *in vitro* (FIV), mas que tal deve ser feito rapidamente;
   d) devem assinar, individualmente, um formulário que expresse o seu consentimento para a fertilização *in vitro*;
   e) cada um pode revogar, em qualquer momento, o consentimento dado, segundo as disposições da *Human Fertilisation and Embryology Act 1990* (Lei de 1990), enquanto os embriões não forem implantados no útero de NATALLIE.
4. NATALLIE pergunta à enfermeira se é possível criopreservar os ovócitos não fertilizados e esta responde-lhe que a clínica não pratica essa técnica, que apresenta uma taxa de êxito menos elevada do que a FIV.
5. J. tenta sossegar NATALLIE dizendo-lhe que não se irão separar, que ela não necessita de pensar na criopreservação dos seus ovócitos, e que deseja ser o pai dos filhos que ela vier a ter.
6. J. consente por escrito em que:
   a) o seu esperma seja utilizado para fertilizar *in vitro* os ovócitos de NATALLIE;
   b) os embriões assim criados sejam utilizados para o tratamento conjunto dele próprio e de NATALLIE;

---

[369] Cf. EUROPEAN COURT OF HUMAN RIGHTS, *Case of Evans v. The United Kingdom*, Strasbourg, 7 March 2006. Este acórdão encontra-se disponível em: http://cmiskp.echr.coe.int/

c) os embriões obtidos sejam conservados pelo prazo máximo de dez anos;

d) a conservação do esperma e dos embriões se mantenha se ele vier a falecer ou a perder as suas capacidades mentais antes do fim desse período.

7. Natallie assina um formulário quase idêntico ao de J. no que concerne aos seus ovócitos.
8. Em 12 de Novembro de 2001, são colhidos e fertilizados onze ovócitos, tendo-se obtido seis embriões que foram criopreservados.
9. Em 26 de Novembro, Natallie é sujeita à ablação dos seus ovários e informada que deverá aguardar dois anos antes de implantar um embrião no seu útero.
10. Em Maio de 2002, a relação entre Natallie e J. termina. Discutem o destino a dar aos embriões.
11. Em 4 de Julho de 2002, J. informa, por escrito, a clínica de que o casal se separou e de que os embriões devem ser destruídos.
12. A clínica informa Natallie de que:

    a) J. revogou o seu consentimento para a utilização ulterior dos embriões;

    b) vai destruí-los em aplicação do artigo 8.º, § 2.º, do anexo 3.º à Lei de 1990.
13. Natallie intenta um processo junto do *High Court* em que requer que:

    a) seja ordenado a J. que renove o seu consentimento para a utilização e conservação dos embriões;

    b) o Tribunal declare, com fundamento no *Human Rights Act 1998*, que o anexo 3.º da Lei de 1990 ofende o disposto nos artigos 8.º, 12.º e 14.º da Convenção Europeia dos Direitos do Homem (CEDH);

    c) seja respeitado o direito dos embriões à protecção previsto nos artigos 2.º e 8.º da CEDH.
14. O *High Court* decide que:

    a) seja decretada uma providência cautelar que assegure a protecção dos embriões até ao fim do processo;

    b) os pedidos formulados por Natallie sejam rejeitados.
15. Sejam-no porque:

    a) face à alteração das circunstâncias resultante da separação de Natallie e de J. seria injusto não autorizar qualquer das partes

a mudar de ideias e a revogar o seu consentimento para o tratamento;
b) J. não está impedido de revogar o seu consentimento;
c) o embrião não é uma pessoa que goze dos direitos protegidos pela CEDH;
d) as limitações ao respeito pelo direito à vida privada de NATALLIE e de J. decorrentes das disposições em análise da Lei de 1990 são proporcionais face ao fim prosseguido, uma vez que o regime consagrado naquela lei assenta em dois pilares: o do consentimento e o do interesse da criança a nascer. É pois aceitável que a lei exija que as duas pessoas que formam o casal que se vai sujeitar a um tratamento de FIV estejam de acordo quanto a esse tratamento e permita a cada uma deixar de nele participar em qualquer momento, até à transferência embrionária.
e) as disposições do anexo 3.º da Lei aplicam-se igualmente a todos os pacientes que se sujeitem a um tratamento de FIV seja qual for o seu sexo.

15. O juiz do processo, o juiz WALL, dá um exemplo para mostrar que a exigência do consentimento pode ter consequências análogas para um homem estéril:

"Imaginemos um homem que sofra de um cancro dos testículos e que o seu esperma, colhido antes da intervenção cirúrgica que lhe causará uma esterilidade definitiva, é utilizado para criar embriões a partir de óvulos da sua parceira. Em caso de separação do casal antes da transferência embrionária, não passa pela cabeça a ninguém que a mulher não possa revogar o seu consentimento na continuação do tratamento e recusar que os embriões sejam implantados no seu útero. Ora, as disposições da lei, tal como os direitos contidos na Convenção, aplicam-se a homens e mulheres sem distinção".

16. NATALLIE recorre da sentença para a instância superior, que emite uma sentença em 25 de Junho de 2004. Nela o tribunal de recurso considera que:
a) o objectivo da Lei de 1990 é apenas o de autorizar a implantação se ambas partes mantiverem o seu consentimento ao longo de todo o processo;

b) J. tem direito a revogar o seu consentimento no momento em que o faz e tal inviabiliza a utilização dos embriões e a continuação da sua conservação;

c) a ingerência na vida privada das partes é justificada e proporcionada porque a lei exige um consentimento bilateral para a implantação e porque, do mesmo modo que não se poderia obrigar NATALLIE a ser mãe, também não se pode obrigar J. a ser pai, com as consequentes responsabilidades financeiras decorrentes da lei para com a criança;

d) a diferença de tratamento é justificada e proporcionada à luz do disposto no artigo 14.º da CEDH pelos mesmos motivos;

e) os embriões não gozam da protecção prevista no artigo 2.º da CEDH porque a lei interna não reconhece nem interesses nem direitos independentes ao feto antes do nascimento, e logo também não os reconhece ao embrião.

16. Em 29 de Novembro de 2004, a Câmara dos Lordes recusa a NATALLIE a possibilidade de recorrer do acórdão do tribunal de 2.ª instância.

17. NATALLIE apresenta, em 11 de Fevereiro de 2005, junto do Tribunal Europeu dos Direitos do Homem (TEDH) uma queixa contra o Reino Unido da Grã-Bretanha e da Irlanda do Norte, com base no artigo 34.º da CEDH, na qual alega que as disposições em análise da Lei de 1990, ao exigirem o consentimento do seu ex--companheiro para que possa implantar em si os embriões concebidos a partir do casal que formavam, ofende os seus direitos reconhecidos nos artigos 8.º e 14.º da CEDH, bem como o direito dos embriões à vida, à luz do disposto no artigo 2.º da CEDH.

18. A requerente sublinha que:
a) em consequência da ovariotemia a que foi submetida, os embriões criopreservados constituem a sua única possibilidade de ter um filho a que esteja geneticamente ligada;

b) aceitar a decisão do seu ex-companheiro implica a frustração do seu desejo de ser mãe;

c) ao aceitar ceder os seus gâmetas para a fertilização dos seus ovócitos, J. renunciou ao seu direito de não procriar;

d) ao criar um enquadramento legal que permite aos casais recorrer à FIV e conceber embriões que se destinam a ser implantados, o Estado deixa de ser um árbitro do interesse geral para se ocupar de um domínio onde os interesses em presença – os dos dadores de gâmetas – são essencialmente privados. Como não existem verdades absolutas na matéria, as disposições da Lei de 1990 que regulam o consentimento são iníquas e desproporcionadas, na medida em que não admitem qualquer derrogação, mesmo em circunstâncias excepcionais, e em que não permitem o equilíbrio dos interesses contrapostos. Se – e nada o obriga a fazê-lo – o Reino Unido decide intervir nas relações entre os dadores de gâmetas, deve criar um quadro jurídico suficientemente flexível para garantir o respeito pelos direitos humanos.

e) A Lei de 1990 garantiria melhor esses direitos se autorizasse as pessoas envolvidas a comprometer-se irrevogavelmente no momento da fertilização ou se previsse a possibilidade de, em circunstâncias excepcionais, a revogação do consentimento do homem poder ser ultrapassada;

f) a Lei de 1990 deveria confiar à mãe a capacidade de decidir sobre o destino do embrião, o que seria mais concordante com a procriação natural, uma vez que as mulheres que não recorrem à assistência médica à procriação são livres de decidir, uma vez grávidas, qual o destino a dar ao seu embrião;

g) uma vez colhidos os seus gâmetas J. não tem que suportar qualquer outro tratamento médico para o qual o seu consentimento seja exigido, pelo que atribuir um carácter irrevogável ao consentimento do homem não gera qualquer desigualdade de tratamento entre os intervenientes na FIV, porque a situação da mulher que se recusa a implantar um embrião ou a levar a gravidez até ao fim não é a mesma do homem que revoga a promessa de autorizar a implantação;

h) aceita que J. pouco participe na educação da criança a nascer e compromete-se a não lhe pedir ajuda financeira para o efeito.

19. O Governo britânico considera que a Lei de 1990 visa promover interesses interdependentes, os quais são:

a) o direito à autodeterminação das mulheres no que concerne a uma eventual gravidez uma vez implantado o embrião;

b) o primado do consentimento livre e esclarecido para intervenções médicas;

c) os interesses das crianças nascidas por FIV;
d) a igualdade de tratamento entre as partes;
e) a promoção da eficácia na utilização da FIV e das técnicas que lhe estão associadas;
f) a clareza e a certeza nas relações entre as partes.
20. Defendeu ainda que:
a) não existindo uma comunhão de concepções a nível europeu e internacional sobre até que momento pode um dador de sémen revogar o seu consentimento, e opor-se à utilização do seu material genético, as autoridades nacionais beneficiam da mais ampla margem de apreciação, a qual lhes permite encontrar um equilíbrio entre os interesses antagónicos dos dois indivíduos igualmente protegidos pela Convenção, e que gozam ambos do direito ao respeito pela sua vida privada;
b) se admitirmos excepções à regra segundo a qual as partes são livres de revogar o seu consentimento até à implantação do embrião, o objectivo legitimo visado pelo Parlamento – o de garantir que a implantação seja aceite por ambas as partes – não será alcançado. Isso conduziria a situações complexas, geradoras de arbítrio, e obrigaria as jurisdições internas a procurar um equilíbrio entre os interesses inconciliáveis dos interessados.
22. O TEDH considera:
22.1. Não haver violação do artigo 2.º da CEDH, uma vez que, como declarou no Acórdão *Vo v. France*[370], na ausência de um consenso a nível europeu sobre a definição científica e jurídica do início da vida, a determinação do momento do reconhecimento do direito à vida resulta do exercício da margem de apreciação dos Estados. Ora, o Direito britânico não reconhece ao embrião a qualidade de sujeito autónomo, nem o autoriza a prevalecer-se do direito à vida reconhecido no artigo 2.º através de interposta pessoa.

---

[370] Cf. EUROPEAN COURT OF HUMAN RIGHTS, *Case of Vo v. France*, Strasbourg, 8 July 2004.

22.2. Não haver violação do artigo 8.º da CEDH, dado que:
   a) o direito ao respeito pela vida privada de NATALLIE abrange o direito ao respeito pela sua decisão de ter ou de não ter filhos;
   c) Suscitando o recurso à FIV delicadas questões de natureza moral e ética que se inscrevem num contexto de rápidas mudanças da ciência e da medicina e pertencendo as questões discutidas no caso em apreço a domínios relativamente aos quais não existe concordância de perspectivas entre os estados-membros, pode ser reconhecida ao Estado uma ampla margem de apreciação quer no que concerne à sua decisão de intervir neste domínio, quer quanto às regras que adopta para alcançar um equilíbrio entre os interesses públicos e privados concorrentes.
   d) atribuir à revogação do consentimento do dador masculino um carácter pertinente mas não decisivo, ou permitir às clínicas, aos tribunais, ou a autoridades independentes que o dispensassem, conduziria a graves dificuldades na apreciação da importância a atribuir aos direitos dos interessados, em particular quando a situação pessoal destes se tivesse alterado desde o início da FIV, e a situações arbitrárias e incoerentes;
   e) os direitos do dador masculino protegidos pelo artigo 8.º não são menos dignos de protecção que os da mulher, e o contrabalançar desses direitos nem sempre pende de forma decisiva a favor da mulher;
   f) o primado do consentimento é afirmado também nos instrumentos internacionais pertinentes relativos a intervenções médicas (Convenção sobre os Direitos do Homem e a Biomedicina e Declaração Universal sobre o Genoma Humano);
   g) o Reino-Unido, ao inserir na Lei de 1990 uma disposição clara fundada em razões de princípio, que reconhece a cada uma das pessoas envolvidas num tratamento de FIV a possibilidade de revogar o consentimento prestado até ao momento da implantação do embrião, que foi explicada aos participantes do tratamento em questão, e

que figura explicitamente no formulário que assinaram, não excedeu a margem de apreciação que lhe é reconhecida e não rompeu o justo equilíbrio exigido pelo artigo 8.º da CEDH;

22.3. Não haver ofensa do artigo 14.º da CEDH, pelos motivos aduzidos – que constituem igualmente uma justificação objectiva e razoável à luz do artigo 14.º.

22.4. Dever o Governo Britânico adoptar as providências necessárias para garantir a conservação dos embriões até que o acórdão emitido se torne definitivo ou que o tribunal adopte outra decisão na matéria.

Quid juris?

Considere, em particular, as seguintes questões:
a) Considera que a pretensão de NATALLIE deve ser satisfeita?
b) Pode ser imposta a J. uma paternidade não desejada?
c) Parece-lhe adequada a protecção dispensada pelo TEDH aos embriões obtidos por recurso à FIV?

14. NICOLAS PERRUCHE[371]

1. O Dr. x., médico de clínica geral que presta assistência à família PERRUCHE, observa, em 17 de Abril de 1982, na filha do casal, de quatro anos de idade, uma erupção cutânea associada a rubéola.
2. Em 10 de Maio de 1982, o Dr. x. examina o mesmo tipo de erupção na Sr.ª PERRUCHE.
3. A Sr.ª PERRUCHE informa-o de que julga estar grávida e que deseja interromper a gravidez no caso de lhe ser diagnosticada rubéola, doença infecciosa e contagiosa que pode originar graves malformações no feto quando afecta uma mulher não imunizada.
4. O Dr. x. prescreve a realização de um teste de rastreio de anticorpos associados à rubéola.
5. O teste realizado em 12 de Maio de 1982, no laboratório de biologia médica de Yerres, dá resultado negativo e confirma a existência de gravidez.
6. O Dr. x. prescreve a repetição do teste quinze dias mais tarde, sendo o teste realizado no mesmo laboratório e revelando, desta vez, a presença dos aludidos anticorpos.
7. Perante os resultados contraditórios obtidos, o laboratório dando cumprimento à regulamentação existente na matéria, procede a nova análise da amostra sanguínea inicialmente colhida. O resultado desta análise de controlo é idêntico ao obtido na sequência da segunda colheita efectuada.
8. Conclui-se que a Sr.ª PERRUCHE está imunizada contra a rubéola, sendo o carácter positivo das duas colheitas e a estabilidade da taxa de anticorpos sinais de uma infecção já antiga, insusceptível de afectar a criança que vai nascer.
9. A 14 de Janeiro de 1983, a Sr.ª PERRUCHE dá à luz um menino a quem chama NICOLAS.
10. Um ano depois NICOLAS apresenta problemas neurológicos e sequelas (surdez, retinopatia, cardiopatia, atraso mental) que parecem ter sido originados por rubéola contraída durante o período intra-uterino.

---

[371] Cf. o *Arrêt du 17 novembre 2000 de la Cour de Cassation*, disponível em: http://www.courdecassation.fr/agenda/arrets

11. Em 13 de Setembro de 1998, a pedido do casal PERRUCHE, um perito atesta ser esse o caso, que o resultado da análise de controlo deveu-se a um erro do laboratório e que o médico revelou ausência de senso crítico ao analisá-lo.
12. O casal PERRUCHE intenta no Tribunal de Grande Instância d'Evry uma acção contra o Dr. x. e o laboratório de biologia médica de Yerres, bem como contra as respectivas entidades seguradoras: a *Mutuelle d'assurance du corps sanitaire français* e a *Mutuelle des pharmaciens*.
12. Na sentença que profere a 13 de Janeiro de 1992 este tribunal:
    a) declara responsáveis pelo estado de saúde de NICOLAS o Dr. x. e o laboratório;
    b) condena-os *in solidum* com os respectivos seguradores a pagar uma indemnização correspondente ao dano corporal sofrido por NICOLAS;
    c) determina ter a *Caísse primaire d'assurance maladie de l'Yvonne* (CPAM) direito a ser reembolsada das prestações concedidas a NICOLAS.
13. Por sentença de 17 de Dezembro de 1993, o Tribunal de Apelo de Paris revoga parcialmente a referida sentença e ordena a restituição das quantias entregues a título de ressarcimento. Aduz, para o efeito, os seguintes motivos:
    a) o dano sofrido pela criança não se encontra em relação de causalidade com os erros cometidos;
    b) as sequelas de que ela sofre têm por causa única a rubéola que lhe foi transmitida no útero da mãe.
14. Relativamente aos recursos interpostos pela CPAM e pelo casal PERRUCHE, a 1.ª secção cível, por sentença de 26 de Março de 1996, determina que "o dano sofrido pela criança não está em relação de causalidade com os erros cometidos, pelo que condena o Sr. PERRUCHE e a CPAM a restituir as somas recebidas a título de ressarcimento".
15. Funcionando como tribunal de reenvio, o Tribunal de Apelo de Orléans, determina no seu acórdão de 5 de Fevereiro de 1999, que:
    a) "Nicolas não sofreu um prejuízo indemnizável que estivesse em relação de causalidade com as faltas praticadas pelo laboratório de biologia médica de Yerres e pelo Dr. x.";

b) os técnicos são alheios à transmissão à mãe da rubéola;
c) os técnicos apenas intervêm, após a gravidez se ter iniciado, pelo que não poderiam ter evitado a concepção da criança;
d) qualquer terapia realizada no início da gravidez não teria permitido anular os efeitos da rubéola sobre o feto;
e) Nicolas não poderia senão nascer com as consequências imputáveis à rubéola;
f) Nicolas se não tivesse nascido teria desaparecido na sequência de uma interrupção voluntária da gravidez, pertencendo apenas aos pais a decisão de a efectuar e não constituindo esta um direito de que ele se pudesse prevalecer;
g) a única consequência do erro dos técnicos é o nascimento da criança;
h) se um ser humano é titular desde o momento do nascimento de direitos, ele não o é, no entanto, do direito a nascer ou a não nascer;
j) a restituição dos montantes recebidos deve ser efectuada.

16. Reagindo a esta sentença, o casal Perruche recorre para a Cassação em 14 de Abril de 1999, afirmando que:
   a) a Sr.ª Perruche havia claramente expresso a sua vontade, em caso de sofrer de rubéola, de proceder a uma interrupção voluntária da gravidez;
   b) o efeito conjugado dos erros dos técnicos não lhe permitiram recorrer a essa solução;
   c) esses erros originaram o prejuízo sofrido pela criança em consequência da rubéola da sua mãe;
   d) ao descartar o nexo de causalidade entre os erros cometidas e o dano sofrido pela criança em consequência da rubéola contraída pela sua mãe, a referida sentença viola o artigo 1147 do Código Civil francês[372].

17. O *Cour de cassation* pelo acórdão de 17 de Novembro de 2000 determina que:

"Como os erros cometidos pelo médico e pelo laboratório na execução dos contratos que tinham celebrado com a Sr.ª Perruche a impediram de exercer a sua escolha de interromper a gravidez a fim de evitar o nascimento de

---

[372] *Loi du 5 mars 1803*, promulgada em 15 de Março de 1803.

uma criança portadora de deficiência, esta pode exigir a reparação do dano resultante dessa deficiência e causado pelos aludidos erros".

Quid iuris?

Considere, em particular, as seguintes questões:
a) Podem os médicos ser responsabilizados por Nicolas ter nascido portador de deficiência?
b) Pode uma criança portadora de doença ou deficiência intentar uma acção com fundamento no direito a não se nascer doente ou deficiente?
c) Considerada a ordem jurídica portuguesa como um todo unitário, pode defender-se constituir o nascimento um dano susceptível de indemnização?
d) Tal como descrita parece-lhe estarmos perante uma acção de *wrongful birth* ou de *wrongful life*?

15. PATRICK[373]

1. PATRICK é guarda-nocturno num armazém de alumínio e nunca casou.
2. É dador de sangue fazendo dações com regularidade.
3. Em Outubro de 1998, o banco de sangue onde costuma fazer a sua dação informa-o de que as suas análises de rotina ao fígado deram resultados anormais.
4. PATRICK consulta a sua médica de família, a Dr.ª LENI, que lhe prescreve a realização de uma TAC.
5. Na véspera do seu sexagésimo aniversário chegam os resultados do exame feito e a Dr.ª LENI diz-lhe que coloca a hipótese de PATRICK ter um tumor, parecendo-lhe conveniente a realização de uma biopsia.
6. PATRICK ouve-a e não manifesta qualquer sinal de apreensão.
7. O resultado da biopsia confirma as suspeitas da Dr.ª LENI: PATRICK sofre de um cancro no pâncreas que já apresenta metástases.
8. Depois de um breve exame, a Dr.ª LENI senta-se e diz:

    "– Patrick, tenho os resultados da sua biopsia e não são bons."
    "– Tenho um tumor, Doutora?
    – Tem.
    – Bem, é bom ter uma explicação para aquela análise sanguínea. Sabe Doutora, muitas pessoas pensam que todos os tumores são cancros, mas eu sei que muitos são inofensivos. Chamam-se 'benignos'".

9. PATRICK encontra-se sentado numa confortável cadeira de braços e não parece nada preocupado com a sua situação. A médica prossegue dizendo:

    " – Quem me dera que essa fosse a verdade. Deixe-me mostrar-lhe o relatório da biopsia e poderemos discutir o que iremos fazer de seguida.
    – Bem, Doutora, isso não me parece necessário.
    – Parece-me importante que entenda o que está a acontecer. Sabe,..."

10. PATRICK sorri e levanta a mão direita, interrompendo-a. Inclina-se para a frente e diz com firmeza:

---

[373] Este caso foi feito com base em s.a. (1999), "The Patient, the Physician, and the Truth", *The Hastings Center Report*, vol. 29, n.º 3, May-June 1999, New York, p. 24.

"– Eu compreendo, Doutora. Vou ficar óptimo. Não dissemos já tudo o que havia para dizer? Já agora, necessito de uma nova receita de *Tegretol*. Importava-se de ma passar antes de eu me ir embora?
– Não há problema, Patrick, eu passo-lha. Gostaria de o ver daqui a duas semanas, sim? Telefone-me se tiver algum problema.
– Claro Doutora. A senhora é quem manda."

Quid iuris?

Considere, em particular, as seguintes questões:

a) Deve a Dr.ª Leni informar Patrick da gravidade da sua situação, ainda que este não deseje ser informado?
b) Pode considerar-se eficaz o consentimento de Patrick para os tratamentos que lhe irão ser prescritos se ignora o prognóstico da sua doença?
c) Pode a Dr.ª Leni ser responsabilizada por não ter imposto toda a verdade a Patrick no que concerne ao seu estado sanitário?

16. TUSKEGEE STUDY[374]

1. Em 1929 a sífilis era frequente em vários distritos americanos, o que levou uma organização filantrópica – a *Julius Rosenwald Foundation* em Filadélfia – a iniciar um projecto tendente à sua erradicação.
2. Com o apoio do *United States Public Health Service* (USPHS) a fundação decidiu tratar com *neosalvarsan* (um medicamento criado no início do século vinte por um investigador alemão, PAUL ERLICH, que continha metais pesados e arsénico) os sifliticos que residissem em seis distritos em que a taxa de contaminação por sífilis fosse superior a 20%.
3. Em 1930 a referida fundação concluiu que a taxa mais alta de contaminação pela sífilis nos Estados Unidos da América se verificava no distrito de Macon County, Alabama (onde tinha sede o *Tuskegee Institute*), e propôs-se tratar com o referido medicamento 3694 homens afectados pela doença, 82% dos quais eram negros.
4. Em 1929 iniciou-se a Grande Depressão e a fundação abandonou, por falta de recursos, o projecto em Tuskgee, esperando que o USPHS o continuasse.
5. Em 1931 o USPHS decidiu realizar o teste da sífilis a uma amostra de 4400 afro-americanos e concluiu que:
   a) 22% dos homens sofriam de sífilis;
   b) 62% das pessoas testadas sofria de sífilis congénita;
   c) 399 homens de entre os que sofriam de sífilis há vários anos nunca tinham recebido qualquer tratamento para a doença.
6. Como a "história natural" da sífilis ainda não tinha sido realizada o USPHS considerou oportuno fazê-la a partir da análise de uma amostra constituída por aqueles 399 homens.
7. CLAUDE BERNARD definira em 1865 "estudo natural" como o estudo em que apenas se observa, sem interferência do observador, o que ocorre na natureza.
8. A investigação que o USPHS conjuntamente com o *Tuskegee Institute* se propunha fazer era um "estudo natural", em que os médicos apenas observavam a manifestação dos sintomas da doença, não a tratando, até ocorrer a morte da pessoa infectada.

---

[374] *Vid.*, sobre este caso, PENCE, Gregory E. (2004), pp. 270 e ss.

9. Além destes 399 indivíduos era também estudado um outro grupo, de 200 indivíduos não afectados pela sífilis.
10. Uma enfermeira afro-americana, EUNICE RIVERS, acompanhou o estudo desde 1932 até 1972.
11. Aos indivíduos com sífilis eram realizados exames periódicos que implicavam a realização de punções na coluna, que podiam causar infecções e outras complicações, e, após a sua morte, eram autopsiados para analisar que danos haviam sido causados pela doença.
12. Era-lhes oferecido transporte para o centro, refeições, medicação para outras doenças de que sofressem e o enterro em caso de morte.
13. Não eram informados de que sofriam de sífilis, mas sim de que tinham "mau sangue" e de que as punções constituíam um tratamento para os efeitos adversos desse "mau sangue".
14. Era-lhes enviada uma carta, cujos remetentes eram o USPHS e o *Tuskegge Institute*, onde se podia ler:

"Caro Senhor:
Foi-lhe realizado, há algum tempo, um exame e esperamos que tenha recebido tratamento para mau sangue. Oferecemos-lhe agora a oportunidade de realizar um segundo exame. Este exame é muito peculiar e, uma vez realizado, ser-lhe-á facultado um tratamento específico se considerarmos que se encontra em condições de o receber.
NÃO SE ESQUEÇA QUE ESTA É A SUA ÚLTIMA OPORTUNIDADE DE RECEBER TRATAMENTO GRÁTIS. ASSEGURE-SE QUE SE ENCONTRA COM A ENFERMEIRA."

15. Durante a II Guerra Mundial os investigadores contactaram as autoridades locais para que nenhum dos elementos da amostra fosse mobilizado e, assim, recebesse tratamento médico contra a sífilis nas Forças Armadas.
16. A penicilina, que permite curar a sífilis, foi descoberta em 1941-1943, e a partir de 1946 ficou disponível para a generalidade da população. Não foi, até à década de setenta do século passado dada aos indivíduos pertencentes à referida amostra.
17. Em 1966, PETER BUXTON, um recém-licenciado contratado pelo USPHS para estudar as doenças venéreas em São Francisco, tomou conhecimento do *Tuskegee study* e questionou os funcionários do USPHS sobre a moralidade do mesmo.

18. Estes tentaram silenciá-lo, mas não conseguiram: em 1969 um grupo de investigadores do *Center for Disease Control* (CDC) decidiu reavaliar o estudo e pronunciou-se a favor da sua continuação. Uma das investigadoras presentes IRA MEYERS afirmou – "não observei este grupo, mas não acredito que os seus membros se submetessem a tratamento, se tal lhes fosse proposto".
19. Esta investigadora contactou a *Macon County Medical Society*, cujos membros eram maioritariamente afro-americanos, para que analisasse o referido estudo. Esta foi de parecer que não fosse dado antibiótico a qualquer dos membros da amostra que recorresse aos serviços dos seus associados.
20. Em Julho de 1972 PETER BUXTON contou o que se estava a passar em Tuskegee a um jornalista que transmitiu a história a um outro jornalista, JEAN HELLER.
21. Em 26 de Julho de 1972 o *Tuskegge study* foi notícia em todos os jornais americanos, sendo relatado como uma investigação levada a cabo pelo governo federal em Tuskegee, na qual os afro-americanos pobres e analfabetos eram utilizados como cobaias, tendo já morrido em consequência da sífilis sete deles.
22. O CDC fez um comunicado à imprensa em que declarou que:
    a) o estudo nunca fora clandestino, como o atestavam os trinta artigos publicados em revistas médicas e científicas durante cerca de trinta anos;
    b) não fora recusado, mas apenas não oferecido tratamento aos sujeitos observados;
    c) os médicos afro-americanos locais apoiaram o estudo.
23. Em 16 de Novembro de 1972, CASPER WEINBERGER, Secretário da Saúde, Educação e Bem-estar, deu como oficialmente terminada a investigação. Vinte e oito dos sujeitos da amostra inicial tinham morrido de sífilis e os restantes passaram a tomar penicilina.
24. Como o estudo não comparou sifilíticos tratados com penicilina com sifilíticos não tratados com penicilina, não permitiu que se chegasse a qualquer conclusão sobre a efectividade do tratamento *versus* o não-tratamento.
25. O Congresso nomeou uma comissão especial para analisar o *Tuskegee study* que concluiu o seu relatório em Abril de 1973.
26. Em 23 de Julho de 1973, FRED GRAY (o primeiro afro-americano democrata eleito no Alabama) intentou uma acção colectiva, em

nome dos indivíduos com sífilis, contra o Governo Federal, alegando que estes tinham sido objecto de discriminação em razão da raça.
27. O Departamento de Justiça determinou que a acção teria de ser intentada não a nível federal, mas local, no tribunal de Montgomery.
28. O juiz deste tribunal, Frank Johnson, determinou que:
   a) fossem dados $37500 a cada sifilítico vivo; $15000 a cada herdeiro de um sifilítico morto (porque alguns poderiam sofrer de sífilis congénita); $16000 a cada elemento do grupo de controlo e $5000 a cada um dos seus descendentes (os membros do grupo de controlo e respectivos descendentes foram indemnizados por terem sido impedidos de tomar antibióticos durante o período em que se realizou o estudo);
   b) fosse facultado tratamento médico gratuito durante o resto das suas vidas aos participantes no estudo, às suas mulheres e filhos.
29. Em 1988 ainda viviam 21 dos sujeitos com sífilis estudados, 41 esposas e 19 filhos daqueles, também portadores da bactéria responsável pela sífilis.
30. Em 11 de Maio de 1997 o Presidente Clinton encontrou-se com quatro dos oito sobreviventes do grupo estudado e, em nome do governo federal, pediu-lhes desculpa. Disse: "O que os Estados Unidos fizeram foi vergonhoso e eu lamento o sucedido".

Quid iuris?

Considere, em particular, as seguintes questões:
a) Que direitos da pessoa doente considera terem sido ofendidos neste estudo?
b) Para que houvesse consentimento eficaz para a participação neste estudo qual deveria ter sido o procedimento adoptado pelos investigadores?
c) Porque seria inválido, à luz do Direito Português vigente um "estudo natural" do tipo do descrito?
d) Parece-lhe que o fundamento da indemnização atribuída é a discriminação em razão da raça ou a discriminação em razão do estado de saúde?

17. SELECÇÃO DE EMBRIÕES

1. O Centro de Histocompatibilidade do Norte, que funciona junto ao Hospital de S. João, no Porto, é um organismo de natureza para-hospitalar, que se encontra sob tutela da Secretaria de Estado da Saúde, e ao qual incumbe "a programação e a realização, na respectiva zona de influência, dos estudos de histocompatibilidade aplicada que visem a transplantação de tecidos e órgãos"[375].
2. Em Novembro de 2001 inicia um projecto que recorre ao diagnóstico genético pré-implantação em embriões para salvar crianças com leucemia e outras doenças que exijam o transplante de medula.
3. Este projecto é inicialmente financiado pelo PIDDAC.
4. O processo consiste em:
   a) conceber *in vitro* embriões a partir de gâmetas dos progenitores da criança doente;
   b) colher uma célula de cada embrião assim obtido para análise;
   c) implantar no útero da mãe biológica apenas o embrião compatível ao nível do HLA (antigénios leucocitários humanos).
5. Depois da criança nascer utiliza-se apenas o sangue do cordão umbilical, que é processado e infundido no irmão doente.
6. Deste sangue são colhidas as células estaminais, que são células que:
   a) ainda não se especializaram e, por isso, têm a capacidade de se transformar noutras células do sangue, como é o caso dos glóbulos brancos (os atingidos pela leucemia);
   b) irão "repovoar" a medula da criança doente e substituir as células doentes;
   c) como têm os antigénios HLA semelhantes serão mais histocompatíveis, reduzindo os riscos de rejeição.
7. Numa gravidez normal a probabilidade de os pais conceberem uma criança compatível ao nível do HLA com o irmão canceroso é de apenas 25%.

---

[375] Artigo 1.º, n.º 2, da Portaria n.º 110/83, de 21 de Fevereiro, que cria os Centros de Histocompatibilidade do Norte, Centro e Sul.

8. Seis a oito embriões são necessários para obter o HLA pretendido, já que a probabilidade de haver um embrião compatível em cada quatro nem sempre ocorre.
9. Os embriões não utilizados serão "deitados fora".
10. GUILHERME DE OLIVEIRA escreve relativamente a esta aplicação do diagnóstico genético pré-implantação: "a procura de um irmão 'à medida'? Pode ser entendida por uns como uma instrumentalização, e degradação, da pessoa; outros, pelo contrário, chamarão a isso solidariedade familiar e um motivo de orgulho"[376].
11. O Centro solicita parecer à comissão de ética hospitalar para investigar sobre os embriões excedentários no sentido de "minorar erros e dificuldades".

Quid juris?

Considere, em particular, as seguintes questões:
a) Encontra-se o diagnóstico genético pré-implantação sujeito à norma do artigo18.º, n.º 1, da Convenção sobre os Direitos do Homem e a Biomedicina?
b) Existe obstáculo legal a esta utilização do diagnóstico genético pré-implantação no Direito Português?
c) Considera que a não implantação dos embriões não seleccionados é ofensiva da dignidade destes?

---

[376] OLIVEIRA, Guilherme de (2004), "Um Caso de Selecção de Embriões", *Lex Medicinae, Revista Portuguesa de Direito da Saúde*, Ano 1, n.º 1, 2004, Coimbra, p. 13.

18. SOCIEDADE A.[377]

1. B.:
   a) é, desde 15 de Abril de 1978, pessoa colectiva de utilidade pública e, desde 18 de Março de 1994, pessoa colectiva de utilidade pública desportiva;
   b) uma das suas actividades é a prática de tiro com chumbo com utilização de alvos vivos – pombos;
   c) organizou, no âmbito do calendário oficial de 1999, um concurso de tiro com chumbo aos pombos e pretendia, nesse mesmo ano, organizar um torneio da modalidade.
2. Antes de serem libertados para as provas de tiro ao voo são arrancadas as penas da cauda aos pombos e, no seu âmbito, são mortos.
3. A actividade desportiva de tiro aos pombos em Portugal tem mais de um século e meio.
4. A.:
   a) é uma associação zoófila, com estatutos aprovados pelo Alvará n.º 23/1949, de 13 de Junho de 1949, cujos fins, entre outros, são os de impedir e reprimir tudo quanto represente crueldade contra os animais e assegurar o respeito pelos seus direitos;
   b) intentou, em 16 de Abril de 1999, contra a B., acção declarativa e de condenação, pedindo a declaração da ilicitude da actividade de B. de tiro aos pombos e a sua condenação a abster-se de realizar o referido torneio, e de matar, ferir ou deixar morrer, mormente à fome ou à sede os animais que se encontrassem em seu poder.
5. B. apresentou contestação afirmando a licitude da actividade de tiro ao voo.
6. Foi proferida sentença, no dia 29 de Agosto de 2003, que absolveu B.
7. A. intrepôs recurso alegando que:
   a) a Lei n.º 92/95, de 12 de Setembro, derrogou parcialmente o despacho de 4 de Abril de 1994, no âmbito do tiro a alvos vivos;

---

[377] Este caso prático foi feito com base no Acórdão do Supremo Tribunal de Justiça de 11 de Março de 2004 (Processo n.º 04B3354, relator: Salvador da Costa).

b) a regra é a do respeito pelo direito dos animais, conforme decorre das excepções relativas à tourada e à caça;
c) são proibidas todas as violências injustificadas contra animais, ou seja, os actos consistentes em, sem necessidade, infligir-lhes a morte ou o sofrimento cruel, como sejam os torneios que lhes provoquem dor ou sofrimento consideráveis;
d) ao admitir-se que os animais podem servir de alvo, por isso trazer para o atirador um acréscimo de dificuldades e de divertimento pessoal, recusa-se-lhes qualquer espécie de protecção ou valor próprio;
e) a prática de tiro aos pombos não tem subjacente qualquer tradição nem implica qualquer valor cultural, pelo que não há qualquer fundamento legal para justificar a excepção da sua permissão;
f) a única utilidade real na morte dos animais é o gozo pessoal dos atiradores e a proibição do tiro com alvos vivos está prevista no artigo 1.º, n.º 1, da Lei n.º 92/95, de 12 de Setembro;
g) a substituição de animais vivos por alvos artificiais não deturpa o desporto, nem lhe retira eficácia na realização dos seus objectivos;
h) aceitar que a competição e a aferição da destreza e o acréscimo do gozo ou do divertimento de alguns ou a tradição, são suficientes para afastar a proibição da morte ou sofrimento dos animais sem necessidade consagrada na Lei n.º 92/95, de 12 de Setembro, é negar a sua existência;
i) a atribuição de utilidade pública a B., em despacho omisso quanto ao tiro aos pombos, não afecta a referida proibição da lei.

8. Respondeu A. que:
   a) a protecção dos animais não está prevista na Constituição e o artigo 1.º da Lei n.º 92/95, de 12 de Setembro, não contem enumeração taxativa das excepções a considerar;
   b) nos termos dos artigos 202.º, n.º 1, 205.º, n.º 1 e 212.º, n.º 3, do Código Civil, os animais são coisas móveis, sem direito à integridade pessoal ou física, pelo que podem ser apropriados;
   c) a protecção dos animais não ocorre por via de se lhes atribuir direitos, mas pelo dever das pessoas em relação a eles, e a

atribuição àqueles do direito à vida e à integridade física só poderia operar por via de alteração da Constituição;
d) no plano teleológico a palavra "necessidade" constante da lei não pode ser interpretada no plano puramente económico, antes se impondo a ponderação dos valores jurídicos tutelados, em termos de a protecção dos animais ceder a valores hierarquicamente superiores;
e) existe total semelhança entre a actividade do tiro ao voo aos pombos e as largadas nos campos de treino de caça, permitidas por lei;
f) no tiro de voo aos pombos a sua morte ocorre imediatamente ou muito rapidamente, sem sofrimento cruel ou prolongado;
g) o tiro aos pombos não é substituível pelo tiro aos pratos ou a hélices e existe há muito em Portugal, constando desde o século passado em programas de inúmeras festas populares de centenas de freguesias do país, sendo parte integrante do património cultural português;
h) a defesa do património cultural português, prevista na Constituição, e das tradições justificam as excepções da Lei n.º 92/95, de 12 de Setembro, pelo que importa operar a extensão analógica do conceito de necessidade;
i) a vontade do legislador foi no sentido de manter a licitude da actividade de tiro aos pombos, tal como a pesca desportiva, apesar de nesta os peixes terem sofrimento cruel e prolongado.

Quid juris?

Considere, em particular, as seguintes questões:
a) Deve o Tribunal da Relação manter o conteúdo da sentença recorrida?
b) Parece-lhe que o Direito Português vigente deve ser alterado no sentido de assegurar uma protecção mais eficaz aos animais contra violências cruéis ou gratuitas?
c) Considera que o conceito de personalidade jurídica deve, *de iure condendo*, continuar a aplicar-se apenas aos animais humanos?

19. YP.[378]

1. YP. tem 27 anos, é afro-americana e sofre de anemia falciforme.
2. Em Abril de 2001 dirige-se, à meia-noite, ao serviço de urgências de um hospital universitário americano, e queixa-se de dores graves nas coxas, nos braços, nas mãos e nos pés.
3. O médico que a atende dá-lhe uma injecção de *Demerol* para reduzir as dores.
4. YP. é internada e faz à equipa médica que lhe presta assistência inúmeras perguntas sobre os medicamentos analgésicos que lhe estão a ser prescritos e continua a queixar-se de que sente dores.
5. No dia seguinte dois médicos e um estudante de medicina, quando efectuam a "ronda da manhã" observam-na.
6. Não conheciam YP. e, no decorrer da conversa, concluem que YP.:
   a) conhece bem os sintomas da doença de que sofre;
   b) quando não está em "crise" é capaz de utilizar um anti-inflamatório (o *Motrin*) para controlar as dores.
7. YP. solicita-lhes que, em vez de *Demerol* (meperidina) lhe seja ministrada morfina, que considera ser mais eficaz no combate à dor, e comunica quais as doses que deseja tomar e a periodicidade com que as mesmas devem ser dadas.
8. A equipa médica considera que o pedido de YP. não deve ser atendido e pergunta-lhe quem é o seu médico assistente a fim de poderem falar com ele.
9. YP. responde não ter médico assistente, mas que pode indicar vários hospitais em que recebeu tratamento à base de morfina, nos últimos anos.
10. Depois de saírem do quarto de YP. os médicos e o estudante discutem o seu caso:
    a) um dos médicos receia que YP. esteja a solicitar morfina por ser toxicodependente e pretender alcançar o estado de euforia causado pela ingestão de opiáceos;

---

[378] Este caso foi delineado a partir de s.a. (2001), "Pain and Sickle Cell Anemia", *The Hastings Center Report*, vol. 31, n.º 3, May – June 2001, New York, p. 29.

b) outro salienta que a ingestão de *Demorol* causa um efeito eufórico superior ao da morfina.

Quid iuris?

Considere, em particular, as seguintes questões:
a) Considera que o direito a uma terapêutica analgésica adequada de YP está a ser violado pelos médicos que lhe prestam assistência?
b) Se YP. fosse toxicodependente gozaria do direito a que lhe fosse facultada a substância necessária para que não entrasse em síndrome de privação?
c) Deve um médico prescrever a um paciente todos os medicamentos por este solicitados ainda que considere não serem os mesmos clinicamente indicados?

20. Bibliografia

1. BREO, Denise (1984), "Interview with 'Baby Fae's' Surgeon", *American Medical News*, 16 de Novembro.
2. MCALILEY, Lauren G. (2002), "Commentary", *The Hastings Center Report*, vol. 32, n.º 1, January – February 2002.
3. OLIVEIRA, Guilherme de (2004), "Um Caso de Selecção de Embriões", *Lex Medicinae, Revista Portuguesa de Direito da Saúde*, Ano 1, n.º 1, Coimbra.
4. PENCE, Gregory E. (2004), *Classic Cases in Medical Ethics, Accounts of Cases that Have Shapped Medical Ethics, with Philosophical, Legal, and Historical Backgrounds*, 4.ª ed. (1.ª ed.: 1990), Boston: McGraw Hill.
5. REGAN, Tom (1995), "The Other Victim", *The Hastings Center Report*, vol. 15, n.º 1, February 1985, New York.
6. REGO, Guilhermina, MELO, Helena, DIXON, Earl, e NUNES, Rui (2004), "Xenotransplante de Fígado de Porco Transgénico" *in Bioética para as Ciências Naturais* (coord.: Humberto D. Rosa), Lisboa: Fundação Luso-Americana para o Desenvolvimento.
7. ROBERTSON, John (1992), "Cruzan: No Rights Violated", *The Hastings Center Report*, vol. 20, n.º 5, Setember-October 1992, New York.
8. s.a. (1999), "The Patient, the Physician, and the Truth", *The Hastings Center Report*, vol. 29, n.º 3, May-June 1999, New York.
9. s.a. (2000), "A Request for ISCI", *The Hastings Center Report*, vol. 30, n.º 2, March-April 2000, New York.
10. s.a. (2001), "Pain and Sickle Cell Anemia", *The Hastings Center Report*, vol. 31, n.º 3, May – June 2001, New York.
11. s.a. (2001), "Seventy Ova", *The Hastings Center Report*, vol. 31, n.º 4, July – August 2001, New York.

V. BIBLIOGRAFIA GERAL

1. AA.VV. (1995), *A Bioética e o Futuro*, Lisboa: Academia das Ciências de Lisboa.
2. AA. VV. (1994), *El Derecho ante el Proyecto Genoma Humano*, vol. II, Bilbao: Fundación Banco Bilbao Vizcaya.
3. AA.VV. (1999) *Estudos de Direito do Consumidor*, n.º 1, Coimbra: Centro de Direito do Consumo da Faculdade de Direito da Universidade de Coimbra.
4. AA. VV. (2000), *From Chance to Choice, Genetics and Justice*, Cambridge: Cambridge University Press.
5. ACADEMIA DAS CIÊNCIAS DE LISBOA (2001*), Dicionário da Língua Portuguesa Contemporânea*, vol. I, Lisboa: Academia das Ciências de Lisboa e Editorial Verbo.
6. AGIUS, Emmanuel, e KIM, Tae-Chang (1998) (coord.), *Future Generations and International Law*, London: Earthscan Publications.
7. AMBROSELLI, Claire, e WORMSER, Gérard (1999) (coord.), *Du Corps Humain à la Dignité de la Personne Humaine, Genèse, Débats et Enjeux des Lois D'Éthique Biomédicale*, Paris: Centre National de Documentation Pédagogique.
8. AMARAL, Maria Lúcia (2005), *A Forma da República, Uma Introdução ao Estudo do Direito Constitucional*, Coimbra: Coimbra Editora.
9. ANDORNO, Roberto (1996), *La Distinction Juridique entre les Personnes et les Choses à L'Épreuve des Procréations Artificielles*, Paris: Librairie Générale de Droit et de Jurisprudence.
10. ANDORNO, Roberto (1997), *La Bioéthique et la Dignité de la Personne*, Paris: Presses Universitaires de France.
11. ANDRADE, Manuel A. Domingues (2003), *Teoria Geral da Relação Jurídica*, vol. II, 9.ª reimp., Coimbra: Almedina.
12. ANDREWS, Lori B. (2001), *Future Perfect - Confronting Decisions About Genetics*, New York: Columbia University Press.
13. ANNAS, J., e GRODIN, Michel A. (1995) (coord.), *The Nazi Doctors and the Nuremberg Code, Human Rights in Human Experimentation*, Oxford: Oxford University Press,
14. ALMEIDA, Carlota Pizarro de (2000), *Modelos de Inimputabilidade: da Teoria à Prática*, Coimbra: Almedina.
15. ANTUNES, Maria João (2002), *Medida de Segurança de Internamento e Facto de Inimputável em Razão de Anomalia Psíquica*, Coimbra: Coimbra Editora.
16. ARAÚJO, Fernando (2003), *A Hora dos Direitos dos Animais*, Coimbra: Almedina.
17. ARCHER, Luís (1995), "O Progresso da Ciência e o Espírito", *in Cadernos de Bioética*, n.º 10, Coimbra: Edição do Centro de Estudos de Bioética.

18. ARCHER, Luís (1998), "Transplantações do Animal para o Homem", *Brotéria*, Maio / Junho de 1998, Lisboa.
19. ARCHER, Luís, BISCAIA, Jorge, e OSSWALD, Walter (1996) (coord.), *Bioética*, Lisboa: Editorial Verbo.
20. ARENDT, Hannah (2001), *Compreensão e Política e Outros Ensaios 1930-1954* (trad. do original inglês por Miguel Serras Pereira), Lisboa: Relógio D'Água.
21. ARENDT, Hannah (2006), *As Origens do Totalitarismo*, trad. do original inglês de 1950 por Roberto Raposo, 2.ª ed. (1.ª ed.: 2004), Lisboa: Dom Quixote.
22. ARENDT, Hannah (2007), *Responsabilidade e Juízo*, trad. do original inglês por Miguel Serras Pereira, Lisboa: Publicações Dom Quixote.
23. ARISTÓTELES (2002), *A Política* (trad. de Roberto Leal Ferreira), 2.ª ed. (1.ª ed.: 1991), 3.ª reimp., São Paulo: Livraria Martins Fontes Editora Ltda.
24. ARISTÓTELES (2003), *Constituição dos Atenienses* (trad. do original grego por Delfim Ferreira Leão) (texto original: 329 a.c.), Lisboa: Edição da Fundação Calouste Gulbenkian.
25. ATLAN, Henri (1999), *La Fin du "Tout Génétique"? Vers de Nouveaux Paradigmes en Biologie*, Paris: Institut National de la Recherche Agronomique.
26. AZNAR, Francisco (1994) (coord.) *Los Derechos Humanos para las Generaciones Futuras*, Tenerife: Universidad de La Laguna.
27. AZOUX-BACRIE, Laurence (2003) (coord.), *Bioéthique, Bioéthiques*, Bruxelles: Etablissements Emile Bruylant.
28. BACHELARD-JOBARD, Catherine (2001), *L'Eugénisme, la Science et le Droit*, Paris: Presses Universitaires de France.
29. BAILLIE, Harold W., e CASEY, Tomothy K. (2005) (coord.), *Is Human Nature Obsolete? Genetics, Bioengineering, and the Future of the Human Condition*, Cambridge: Massachusetts Institute of Technology.
30. BARBAS, Stela Marcos de Almeida Neves (1998), *Direito do Património Genético*, Coimbra: Almedina.
31. BARRADAS, Ana (1998), *Dicionário Incompleto de Mulheres Rebeldes*, Lisboa: Antígona.
32. BEAUCHAMP, Tom L. e CHILDRESS, James F. (2001), *Principles of Biomedical Ethics*, 5.ª ed., Oxford: Oxford University Press.
33. BEAUCHAMP, Tom L., e WALTERS, Leroy (1999) (coord.), *Contemporary Issues in Bioethics*, 5.ª ed., Belmont: Wadsworth Publishing Company.
34. BECKERT, Cristina, e VARANDAS, Maria José (2004) (coord.), *Éticas e Políticas Ambientais*, Lisboa: Centro de Filosofia da Universidade de Lisboa.
35. BENTHAM, Jeremy (1996), *An Introduction to the Principles of Morals and Legislation*, Oxford: Clarendon Press.
36. BENZ, Wolfgang (2000), *The Holocaust* (trad. do original alemão por Jane Sydenham-Kwiet), London: Profile Books.
37. BELEZA, José Júlio Pizarro (1962), *Cooperação e Luta*, Lisboa, s.e.
38. BELEZA, Maria Teresa Couceiro Pizarro (1983), *Direito Penal*, vol. 2, Lisboa: Associação Académica da Faculdade de Direito de Lisboa.
39. BERNARD, Jean (1994), *La Bioéthique*, Paris: Flammarion.
40. BINET, Jean-René (2002), *Droit et Progrès Scientifique, Science du Droit, Valeurs et Biomédecine*, Paris: Presses Universitaires de France.

41. BOUAL, Jean-Claude, e BRACHET, Philippe (2003) (coord.), *Santé et Principe de Précaution*, Paris: L'Harmattan.
42. BRANCO, António D'Azevedo Castello (1888), "Casamento e Criminalidade", *Revista de Educação e Ensino, Publicação Científica Dedicada Especialmente aos Assuntos Pedagógicos, Agrícolas e Zootécnicos*, vol. III, 1888, Lisboa.
43. BRANCO, António D'Azevedo Castello (1888a), *Estudos Penitenciários e Criminaes*, Lisboa: Casa Portugueza.
44. BREO, Denise (1984), "Interview with 'Baby Fae's' Surgeon", *American Medical News*, 16 de Novembro.
45. BROWNSWORD, Roger, e CORNISH, W. R. (1999) (coord.), *Law and Human Genetics, Regulating a Revolution*, reimp. da ed. de 1998, Oxford: Hart Publishing.
46. BRUCE, Donald, e BRUCE, Ann (1999) (coord.), *Engineering Genesis, The Ethics of Genetic Engineering in Non-Human Species*, reimp. (1.ª imp.: 1998), London: Earthscan Publications.
47. BRUCHFELD, Stéphane e LEVINE, Paul A. (2000), *Contai aos Vossos Filhos ... Um Livro sobre o Holocausto na Europa, 1933-1945*, Lisboa: Gótica.
48. BUXTON, Jess, e TURNEY, Jon (2007), *The Rough Guide to Genes & Cloning*, London: Rough Guides Ltd.
49. CABETE, Adelaide (1929), *Eugénica e Eugenética*, Lisboa: Artegráfica, Limitada.
50. CALERA, Nicolás López (2000), *Hay Derechos Colectivos? Individualidad y Socialidad en la Teoría de los Derechos*, Barcelona: Editorial Ariel.
51. CAPLAN, Arthur L. (1997) (coord.), *Quando a Medicina Enloqueceu, A Bioética e o Holocausto* (trad. do original inglês de 1992 por Zaira Miranda), Lisboa: Instituto Piaget.
52. CAMPANELLA, Tomás (1996), *A Cidade do Sol* (trad. do italiano por Álvaro Ribeiro), Lisboa: Guimarães Editores.
53. CAMPOS, Ramón Herrera (1991), *La Inseminación Artificial: Aspectos Doctrinales y Regulación Legal Española*, Granada: Universidad de Granada.
54. CAMUS, Albert (1972), *Lettres à un Ami Allemand*, reimp. da ed. de 1948, Paris: Gallimard.
55. CAMUS, Albert (2003), *Caligula suivi de Le Malentendu*, reimp. da ed. de 1958, Paris: Editions Gallimard.
56. CANOTILHO, J. J. Gomes (1995), *Protecção do Ambiente e Direito de Propriedade (Crítica de Jurisprudência Ambiental)*, Coimbra: Coimbra Editora.
57. CANOTILHO, J. J. Gomes, e MOREIRA, Vital (2007), *Constituição da República Portuguesa Anotada*, vol. I, 4.ª ed. rev., Coimbra: Coimbra Editora.
58. CARBONNIER, Jean (1989), "Sur les Traces du Non-Sujet de Droit", *Archives de Philosophie du Droit*, t. 34, Paris: Sirey.
59. CARBONNIER, Jean (1998), *Droit Civil*, t. 3, 18.ª ed. rev. (1.ª ed. em 1956), Paris: Presses Universitaires de France.
60. CARREL, Alexis (1947), *O Homem, Esse Desconhecido*, Porto: Editora Educação Nacional.
61. CARVALHO, Adherbal de (1915), *Synteze das Preleçõis de Direito Penal Feitas no Terceiro Ano da Faculdade de Direito Teixeira de Freitas*, t. I, 2.ª ed. rev., Lisboa: Livraria Clássica Editora de A. M. Teixeira.

62. CARVALHO, Neto de (1992), *Direito, Biologia e Sociedades em Rápida Transformação*, Coimbra: Livraria Almedina.
63. CASABONA, Carlos Maria Romeo (1999) (coord.), *Biotechnology, Law and Bioethics, Comparative Perspectives*, Bruxelles: Éditions Bruylant.
64. CASABONA, Carlos Maria Romeo (1999a) (coord.), *La Eugenesia Hoy*, Granada: Editorial Comares.
65. CASABONA, Carlos Maria Romeo (2002) (coord.), *Los Xenotrasplantes, Aspectos Científicos, Éticos y Jurídicos*, Granada: Editorial Comares.
66. CAUPERS, João, e AMARAL, Maria Lúcia (1999), "Grupos de Interesses", *Revista da Faculdade de Direito da Universidade de Lisboa*, vol. XL, n.ºs 1 e 2, Coimbra: Coimbra Editora.
67. CHAPOUTHIER, Georges (1992), *Les Droits de L'Animal*, Paris: Presses Universitaires de France.
68. CHANGEUX, Jean-Pierre, e RICOEUR, Paul (1998), *Ce qui Nous Fait Penser, La Nature et La Règle*, Paris: Éditions Odile Jacob.
69. CHERRY, Mark J. (2005), *Kidney for Sale by Owner, Human Organs, Transplantation and the Market*, Washington: Georgetown University Press.
70. CLENDINNEN Inga (2007), *Um Olhar sobre o Holocausto* (trad. do original inglês de 1999 por A. Mata), Lisboa: Prefácio.
71. COELHO, Cristina Maria Costa (2007), *A Doença Mental (Des)culpada: Um Modelo de Avaliação da ResponsabilIdade Criminal*, Coimbra: Almedina.
72. COELHO, Manoel (1914), *Anotações ao Código do Registo Civil*, 2.ª ed., Porto: Companhia Portuguesa Editora.
73. COELHO, Francisco Pereira e OLIVEIRA, Guilherme de (2003), *Curso de Direito da Família*, vol. I, 3.ª ed., Coimbra: Coimbra Editora.
74. CONSEIL SUISSE DE LA SCIENCE (1998), "Xénotransplantation – Examinée sous Toutes les Coutures", *Technology Assessment*, n.º 30a/1998, Bern.
75. CONSELHO NACIONAL DE ÉTICA PARA AS CIÊNCIAS DA VIDA (1998) (coord.), *Poderes e Limites da Genética, Actas do IV Seminário do Conselho Nacional de Ética para as Ciências da Vida*, Lisboa: Presidência do Conselho de Ministros.
76. CORDEIRO, António Meneses (2007), *Tratado de Direito Civil Português*, vol. 1, t. III, 2.ª ed. rev., Coimbra: Almedina.
77. CORNNELL, John (2003), *Os Cientistas de Hitler* (trad. do original inglês de 2003 por Marcos Santarrita), Rio de Janeiro: Imago.
78. CORRÊA, Elidia Aparecida de, GIACOIA, Gilberto, e CONRADO, Marcelo (2007), *Biodireito e Dignidade da Pessoa Humana*, reimp. da ed. de 2006, Curitiba: Jurá Editora.
79. CORREIA, Manuel (2006), *Egas Moniz e o Prémio Nobel*, Coimbra: Imprensa da Universidade de Coimbra.
80. COSTA, António Pereira da (1998), *Dos Animais (O Direito e os Direitos)*, Coimbra: Coimbra Editora.
81. COSTA, Palmira Fontes da (2005), *O Corpo Insólito, Dissertações sobre Monstros no Portugal do Século XVIII*, Porto: Porto Editora.
82. COSTA, Sérgio, e DINIZ, Debora (2006), *Ensaios: Bioética*, São Paulo: Brasiliense.
83. COUNCIL OF EUROPE (1997), *Explanatory Report to the Convention for the Protection of Human Rights and Dignity of the Human Being with Regard to the Application of*

Biology and Medicine: Convention on Human Rights and Biomedicine, Dir/Jur (97) 5, Strasbourg: Council of Europe.
84. COUNCIL OF EUROPE (1999) (coord.), *International Conference of the Council of Europe on Ethical Issues Arising from the Application of Biotechnology, Oviedo (Spain), 16-19 May 1999*, Strasbourg: Council of Europe.
85. CRUZ, Guilherme Braga da (1942), *Direitos de Família*, vol. I, 2.ª ed. rev. pelo Prof. Dr. Pires de Lima, Coimbra: Coimbra Editora, Ldta.
86. CUNHA, Paulo (1941), *Direito da Família*, t. I (Lições tiradas pelos alunos Raul Jorge Rodrigues Ventura, Raul Lino Amaral Rodrigues e Júlio M. Salcedas), Lisboa: ed. policopiada.
87. DANTAS, Júlio (1919), *Espadas e Rosas*, 2.ª ed., Lisboa: Portugal-Brasil Limitada.
88. DARWIN, Charles (1985), *The Origin of Species by Means of Natural Selection or the Preservation of Favoured Races in the Struggle for Life*, reimp. da ed. de 1859, London: Penguin Books.
89. DARWIN, Charles (2004), *The Descent of Man, and the Selection in Relation to Sex*, reimp. da ed. de 1879, London: Penguin Books.
90. DAWKINS, Richard (1999), *O Gene Egoísta*, 2.ª ed. rev. (trad. do original inglês de 1989 por Ana Paula Oliveira e Miguel Abreu), Lisboa: Gradiva.
91. DEGOS, Laurent (1994), *Los Transplantes de Órganos* (trad. do original francês de 1994 por Gabriela Mistral), Madrid: Editorial Debate.
92. DEGRAND, Alexander J. (2006), *Itália Fascista e Alemanha Nazista* (trad. do original inglês de 2004 por Carlos David Soares), São Paulo: Madras Editora.
93. DELMAS-MARTY, Mireille (1998), *Trois Défis pour Un Droit Mondial*, Paris: Éditions du Seuil.
94. DESCARTES, René (1966), *Discours de la Méthode*, reimp. (1.ª ed.: 1636), Paris: Garnier-Flammarion.
95. DIAS, Jorge de Figueiredo (1999) (coord.), *Comentário Conimbricense do Código Penal*, t. II, Coimbra: Coimbra Editora.
96. DIAS, Jorge de Figueiredo, e ANDRADE, Manuel da Costa (1997), *Criminologia, O Homem Delinquente e a Sociedade Criminológica*, 2.ª reimp., Coimbra: Coimbra Editora.
97. DINIZ, Maria Helena (2002), *O Estado Atual do Biodireito*, 2.ª ed. rev., São Paulo: Editora Saraiva.
98. DOWNIE, Robin (1997), "Xenotransplantation", *Journal of Medical Ethics*, vol. 23, n.º 4, Agosto de 1997.
99. DUARTE, Maria Manuela dos Anjos (1999), *Opções Ideológicas e Política do Ambiente*, Coimbra: Almedina.
100. DUARTE, Rui Pinto (2002), *Curso de Direitos Reais*, 2.ª ed. (1.ª ed.: 2002), Estoril: Principia.
101. DULA, Annete, SMITH, Shearon, e SECUNDY, Marian Gray (2001) (coord.), *Veterinary Bioethics in the 21st Century: Teaching and Veterinary Practice – Where Do We Go from Here?*, Tuskegee: Tuskegge University.
102. DULBECCO, Renato (1990), *Engenheiros da Vida* (trad. do original italiano de 1988 por Maria Helena V. Picciochi), Lisboa: Editorial Presença.
103. DURAS, Marguerite (2003), *La Douleur*, reimp. da ed. de 1985, Paris: Gallimard.

104. Espino, María Lidia Suárez (2008), *El Derecho a la Intimidad Genética*, Madrid: Marcial Pons.
105. Etchegoyen, Alain (1996), *Le Temps des Responsables*, reimp., Paris: Éditions Julliard.
106. Evans, Richard J. (2004), *The Coming of the Third Reich*, London: Penguin Books.
107. Fabre-Magnan, Muriel, e Moullier, Philippe (2004) (coord.), *La Génétique, Science Humaine*, Paris: Éditions Belin.
108. Faria, Maria Paula Bonifácio Ribeiro de (1995), *Aspectos Jurídico-Penais dos Transplantes*, Porto: Universidade Católica Portuguesa.
109. Faria, Maria Paula Bonifácio Ribeiro de (1995a), *Os Transplantes de Órgãos*, Porto: Edições Asa.
110. Faria, Maria Paula Lobato de (1996), *Données Génétiques Informatisées – Un Nouveau Défi a la Protection du Droit de la Confidentialité des Données Personnelles de Santé*, Bourdeaux: Presses Universitairés du Septentrion.
111. Félix, Ivone, e Marques, António Manuel (1995) (coord.), *E Nós ... Somos Diferentes? Sexualidade e Educação Sexual na Deficiência Mental* (coord.: Ivone Félix e António Manuel Marques), Lisboa: Associação para o Planeamento da Família.
112. Fernandes, Barahona (1938), *O Problema da Eugénica* (sep. de A Medicina Contemporânea, n.ºs 19, 21, 22 e 23, Maio e Junho de 1938), Lisboa: Centro Tipográfico Colonial.
113. Fernandes, Barahona (1940), "Herança e Meio nos Conselhos Pré-matrimoniais Eugénicos", *Arquivo de Anatomia e Antropologia*, vol. xx (1939-1940) (coord.: H. de Vilhena), Lisboa.
114. Fernandes, Barahona (1940a), *Hereditariedade e Profilaxia Eugénica das Doenças Mentais*, Porto: Comemorações Portuguesas de 1940.
115. Fernandes, Paulo Silva (2001), *Globalização, "Sociedade de Risco" e o Futuro do Direito Penal Panorâmica de Alguns Problemas Comuns*, Coimbra: Almedina.
116. Ferri, Henrique (1931), *Princípios de Direito Criminal, O Criminoso e o Crime* (trad. do original italiano por Luiz de Lemos D'Oliveira), Coimbra: Arménio Amado Editor.
117. Figueiredo, Helena Maria Vieira de Sá (2005), *A Procriação Medicamente Assistida e as Gerações Futuras*, Porto: Serviço de Bioética e Ética Médica da Faculdade de Medicina do Porto.
118. Fonseca, António Castro, Simões, Mário R., Simões, Maria C. Taborda, e Pinho, Maria Salomé (2006) (coord,), *Psicologia Forense*, Coimbra: Almedina.
119. Fortes, Paulo António de Carvalho, e Zoboli, Elma Lourdes Campos Pavone (2003) (coord.), *Bioética e Saúde Pública*, São Paulo: Centro Universitário São Camilo e Edições Loyola.
120. Fredrickson, George M. (2004), *Racismo, Uma Breve História* (trad. do original inglês de 2002 por Miguel Ramalhete), Porto: Campo das Letras.
121. Frossard, André (1997), *Le Crime Contre L'Humanité*, Paris: Éditions Robert Laffont.
122. Gafo, Javier (1995) (coord.), *Consejo Genético: Aspectos Biomédicos e Implicaciones Éticas*, Madrid: Universidad Pontificia Comillas de Madrid.
123. Galton, David J. (1998), "Greek Theories on Eugenics", *Journal of Medical Ethics*, August 1998, vol. 24, n.º 4.

124. GALTON, David (2002), *Eugenics, The Future of Human Life in the 21st Century*, London: Abacus Books.
125. GARCIA, Maria da Glória F. P. D. (2007), *O Lugar do Direito na Protecção do Ambiente*, Coimbra: Almedina.
126. GARRAFA, Volnei, e PESSINI, Leo (2003) (coord.), *Bioética: Poder e Injustiça*, São Paulo: Sociedade Brasileira de Bioética, Centro Univesitário São Camilo e Edições Loyola.
127. GASPAR, Pedro Portugal (2005), *O Estado na Emergência Ambiental*, Coimbra: Almedina.
128. GILBERT, Martin (2002), *The Routledge Atlas of the Holocaust*, 3.ª ed. (1.ª ed.; 1982), London: Routledge.
129. GIROD, Michel (2004), *Penser le Racisme, De la Responsabilité des Scientifiques*, Paris: Calmann-Lévy.
130. GOUVEIA, Jorge Bacelar (2005), *Manual de Direito Internacional Público, Introdução, Fontes, Relevância, Sujeitos, Domínio, Garantia*, 2.ª ed. rev., reimp. da ed. de 2004, Coimbra: Almedina.
131. GOUVEIA, Jorge Bacelar (2006), *Direito Internacional Humanitário, Introdução, Textos Fundamentais*, Coimbra: Almedina.
132. GUEDES, Francisco Corrêa (1995), *Vírus, Sida e Sociedade Humana*, Lisboa: Planeta Editora e Universidade Autónoma de Lisboa.
133. GUILLEBAUD, Jean-Claude (2001), *Le Principe D'Humanité*, Paris: Seuil.
134. GUTTMAN, B., GRIFFITHS, H., SUZUKI, D., e CULLIS, T. (2006), *Genetics*, reimp. da ed. de 2002, Oxford: Oneworld.
135. HABERMAS, Jürgen (1997), *Droit et Démocratie, Entre Faits et Normes* (trad. do original alemão de 1992 por Rainer Rochlitz e por Christian Bouchindhomme), Paris: Éditions Gallimard.
136. HABERMAS, Jürgen (1997a), *La Paix Perpétuelle, Le Bicentenaire d'une Idée Kantienne* (trad. do original alemão de 1996 por Rainer Rochlitz), Paris: Les Éditions du Cerf.
137. HABERMAS, Jürgen (2002), *L'Avenir de la Nature Humaine Vers un Eugénisme Liberal?* (trad. da ed. alemã de 2001 por Christian Bouchindhomme), Paris: Gallimard.
138. HAECKEL, Ernest (1927), *Maravilhas da Vida* (trad. de João de Meyra), 2.ª ed., Porto: Livraria Chardron, Lello e Irmão.
139. HANSON, Mark J. (1995), "The Seductive Sirens of Medical Progress: The Case of Xenotransplantation", *Hasting Center Report*, vol. 25, n.º 5, Setembro / Outubro de 1995.
140. HARRIS, John (2004), *On Cloning*, London: Routledge.
141. HOOFT, Visser't (1991), "Développment Technologique et Responsabilité Envers les Générations Futures", *Archives de Philosophie du Droit*, t. 36, Paris: Sirey.
142. HOTTOIS, Gilbert e MISSA, Jean-Noël (2003) (coord.), *Nova Enciclopédia da Bioética* (trad. do original francês de 2001 por Maria de Carvalho), Lisboa: Instituto Piaget.
143. HÖRSTER, Heinrich Ewald (2007), *A Parte Geral do Código Civil Português, Teoria Geral do Direito Civil*, 4.ª reimp. da ed. de 1992, Coimbra: Almedina.
144. HUME, David (1999), *Enquête sur L' Entendement Humain* (trad. do inglês por Didier Deleule) (texto original: 1748), Paris: Librairie Générale Française.
145. JACQUARD, Albert, e KAHN, Axel (2001), *L'Avenir N'est Pas Écrit*, Paris: Bayard Éditions.

146. JACOB, François (1997), *La Souris, La Mouche et L'Homme*, Paris: Éditions Odile Jacob.
147. JOHNSON, Robert (2004), *Hitler and Nazi Germany, The Seduction of a Nation*, 3.ª ed., United Kingdom: Studymates Limited.
149. JONAS, Hans (1994), *Ética, Medicina e Técnica* (trad. da ed. inglesa por António Fernando Cascais), Lisboa: Veja.
149. JONAS, Hans (1998) *Pour Une Éthique du Futur* (trad. do original alemão de 1993, por Sabine Cornille e Philippe Ivernel), Paris: Éditions Payot et Rivages.
150. JONAS, Hans (2000), *Le Principe Responsabilité, Une Éthique pour la Civilisation Technologique* (trad. do original alemão de 1979 por Jean Greisch), reimp., Paris: Flammarion.
151. JORGE, Maria Manuel Araújo (2000), "Liberdade e Eugenismo", *Brotéria Genética*, n.ºs 1-3, vol. XXI (XCVI), 2000, Lisboa.
152. JUSTO, A. Santos (2007), *Direitos Reais*, Coimbra: Coimbra Editora.
153. KAHN, Axel (1996), *Société et Révolution Biologique, Pour une Éthique de la Responsabilité*, Paris: Institut National de la Recherche Agronomique.
154. KANT, Immanuel (1992), *Fundamentação da Metafísica dos Costumes* (trad. da ed. alemã de 1922 publ. pela casa de Bruno Cassirer, em Berlim, a qual constitui uma reprodução da 2ª ed. de 1786, por Paulo Quintela), Lisboa: Edições 70, Lda.
155. KERR, Anne, e SHAKESPEARE, Tom (2002), *Genetic Politics, From Eugenics to Genome*, Cheltenham: New Clarion Press.
156. KISS, Alexandre-Charles (1982), "La Notion de Patrimoine Comum de L'Humanité", *Recueil des Cours de L'Academie de Droit International de La Haye*, t. 175 (1982), The Hague: Martinus Nijhoff Publishers.
157. KNOPP, Guido (2004), *Hitler's Holocaust* (trad. do original alemão por Angus Mcgeoch), Gloucestershire: Sutton Publishing.
158. KNOWES, Lori P., e KAEBNICK, Gregory E. (2007) (coord.), *Reprogenetics, Law, Policy, and Ethical Issues*, Baltimore: The Johns Hopkins University Press.
159. KUHSE, Helga, e SINGER, Peter (1999) (coord.), *Bioethics, An Anthology*, Oxford: Blackwell Publishers.
160. LABBÉE, Javier (1990), *Condition Juridique du Corps Humain Avant la Naissance et Après la Mort*, Lille: Presses Universitaires de Lille.
161. LATAS, António João, e VIEIRA, Fernando (2004), *Notas e Comentários à Lei de Saúde Mental (Lei n.º 36/98, de 24 de Julho)*, Coimbra: Coimbra Editora.
162. LEITE, Fátima Correia, e NASCIMENTO, Esmeralda (2004), *Regime Jurídico dos Animais de Companhia*, Coimbra: Almedina.
163. LEONE, Salvino, PRIVITERA, Salvatore, e CUNHA, Jorge Teixeira da (2001) (coord.), *Dicionário de Bioética*, trad. do original italiano por A. Maia da Rocha, Vila Nova de Gaia: Editorial Perpétuo Socorro.
164. LESSA, Almerindo (1933), *Exortações Eugénicas*, Porto: Associação Profissional dos Estudantes de Medicina do Porto.
165. LESSA, Almerindo (1939 - 1940), "Fialho de Almeida ou a Campanha Eugénica dum Prosador", *Arquivo de Anatomia e Antropologia*, vol. XX (1939 – 1940), Lisboa.
166. LEVI, Primo (2001), *Se Isto é Um Homem* (trad. do original italiano de 1958 por Simonetta Cabrito Neto), Lisboa: Editorial Teorema.

167. LEVI, Primo e BENEDETTI, Leonardo de (2006), *Auschwitz Report* (trad. do original italiano de 1946 por Judith Wolf), London: Verso.
168. LEVINAS, Emmanuel (1988), *Ética e Infinito* (trad. do original francês de 1982 por João Gama), Lisboa: Edições 70.
169. LEWONTIN, Richard (2001), *A Tripla Hélice, Gene. Organismo. Ambiente* (trad. do original italiano de 1998 por Alberto Vasconcelos), Lisboa: Edições 70.
170. LIMA, F. A. Pires de (1945), *Constituição do Estado de Casado, Ante-Projecto de um dos Livros do Futuro Código Civil*, Coimbra: s. ed.
171. LIMA, Madalena (1996), *Transplantes, Relevância Jurídico-Penal (Legislação Actual)*, Coimbra: Livraria Almedina.
172. LOEWENSTEIN, Karl (1938), "Contrôle Législatif de l'Extrémisme Politique dans les Démocraties Européennes", *Revue du Droit Public et de la Science Politique en France et à l'Étranger*, Abril / Junho de 1938, Paris: Librairie Générale de Droit et de Jurisprudence.
173. LOUREIRO, João Carlos Simões Gonçalves (1995), *Transplantações: Um Olhar Constitucional*, Coimbra: Coimbra Editora.
174. LOUREIRO, João Carlos (2005), "Pessoa e Doença Mental", separata do *Boletim da Faculdade de Direito da Universidade de Coimbra*, vol. LXXXI, 2005, Coimbra.
175. MACEDO, António Ferreira de, e AZEVEDO, Maria Helena Pinto de (2001), *Os Genes que Pensam, Alguns Temas de Genética Psiquiátrica*, Coimbra: Quarteto Editora.
176. MACEDO, Francisco Ferraz de (1903), *Os Mendigos Criminosos (Notas para uma Monografia)*, Lisboa: Typographia da Papelaria Palhares.
177. MACER, Darrly R. J (1990), *Shaping Genes: Ethics, Law and Science of Using Genetic Technology in Medicine and Agriculture*, Tsukuba: Eubios Ethics Institute.
178. MACHAN, Tibor R. (2004), *Putting Humans Fist Why We Are Nature's Favorite*, Laham: Rowman & Littlefield Publishers, Inc.
179. MAGALHÃES, João Fernando Fernandes de (1993), *Dos Crimes Contra as Pessoas e Contra a Paz e a Humanidade no Novo Código Penal*, Braga: Barbosa & Xavier Editores.
180. MANNHEIM, Hermann (1984), *Criminologia Comparada*, vol. I (trad. do original inglês por J. F. Faria Costa e M. Costa Andrade), Lisboa: Fundação Calouste Gulbenkian.
181. MAPPES, Thomas A. e DEGRAZIA, David (2001) (coord.), *Biomedical Ethics*, 5.ª ed., Boston: McGraw Hill.
182. MARANGE, Valérie (1998), *La Bioéthique, La Science Contre La Civilisation?*, Paris: Le Monde-Éditions.
183. MARKS, Jonathan (2003), *What it Means to be 98% Chimpanzee, Apes, People, and Their Genes*, Berkeley: University of California Press.
184. MCLAREN, Angus (1999), *Twentieth-Century Sexuality, A History*, Oxford: Blackwell Publishers.
185. MARQUES, J. Remédio (2007), *Biotecnologia(s) e Propriedade Intelectual*, vol. I, Coimbra: Almedina.
186. MARTINS, Ana Maria Guerra (2006), *Direito Internacional dos Direitos Humanos*, Coimbra: Almedina.
187. MARTINS, António Carvalho (1986), *A Colheita de Órgãos e Tecidos nos Cadáveres Responsabilidade Criminal nas Intervenções e Tratamentos Médico-Cirúrgicos (o Artigo 150.º do Código Penal)*, Coimbra: Coimbra Editora.

188. Matas, Manuel Cuyàs i (1998), *Cuestiones de Bioética*, Barcelona: Institut Borja de Bioética.
189. McAliley, Lauren G. (2002), "Commentary", *The Hastings Center Report*, vol. 32, n.º 1, January – February 2002.
190. McCARTHY, Charles R. (1996), "A New Look at Animal-to-Human Organ Transplantation", *Kennedy Institute of Ethics Journal*, vol. 6.º, n.º 2, Junho de 1996, Baltimore: Johns Hopkins University Press.
191. McCarrick, Pat Milmoe (1995), "Organ Transplant Allocation", *Kennedy Institute of Ethics Journal*, vol. 5, n.º 4, Dezembro 1995, Baltimore: Johns Hopkins University Press.
192. Melo, Helena Pereira de (1996), *Alguns Aspectos do Estatuto Jurídico do Embrião no Ordenamento Jurídico Português*, Lisboa: ed. policopiada.
193. Melo, Helena Pereira de (2005), *Implicações Jurídicas do Projecto do Genoma Humano: Constituirá a Discriminação Genética Uma Nova Forma de Apartheid?*, t. IV, Lisboa: ed. policopiada.
194. Melo, Helena Pereira de (2007), *Implicações Jurídicas do Projecto do Genoma Humano: Constituirá a Discriminação Genética Uma Nova Forma de Apartheid?*, vol. 1, Porto: Associação Portuguesa de Bioética e Serviço de Bioética e Ética Médica da Faculdade de Medicina do Porto.
195. Melo, Helena, Brandão, Cristina, Rego, Guilhermina, e Nunes, Rui (2001), "Ethical and Legal Issues in Xenotransplantation", *Bioethics*, vol. 15, n.º 5/6, 2001, Oxford.
196. Mendes, João de Castro (s.d), *Direito da Família, Lições proferidas ao Curso Jurídico da Faculdade de Direito da Universidade de Lisboa*, Lisboa: Associação Académica da Faculdade de Direito de Lisboa.
197. Midgley, Mary (2000), "Biotechnology and Monstrosity", *The Hastings Center Report*, vol. 30, n.º 5, Setembro / Outubro de 2000.
198. Miralles, Angela Aparisi (1997), *El Proyecto Genoma Humano: Algumas Reflexiones sobre sus Relaciones con el Derecho*, Valencia: Tirant lo Blanch.
199. Miranda, Jorge (2004), *As Constituições Portuguesas de 1822 ao Texto Actual da Constituição*, 5.ª ed., Lisboa: Livraria Petrony.
200. Miranda, Jorge (2006), *Escritos Vários Sobre Direitos Fundamentais*, Estoril: Principia.
201. Miranda, Jorge, e Medeiros, Rui (2005) (coord.), *Constituição Portuguesa Anotada*, t. I, Coimbra: Coimbra Editora.
202. Modonesi, Carlo, Tamino, Gianni, e Verga, Ivan (2007) (coord.), *Biotecnocrazia Informazione Scentifica, Agricoltura, Decisione Politica*, Milano: Editoriale Jaca Book.
203. Moniz, Egas (1918), *A Vida Sexual, Fisiologia e Patologia*, 4.ª ed. rev., Lisboa: Livraria Ferreira.
204. Montaigne (1978), *Essais*, vol. II, Paris. Éditions Garnier Frères.
205. More, Thomas (1973), *Utopia* (trad. de Maria Isabel Gonçalves Tomás), Mem Martins: Publicações Europa-América.
206. Morange, Michel (1998), *La Part des Gènes*, Paris: Éditions Odile Jacob.
207. Morin, Edgar (1999), *La Tête Bien Faite – Repenser la Réforme, Réformer la Pensée*, Paris: Éditions du Seuil.
208. Morin, Edgar (2001), *La Méthode*, vol. 5, Paris: Éditions du Seuil.

209. MURPHY, Tiomothy F., e VEATCH, Robert M. (2006), "Members First: The Ethics of Donating Organs and Tissues to Groups", *Cambridge Quarterly of Healthcare Ethics*, vol. 15, n.º 1, Winter 2006, Cambridge: Cambridge University Press.
210. NABAIS, José Casalta (2004), *Introdução ao Direito do Património Cultural*, Coimbra: Almedina.
211. NUFFIELD COUNCIL ON BIOETHICS (1996), *Animal-to-Human Transplants, the Ethics of Xenotransplantation*, Nuffield Council on Bioethics: London.
212. NUNES, Rui Manuel Lopes (1995), *Questões Éticas do Diagnóstico Pré-Natal da Doença Genética*, Porto: ed. do Autor.
213. NUNES, Rui, MELO, Helena, e NUNES, Cristina (2002) (coord.), *Genoma e Dignidade Humana*, Porto: Serviço de Bioética e Ética Médica da Faculdade de Medicina da Universidade do Porto e Gráfica de Coimbra.
214. OLIVEIRA, Ana Perestrelo de (2007), *Causalidade e Imputação na Responsabilidade Civil Ambiental*, Coimbra: Almedina.
215. OLIVEIRA, Guilherme de (2004), "Um Caso de Selecção de Embriões", *Lex Medicinae, Revista Portuguesa de Direito da Saúde*, Ano 1, n.º 1, Coimbra.
216. ORGANISATION FOR ECONOMIC CO-OPERATION AND DEVELOPMENT (1999), *Xenotransplantation, International Policy Issues*, Paris: OECD Publications.
217. ORTIGÃO, Ramalho (1992), *As Farpas*, vol. VIII, Lisboa: Clássica Editora.
218. OST, François (1997), *A Natureza à Margem da Lei, A Ecologia À Prova do Direito* (trad. do orginal francês de 1995 por Joana Chaves), Lisboa: Instituto Piaget.
219. OWEN, James (2006), *Nuremberg Evil on Trial*, London: Headline Review.
220. PALCA, Joseph (1995), "Animal Organs for Human Patients?", *Hastings Center Report*, vol. 25, n.º 5, September-October 1995.
221. PECH, Thierry (2001), "La Dignité Humaine, du Droit à L'Éthique de la Relation", *Le Recueil Dalloz*, Maio de 2001.
222. PENCE, Gregory E. (2004), *Classic Cases in Medical Ethics, Accounts of Cases that Have Shapped Medical Ethics, with Philosophical, Legal, and Historical Backgrounds*, 4.ª ed. (1.ª ed.: 1990), Boston: McGraw Hill.
223. PEREIRA, Ana Leonor Dias da Conceição (1997), *Darwin em Portugal (1865 - 1914) Filosofia. História. Engenharia Social*, vol. 1, Coimbra: Faculdade de Letras da Universidade de Coimbra.
224. PEREIRA, Ana Leonor Dias da Conceição (1997a), *Darwin em Portugal (1865 - 1914) Filosofia. História. Engenharia Social*, vol. 2, Coimbra: Faculdade de Letras da Universidade de Coimbra.
225. PEREIRA, Ana Leonor Dias da Conceição (1999), "Eugenia em Portugal?", *Revista de História das Ideias*, vol. 20 (1999).
226. PEREIRA, André Gonçalo Dias (2004), *O Consentimento Informado na Relação Médico-Paciente, Estudo de Direito Civil*, Coimbra: Coimbra Editora.
227. PEREIRA, André Gonçalves, e QUADROS, Fausto de (2007), *Manual de Direito Internacional Público*, 3.ª ed. rev., 7.ª reimp. da ed. de 1993, Coimbra: Almedina.
228. PICHOT, André (1997), *O Eugenismo, Geneticistas Apanhados pela Filantropia* (trad. do original francês de 1995 por Francisco Manso), Lisboa: Instituto Piaget.
229. PICHOT, André (2000), *La Société Pure, De Darwin à Hitler*, Paris: Flammarion.
230. PÍCON, Fernando Reviriego (1998), *Outro Estudio Más del Aborto. La Indicación Eugenésica y su Fundamentación*, Madrid: Dykinson.

231. PIMENTEL, Irene (1998), "A Eugenia na Primeira Metade do Século XX: O Aperfeiçoamento da Raça", *História*, Junho de 1998.
232. PINHEIRO, Jorge Duarte (2005), *Direito da Família e das Sucessões*, vol. I, 2.ª ed., Lisboa: Associação Académica da Faculdade de Direito de Lisboa.
233. PINTO-BARROS, José (1982), *Planeamento Familiar - Aborto e o Direito*, Coimbra: Coimbra Editora.
234. PLATÃO (1987), *A República, Diálogos* (trad. de Sampaio Marinho), vol. I, 3.ª ed., Mem Martins: Publicações Europa-América.
235. PONTARA, Giuliano (1996), *Ética e Generaciones Futuras*, (trad. do original italiano de 1995 por Isabel Riera), Barcelona: Editorial Ariel.
236. PROENÇA, José João Gonçalves de (2003), *Direito da Família*, ed. rev., Lisboa: Universidade Lusíada Editora.
237. PUREZA, José Manuel (1998), *O Património Comum da Humanidade: Rumo a Um Direito Internacional da Solidariedade?*, Porto: Edições Afrontamento.
238. RACHELS, James (2004), *Elementos de Filosofia Moral* (trad. do original inglês de 2003 por F. J. Azevedo Gonçalves), Lisboa: Gradiva Publicações.
239. RAMOS, Carlos da Silva (1940), "Eugénica", sep. de *A Medicina Contemporânea*, n.ºs 15 e 16 de 14 e 21 de Abril de 1940, Lisboa: Centro Tipográfico Colonial.
240. RANGEL, Paulo Castro (1994), *Concertação, Programação e Direito do Ambiente*, Coimbra: Coimbra Editora.
241. RAWLS, John (1993), *Uma Teoria da Justiça* (trad. do original inglês de 1971 por Carlos Pinto Correia), Lisboa: Editorial Presença.
242. REGAN, Tom (1995), "The Other Victim", *The Hastings Center Report*, vol. 15, n.º 1, February 1985, New York.
243. REGAN, Tom (2001), *Defending Animal Rights*, Illinois: University of Illinois Press.
244. REGAN, Tom (2003), *Animal Rights, Human Wrongs, An Introduction to Moral Philosophy*, Lanham: Rowman & Littlefield Publishers.
245. REGATEIRO, Fernando J. (1996), "Eugenia - Passado, Presente e Futuro", *Brotéria Genética*, n.ºs 1-2, vol. XVII (XCII), 1996, Lisboa.
246. REGATEIRO, Fernando J. (2003), *Manual de Genética Médica*, Coimbra: Imprensa da Universidade.
247. REGO, Guilhermina, MELO, Helena, DIXON, Earl, e NUNES, Rui (2004), "Xenotransplante de Fígado de Porco Transgénico" *in Bioética para as Ciências Naturais* (coord.: Humberto D. Rosa), Lisboa: Fundação Luso-Americana para o Desenvolvimento.
248. REIS, José Alberto dos (1945), *O Novo Código de Processo Civil Português*, Coimbra: Coimbra Editora, Limitada.
249. RICOT, Jacques (1998), *Étude sur L'Humain et L'Inhumain*, Saint-Sébastien-sur-Loire: Éditions Pleins Feux.
250. RIDLEY, Matt (2000), *Genome, The Autobiography of a Species in 23 Chapters*, reimp. da ed. de 1999, London: Fourth Estate.
251. RIDLEY, Matt (2004), *The Agile Gene, How Nature Turns on Nurture*, New York: HarperCollins Publishers.
252. RISQUEZ, Juan Picon (1996), *Derecho Medioambiental de la Unión Europea*, Madrid: McGraw-Hill.

253. ROBERTSON, John (1992), "Cruzan: No Rights Violated", *The Hastings Center Report*, vol. 20, n.º 5, Setember-October 1992, New York.
254. ROBERTSON, Geoffrey (2006), *Crimes Against Humanity, the Struggle for Global Justice*, 3.ª ed. rev. (1.ª ed.: 1999), London: Penguin Books.
255. ROCHA, Mário de Melo (2003) (coord.), *Estudos de Direito do Ambiente*, Porto: Publicações da Universidade Católica.
256. ROLLIN, Bernard E. (2006), *Animal Rights and Human Morality*, 3.ª ed. New York: Prometheus Books.
257. ROSA, Humberto D. (2004) (coord.), *Bioética para as Ciências Naturais,* Lisboa: Fundação Luso-Americana para o Desenvolvimento.
258. ROUSSEAU, Jean-Jacques (1995), *Discurso sobre a Origem e Fundamentos da Desigualdade entre os Homens* (trad. do original francês por M. de Campos), 3.ª ed. (1.ª ed. original: 1754), Mem Martins: Publicações Europa-América.
259. ROSTAND, Jean (s.d.), *A Hereditariedade Humana* (trad. do original francês de 1952 por Ilídio Sardoeira), 4.ª ed., Mem Martins: Publicações Europa-América.
260. RUFFIÉ, Jacques (1988), *Tratado do Ser Vivo*, vol. IV (trad. do original francês de 1982 por José Vieira de Lima), Lisboa: Editorial Fragmentos.
261. s.a., "Notícias", *Gazeta dos Hospitaes do Porto*, ano IV, n.º 7, 1 de Abril de 1910.
262. s.a. (1999), "The Patient, the Physician, and the Truth", *The Hastings Center Report*, vol. 29, n.º 3, May-June 1999, New York.
263. s.a. (2000), "A Request for ISCI", *The Hastings Center Report*, vol. 30, n.º 2, March-April 2000, New York.
264. s.a. (2001), "Pain and Sickle Cell Anemia", *The Hastings Center Report*, vol. 31, n.º 3, May-June 2001, New York.
265. s.a. (2001), "Seventy Ova", *The Hastings Center Report*, vol. 31, n.º 4, July-August 2001, New York.
266. SÁ, Maria de Fátima Freire (2003), *Biodireito e Direito ao Próprio Corpo*, 2.ª ed. rev., Belo Horizonte: Livraria Del Rey Editora.
267. SAINT-EXUPÉRY, Antoine de (1979), *Terre des Hommes*, reimp. da ed. de 1939), Paris: Éditions Gallimard.
268. SANTOS, José Beleza dos (1926), *Regime Jurídico dos Menores Delinquentes em Portugal, Princípios Dominantes*, Coimbra: Coimbra Editora.
269. SANTOS, José Beleza dos (1927), *Alguns Aspectos da Miséria e Algumas Formas da Caridade*, Coimbra: Casa Tipográfica de Alves & Mourão.
270. SANTOS, Victor Marques dos (2001), *A Humanidade e o Seu Património, Reflexões Contextuais sobre Conceptualidade Evolutiva e Dinâmica Operatória em Teoria das Relações Internacionais*, Lisboa: Instituto Superior de Ciências Sociais e Políticas.
271. SARAIVA, J. Andrade (1929), *Perigos que Ameaçam a Europa e a Raça Branca*, vol. II, Lisboa: Tipografia Lusitânia.
272. SARKAR, Sahotra (1998), *Genetics and Reductionism*, Cambridge: Cambridge University Press.
273. SARLET, Ingo Wolfgang, e LEITE, George Salomão (2008) (coord.), *Direitos Fundamentais e Biotecnologia*, São Paulo: Editora Método.
274. SARTRE, Jean-Paul (1995), *Réflexions sur la Question Juive*, reimp. da ed. de 1954, Paris: Éditions Gallimard.

275. SHAKESPEARE, William (s.d.), *Otelo* (trad. do original inglês por Domingos Ramos) (1.ª ed. original: 1862), Porto: Lello & Irmão Editores.
276. SICARD, Didier (2003) (coord.), *Travaux du Comité Consultatif National d'Éthique, 20e Anniversaire*, Paris: Presses Universitaires de France.
277. SILVA, Vasco Pereira da, e MIRANDA, João (2004), *Verde Código, Legislação de Direito do Ambiente*, Coimbra: Almedina.
278. SILVA, Vasco Pereira da (2006), *Ensinar Verde a Direito, Estudo de Metodologia do Ensino do Direito do Ambiente (em "Ambiente de Bolonha")*, Coimbra: Almedina.
279. SIMÕES, Jorge (2004), *Retrato Político da Saúde, Dependência do Percurso e Inovação em Saúde: Da Ideologia ao Desempenho*, Coimbra: Almedina.
280. SIMON, Jürgen (2000), "La Dignidad del Hombre como Princípio Regulador en la Bioética", *Revista de Derecho y Genoma Humano*, n.º 13, Julho-Dezembro de 2000, Bilbao: Universidade de Deusto.
281. SINGER, Peter (2000), *Writings on a Ethical Life*, New York: HarperCollins Publishers.
282. SINGER, Peter (2000), *Libertação Animal* (trad. da ed. inglesa de 1990 por Maria de Fátima St. Aubyn), Porto: Via Óptima.
283. SINGER, Peter (2002), *Unsanctifying Human Life*, Oxford: Blackwell Publishers.
284. SINGER, Peter (2006) (coord.), *In Defense of Animals, The Second Wave*, Oxford: Blackwell Publishing.
285. SKRZYPCZAC, Jean-François (1996), *O Inato e o Adquirido, Desigualdades 'Naturais' Desigualdades Sociais* (trad. do original francês por Omar Matias), Lisboa: Edições Piaget.
286. SOUSA, António Pais de, e MATIAS, Carlos Frias de Oliveira (1983), *Da Incapacidade Jurídica dos Menores Interditos e Inabilitados*, 2.ª ed., Coimbra: Livraria Almedina.
287. SOUSA, José Ferreira Marnoco e (1896), *Impedimentos do Casamento no Direito Portuguez*, Coimbra: F. França Amado Editor.
288. STEERING COMMITTEE ON BIOETHICS (2003), *Explanatory Report to the Recommendation Rec. (2003) 10 of the Committee of Ministers to Member States on Xenotransplantation*, Strasbourg: Council of Europe.
289. STEINBOCK, Bonnie (1992), *Life Before Birth, The Moral and Legal Status of Embryos and Fetuses*, New York: Oxford University Press.
290. STOCK, Gregory (2002), *Redesigning Humans, Choosing Our Children's Genes*, London: Profile Books.
291. STOCK, Gregory, e CAMPBELL, John (2000) (coord.), *Engineering the Human Germline, An Exploration of the Science and Ethics of Altering the Genes We Pass to Our Children*, Oxford: Oxford University Press.
292. STROLL, Avrum (2004), *Did My Genes Make Me Do It? And Other Philosophical Dilemmas*, Oxford: Oneworld Publications.
293. SUNSTEIN, Cass R., e NUSSBAUM, Martha C. (2004) (coord.), *Animal Rights, Current Debates and New Directions*, Oxford: Oxford University Press.
294. TESTARD, Jacques (1993), *La Procréation Médicalisée*, Paris: Flammarion.
295. TESTARD, Jacques (1994), *Le Désir du Gène*, Paris: Éditions Flammarion.
296. TESTARD, Jacques (1995), *Des Grenouilles et les Hommes*, Paris: Éditions Stock.
297. TESTARD, Jacques (2000), *Os Homens Prováveis, Da Procriação Aleatória à Reprodução Normativa* (trad. do original francês de 1999 por Nuno Romano), Lisboa: Instituto Piaget.

298. THOMAS, Jean-Paul (1995), *Les Fondements de L'Eugénisme*, Paris: Presses Universitaires de France.
299. THOMASMA, David C., e KUSHNER, Thomasine (1998) (coord.), *Birth to Death, Science and Bioethics*, Cambridge: Cambridge University Press.
300. TONELLI, Chiara, e VERONESI, Umberto (2007), *Che Cosa Sono Gli Organismi Geneticamente Modificati*, Italia: Sperling Paperback.
301. TWAIN, Mark (2004), *Excertos dos Diários de Adão e Eva* (trad. do original inglês por Hugo Freitas Xavier), Lisboa: Cavalo de Ferro Editores.
302. VIDEIRA, Arnaldo (2001) (coord.), *Engenharia Genética, Princípios e Aplicações*, Lisboa: Lidel Edições Técnicas.
303. WAISSMAN, Renée (2001), *Le Don d'Organes*, Paris: Presses Universitaires de France.
304. WALZER, Michael (1999), *As Esferas da Justiça, Em Defesa do Pluralismo e da Igualdade* (trad. do original inglês de 1983 por Nuno Valadas), Lisboa: Editorial Presença.
305. WIERVIORKA, Anette (2005), *Auschwitz, 60 Ans Après*, Paris: Éditions Robert Laffont.
306. WIEVIORKA, Michel (2002), *A Diferença* (trad. do original francês de 2000 por Miguel Serras Pereira), Lisboa: Fenda Edições.
307. WILLIAMS, Peter R. (1994), *Problemas de Família* (trad. do original inglês por Alexandre de Sousa Pinto), Porto: Departamento de Clínica Geral da Faculdade de Medicina do Porto.
308. WISE, Steven M. (2000), *Rattling the Cage, Towards Legal Rights for Animals*, London: Profile Books.
309. WORLD HEALTH ORGANIZATION (1998) *Report of WHO Consultation on Xenotransplantation*, Genebra: World Health Organization.

VI. ENDEREÇOS ELECTRÓNICOS

Associação Portuguesa de Bioética – www.apbioetica.org/

Conselho da Europa – http://www.coe.int

Cour de Cassation – http://www.courdecassation.fr/agenda/arrets -

União Europeia – eur-lex.europa.eu

Organização Mundial de Saúde – http://www.who.int/emc

Tribunal Europeu dos Direitos do Homem – http://cmiskp.echr.coe.int/

Supremo Tribunal de Justiça – http://www.dgsi.pt//jstj

ÍNDICE GERAL

I. O Eugenismo e o Direito 15

II. Os Xenotransplantes 93

III. Os Direitos das Gerações Futuras 167

IV. Casos de Biodireito 221

V. Bibliografia Geral 285

VI. Endereços Electrónicos 301